van Maarten en
Marguerite voor mijn
21 ste verjaardag

D1718130

De boekhandelaar van Kaboel

Åsne Seierstad

De boekhandelaar van Kaboel

Een familie in Afghanistan

Uit het Noors vertaald door Diederik Grit

UITGEVERIJ DE GEUS

Derde druk

Deze uitgave is mede totstandgekomen dankzij een bijdrage van MUNIN,
Marketing Unit for Norwegian International Non-fiction (Oslo)

Oorspronkelijke titel *Bokhandleren i Kabul*, verschenen bij J.W. Cappelens
Forlag a.s
Oorspronkelijke tekst © Åsne Seierstad, 2002. Published by agreement with
Leonhardt & Høier Literary Agency aps, København
Nederlandse vertaling © Diederik Grit en Uitgeverij De Geus bv, Breda 2003
Advies inzake transcriptie van eigennamen en korancitaten Ronald Kon,
opleiding Arabisch en Nieuw-Perzisch, Universiteit Leiden
Omslagontwerp Jeroen van den Boer
Omslagillustratie © Corbis Saba / Kate Brooks
Foto auteur © Uitgeverij De Geus bv
Drukkerij Haasbeek bv, Alphen a/d Rijn

ISBN 90 445 0324 3
NUR 302

Verspreiding in België via Libridis nv, Industriepark-Noord 5a,
9100 Sint-Niklaas

Voor mijn ouders

Inhoud

Voorwoord

Soeltan Khan was een van de eersten die ik ontmoette toen ik in november 2001 in Kaboel aankwam. Ik had zes weken met de Noordelijke Alliantie doorgebracht, in de woestijn bij de grens met Pakistan, in het Hindoe-Koesjgebergte, in de Pansjirvallei, op de steppen ten noorden van Kaboel. Ik had hun aanvallen op de Taliban gevolgd, op stenen vloeren geleefd, in aarden hutten, aan het front. Gereisd in de laadbak van vrachtwagens, in militaire voertuigen, te paard en te voet.

Toen het Taliban-bewind viel, trok ik met de Noordelijke Alliantie naar Kaboel. In een boekhandel trof ik een elegante man met grijs haar. Na al die weken met kogels en gruis, waarin de gesprekken over oorlogstactiek en snelle krijgsacties waren gegaan, was het een bevrijding om in boeken te bladeren en over literatuur en geschiedenis te praten. Soeltan Khans boekenkasten puilden uit van werken in vele talen, dichtbundels, Afghaanse legenden, geschiedenisboeken en romans. Hij was een goede verkoper – toen ik na mijn eerste bezoek de winkel verliet, zeulde ik zeven boeken mee. Ik wipte vaak bij hem binnen als ik wat tijd over had, om boeken te bekijken en om verder te praten met die interessante boekhandelaar, een Afghaanse patriot, wiens land hem vele teleurstellingen had bezorgd.

'Eerst hebben de communisten mijn boeken verbrand, toen plunderden de moedjahedien ze, en toen verbrandden de Taliban ze weer', vertelde hij.

Op een dag nodigde hij mij uit om 's avonds bij hem thuis te komen eten. Rond een overvloedig gedekt kleed op de vloer zat zijn familie: een van zijn twee vrouwen, zijn zoons, zussen, broer, moeder en een paar neven.

Soeltan vertelde allerlei verhalen, zijn zoons lachten en maakten grappen. De sfeer was bepaald uitgelaten – een groot verschil met de eenvoudige maaltijden met de commandanten in de bergen. Maar ik merkte algauw dat de vrouwen weinig zeiden. Soeltans mooie tienervrouw zat stilletjes bij de deur zonder een woord te zeggen. Zijn andere echtgenote was er die avond niet bij. De overige vrouwen antwoordden op vragen, namen de complimenten voor het eten in ontvangst, maar begonnen zelf geen gesprek.

Bij mijn vertrek zei ik tegen mezelf: 'Dit is Afghanistan. Over deze familie wil ik een boek schrijven.'

De volgende dag zocht ik Soeltan in zijn boekhandel op en vertelde hem over mijn plan.

'Ik ben zeer dankbaar', zei hij.

'Maar dat betekent dat ik bij jullie moet wonen.'

'Welkom.'

'Ik moet met de familie meedraaien, hetzelfde bestaan leiden als jullie.'

'Welkom', zei hij nogmaals.

Op een mistige dag in februari trok ik bij de familie in. Het enige wat ik bij me had, waren mijn computer, notitieblokken, pennen, een satelliettelefoon en de kleren die ik droeg. De rest was onderweg verdwenen, ergens in Oezbekistan. Ik werd met open armen ontvangen, en ik voelde me op mijn gemak in de Afghaanse jurken die ik na een tijdje mocht lenen.

Ik kreeg een mat op de grond naast Leila, die de opdracht gekregen had om ervoor te zorgen dat ik het altijd naar mijn zin had.

'Jij bent mijn baby', vertelde de negentienjarige me de eerste avond. 'Ik zal me over je ontfermen', verzekerde ze me, en iedere keer dat ik overeind kwam, sprong ze op.

Al mijn wensen moesten vervuld worden, had Soeltan de familie opgedragen. Dat hij eraan had toegevoegd dat degene die deze eis niet respecteerde zou worden gestraft, kreeg ik pas later te horen.

De hele dag serveerden ze me eten en thee, en zachtjesaan introduceerden ze me in het familieleven. Ze vertelden me alleen dingen als ze daar zin in hadden, niet wanneer ik ernaar vroeg. Ze hadden niet per se zin om te praten wanneer ik klaar zat met mijn notitieblok, maar soms wel als we in de bazaar rondliepen, in een bus zaten, of laat op de avond terwijl we op de mat lagen. De meeste verhalen kwamen spontaan, als antwoord op vragen die ik in mijn wildste fantasie niet had kunnen bedenken.

Ik heb dit boek in een literaire vorm gegoten, maar het is gebaseerd op ware gebeurtenissen die ik zelf meegemaakt heb of die ik gehoord heb van degenen die ze hebben beleefd. Als ik schrijf wat de personen denken of voelen, is dat gebaseerd op wat ze me verteld hebben over hun gevoelens of gedachten in de geschetste situatie.

Lezers hebben mij gevraagd: hoe kun je weten wat zich in de hoofden van de verschillende familieleden afspeelt?

Ik ben natuurlijk geen alwetende verteller, dus als ik hun inwendige dialoog of gedachtegang beschrijf, baseer ik mij op wat ze mij over hun gedachten verteld hebben.

Het is me in al die tijd niet gelukt om Dari te leren – het Perzische dialect dat de familie Khan spreekt – maar ik had geluk, want diverse familieleden spraken Engels. Ongewoon? Ja. Maar mijn verhaal over Kaboel is dan ook een verhaal over een heel ongewone Afghaanse familie. Een boekhandelaarsfamilie ís ongewoon in een land waar driekwart van de bevolking niet kan lezen en schrijven.

Soeltan sprak een fantasievol Engels en beschikte over een grote woordenschat. Hij had de taal geleerd van een diplomaat, die hij op zijn beurt in het Dari onderwees. Zijn zuster Leila sprak uitstekend Engels doordat ze in Pakistan naar school was gegaan toen ze daar als vluchteling woonde en in haar jeugd avondlessen Engels had gevolgd. Ook Soeltans zoon Mansoer sprak vloeiend Engels na jarenlang in Pakistan op school gezeten te hebben. Op die manier kon hij met mij praten over al zijn twijfels, zijn verliefdheden en zijn gesprekken met Allah. Hij vertelde hoe hij een religieuze reiniging wilde ondergaan en nam mij mee op zijn pelgrimsreis, waaraan ik als vierde, onzichtbare reisgenoot deelnam. Even onzichtbaar voor de lezer heb ik deelgenomen aan de zakenreis naar Pesjawar en Lahore tijdens de jacht op Al-Qaida, aan het bezoek aan de bazaar en de hamam, aan de voorbereidingen op de bruiloft en aan het bruiloftsfeest zelf, en aan de bezoeken aan de school, het ministerie van Onderwijs, het politiebureau en het huis van bewaring.

Andere gebeurtenissen heb ik niet zelf meegemaakt, zoals het noodlottige drama rond Jamila en de escapades van Rahimoellah. Ook het verhaal over Soeltans aanzoek is mij verteld – door degenen die erbij betrokken waren: Soeltan, Sonja, haar ouders, zijn moeder, zusters, broer en Sjarifa.

Soeltan vond het niet goed dat er behalve ik nog anderen van buiten de familie in zijn huis kwamen, dus de tolken waren hijzelf, Mansoer en Leila. Dat gaf deze drie mensen natuurlijk een grote invloed op de versie van hun eigen familiegeschiedenis, maar ik heb de verschillende versies met elkaar vergeleken en dezelfde vragen gesteld, soms met Soeltan als tolk, soms met Mansoer en soms met Leila – de drie personen die de grootste tegenstellingen binnen de familie vertegenwoordigden.

De hele familie stemde ermee in dat ik bij ze woonde om een boek te schrijven. Als ze wilden dat ik ergens niet over schreef, dan zeiden ze dat. Toch heb ik ervoor gekozen om de familie Khan en de andere beschreven personen te anonimiseren. Niemand heeft mij dat gevraagd, maar ik voelde dat ik dat moest doen.

Mijn dagen verliepen net zoals die van de familie, ik werd in het schemerdonker wakker van het gegil van de kinderen en de bevelen van de mannen. Dan stond ik in de rij voor de badkamer, of ik sloop naar binnen als de anderen klaar waren. Had ik geluk, dan was er nog warm water, maar ik leerde algauw dat een kop koud water in je gezicht je ook verfrist. De rest van de dag bleef ik thuis met de vrouwen, of ik ging met Soeltan en zijn zoons mee: naar de winkel, de stad, het politiebureau of op reis. 's Avonds deelde ik de warme maaltijd met de hele familie, en ik dronk groene thee totdat het tijd was om te gaan slapen.

Ik was gast, maar ik werd algauw een huisvriendin. Er werd fantastisch voor me gezorgd, de familie was royaal en openhartig. We hebben samen heel veel gezellige uren gehad, maar ik ben tegelijkertijd zelden zo kwaad op iemand geweest als op leden van de familie Khan, en ik heb zelden zo'n ruzie gemaakt als met hen. Ik heb nooit zo'n zin gehad om iemand te slaan als daar.

Wat mij zo opwond, was altijd hetzelfde: de manier waarop de mannen de vrouwen behandelden. De superioriteit van de mannen was de vrouwen zo ingeprent dat ze daar zelden vraagtekens bij plaatsten.

Zelf werd ik min of meer als een tweeslachtig wezen beschouwd. Als westerse vrouw mocht ik me zowel bij de vrouwen als de mannen scharen. Was ik een man geweest, dan had ik nooit op deze manier bij de familie kunnen wonen, zo dicht bij Soeltans vrouwen, zonder dat de mensen waren gaan kletsen. Tijdens feesten waar vrouwen en mannen elk in hun eigen ruimtes verbleven, was ik de enige die zich vrij van de ene ruimte naar de andere kon verplaatsen.

Ik hoefde mij niet te houden aan de strenge kledingcodes van de Afghaanse vrouwen, ik kon me vrij bewegen en gaan waarheen ik wilde. Toch trok ik vaak een boerka aan, gewoon om in alle rust over straat te kunnen gaan. Als westerse vrouw in de straten van Kaboel trek je veel ongewenste aandacht. Onder mijn boerka kon ik tenminste zoveel staren als ik maar wilde, zonder dat er iemand terug staarde. Ik kon de andere vrouwen van de familie observeren als we buiten waren, zonder dat ik alle aandacht trok. Voor mij werd de anonimiteit een bevrijding, het was de enige plek waartoe ik mijn toevlucht kon nemen, want in Kaboel zijn er nauwelijks plekjes waar je alleen kunt zijn.

Ik gebruikte de boerka ook om te ervaren hoe het is om een Afghaanse vrouw te zijn. Hoe het is om jezelf op een van de drie propvolle, voor vrouwen gereserveerde banken achter in de bus te persen, ook al is die bus verder halfleeg. Hoe het is om jezelf in de kofferbak van een taxi te wurmen, omdat er een man op de achterbank zit. Hoe het is om nagekeken te worden als lange en aantrekkelijke boerka en je eerste boerkacompliment van een man op straat te krijgen.

Hoe ik het ding langzaamaan begon te haten. Hoe hij op je hoofd drukte en je hoofdpijn bezorgde, hoe slecht je door het draadrooster heen kon kijken. Hoe benauwend hij was, hoe weinig lucht er naar binnen kwam, hoe snel je begon te zweten, hoe je de hele tijd moest uitkijken waar je je voeten neerzette omdat je die niet kon zien, hoe snel hij vocht opzoog, hoe smerig hij werd, hoe hij in de weg zat. Hoe bevrijdend het was om hem af te doen als we thuiskwamen.

Ik gebruikte de boerka ook voor mijn veiligheid. Als ik met Soeltan meereisde over de onveilige weg naar Jalalabad. Als we moesten overnachten op een smerig grensstation. Als we 's avonds laat buiten waren. Afghaanse vrouwen reizen meestal niet met een dikke beurs vol biljetten van honderd dollar en een computer, dus de in boerka geklede wezens werden door de struikrovers met rust gelaten.

Ik wijs er met nadruk op dat dit verhaal over één Afghaanse familie gaat. Er zijn miljoenen andere families. De mijne is niet eens kenmerkend. Ze behoort tot een soort middenklasse, voorzover je in Afghanistan van zoiets kunt spreken. Sommige familieleden hadden een opleiding, en de meesten konden lezen en schrijven. Ze hadden voldoende geld en leden geen honger.

Had ik bij een doorsnee Afghaanse familie willen wonen, dan was dat bij een dorpsfamilie geweest, een groot gezin waar niemand kon lezen en schrijven en waar elke dag een strijd om te overleven werd geleverd. Ik heb mijn familie niet gekozen omdat die alle andere families moest vertegenwoordigen, maar omdat ze me inspireerde.

Ik woonde in Kaboel gedurende de eerste lente na de vlucht van de Taliban. Tijdens deze lente gloorde er hoop. De mensen waren blij dat de Taliban verdwenen waren, ze hoefden niet langer bang te zijn dat ze op straat zouden worden lastiggevallen door de religieuze politie, vrouwen konden weer alleen de stad in, ze konden studeren, de meisjes mochten weer naar school. Maar de lentestemming werd ook gedrukt door de teleurstellingen van de laatste decennia. Waarom zou het nu beter worden?

In de loop van het voorjaar, toen het land relatief vredig bleef, was er een krachtiger optimisme voelbaar. Mensen maakten plannen, steeds meer vrouwen lieten hun boerka thuis hangen, sommigen begonnen te werken, vluchtelingen keerden terug.

Het regime was instabiel – net als vroeger was het verdeeld door onenigheid tussen de traditionelen en de modernen, tussen krijgsheren en lokale stamhoofden. Te midden van de chaos probeerde president Hamid Karzai een politieke koers voor het land uit te zetten. Hij was populair, maar had noch een leger noch een partij – in een land dat uitpuilde van wapens en vechtende groepen.

De omstandigheden in Kaboel waren betrekkelijk vredig, ook al werden er twee ministers vermoord en ontkwam een andere minister maar net aan een moordaanslag, en ook al was de bevolking nog steeds aan overvallen blootgesteld. Velen stelden al hun vertrouwen in de buitenlandse soldaten die in de straten patrouilleerden. 'Zonder hen komt er opnieuw burgeroorlog', zeiden de mensen.

Ik noteerde wat ik zag en hoorde, en heb geprobeerd al mijn indrukken te verwerken in deze vertelling over een lente in Kaboel, over een aantal mensen die trachten de winter van zich af te gooien en te ontkiemen – en over anderen die gedoemd zijn om voor altijd 'stof te eten', zoals Leila gezegd zou hebben.

Åsne Seierstad
Oslo, 1 augustus 2002, gewijzigd 6 januari 2003

Mizogarad!
[Het gaat over!]

Graffiti op de muur van een theehuis in Kaboel

Het aanzoek

Toen Soeltan Khan vond dat de tijd rijp was om een nieuwe vrouw te zoeken, wilde niemand hem helpen. Eerst ging hij naar zijn moeder.

'Je moet je houden bij de vrouw die je hebt', zei die.

Toen ging hij naar zijn oudste zus.

'Ik ben zo dol op je eerste vrouw', zei ze. Dezelfde reactie kreeg hij van zijn andere zussen.

'Je maakt Sjarifa te schande', zei zijn tante.

Soeltan had hulp nodig, een vrijer kan niet zelf om de hand van een meisje vragen. In Afghanistan is het gebruikelijk dat een van de vrouwen uit de familie het aanzoek overbrengt en het meisje nader in ogenschouw neemt om te zien of ze flink en welopgevoed is, en geschikt als echtgenote. Maar geen van de vrouwen uit Soeltans omgeving wilde iets met het aanzoek te maken hebben.

Soeltan had drie jonge meisjes op het oog die geschikt leken als zijn nieuwe vrouw. Ze waren alledrie gezond en mooi, en van zijn eigen clan. In Soeltans familie trouw je alleen bij uitzondering buiten de clan; men vindt het het verstandigst en het vertrouwdst als je met een bloedverwant trouwt, het allerliefst met een neef of een nicht.

De grootste voorkeur van Soeltan ging uit naar de zestienjarige Sonja. Die had donkere, amandelvormige ogen en glanzend zwart haar. Ze had fraaie, weelderige vormen en werkte goed mee in het huishouden, zei men. Haar familie was arm en ze was een geschikte partij omdat ze in de verte nog familie was. De grootmoeder van haar moeder en die van Soeltans moeder waren zussen.

Terwijl Soeltan erover nadacht hoe hij zonder de steun van de vrouwen in zijn familie om de hand van de uitverkorene zou vragen, liep zijn eerste vrouw gelukkig rond, onwetend van het feit dat een jong meisje, geboren in het jaar waarin zij en Soeltan getrouwd waren, nu de gedachten van haar man vervulde. Net als Soeltan zelf begon Sjarifa oud te worden, ze was al een eind in de vijftig. Ze had hem drie zoons en een dochter geschonken. Het werd tijd voor een man van Soeltans positie om een nieuwe vrouw te zoeken.

'Ga er dan zelf op af', zei zijn broer ten slotte.

Na even nagedacht te hebben, kwam Soeltan tot de conclusie dat dat de enige oplossing was, en op een ochtend ging hij naar het huis van de zestienjarige toe. Haar ouders ontvingen hun verwant met open armen. Soeltan werd als een vrijgevig man beschouwd en een bezoek van hem was altijd welkom. Sonja's moeder zette water op en serveerde thee. Ze zaten op platte kussens langs de lemen wanden en wisselden beleefdheidfrasen en groeten uit, totdat Soeltan de tijd rijp achtte om zijn boodschap over te brengen.

'Ik heb een vriend die met Sonja wil trouwen', zei hij tegen de ouders.

Het was niet de eerste keer dat iemand om de hand van hun dochter vroeg. Ze was mooi en vlijtig, maar de ouders vonden dat ze nog te jong was. Sonja's vader kon niet meer werken. Hij was verlamd geraakt nadat verscheidene rugzenuwen waren doorgesneden tijdens een steekpartij. De mooie dochter kon een hoge bruidsprijs opbrengen, en de ouders bleven maar wachten op een hoger bod dan ze tot nu toe hadden gekregen.

'Hij is rijk', begon Soeltan. 'Hij zit in dezelfde branche als ik, hij heeft een goede opleiding en drie zoons. Maar zijn vrouw begint oud te worden.'

'Hoe ziet zijn gebit eruit?' vroegen de ouders snel, doelend op de leeftijd van de vriend.

'Ongeveer zoals het mijne', antwoordde Soeltan. 'Kijk maar.'

Oud, dachten de ouders. Maar dat hoefde niet per se een bezwaar te zijn. Hoe ouder de man was, des te hoger de prijs die ze voor hun dochter zouden krijgen. De prijs van een bruid wordt afgestemd op haar leeftijd, schoonheid en vaardigheden, en op de status van de familie.

Toen Soeltan zijn boodschap had overgebracht, gaven de ouders het antwoord dat van ze werd verwacht: 'Ze is nog te jong.'

Een ander antwoord zou betekenen dat ze haar voor een koopje zouden overdoen aan deze rijke, onbekende vrijer over wie Soeltan zulke warme woorden had gesproken. Je moest niet te gretig reageren. Maar ze wisten dat Soeltan terug zou komen, want Sonja was jong en mooi.

De volgende dag kwam hij inderdaad terug om het aanzoek te herhalen. Hetzelfde gesprek, hetzelfde antwoord. Maar dit keer ontmoette hij Sonja, die hij niet meer gezien had sinds ze een klein meisje was.

Ze kuste zijn hand, uit respect voor haar oudere familielid, en hij drukte zacht een kus op haar haar. Sonja voelde de geladen stemming en kromp ineen onder de onderzoekende blik van haar oom Soeltan.

'Ik heb een rijke man voor je gevonden, wat vind je daarvan?' vroeg hij. Sonja hield haar blik op de grond gericht. Als ze antwoordde, zou dat een inbreuk op alle normen zijn. Een jong meisje behoort niets te vinden over een vrijer.

De derde dag kwam Soeltan opnieuw, en deze keer presenteerde hij het aanbod van de vrijer. Een ring, een halsketting, oorbellen en armbanden – allemaal van rood goud. Kleren zoveel als ze maar wilde. Driehonderd kilo rijst, honderdvijftig liter spijsolie, een koe, een paar schapen en vijftien miljoen afghani, ongeveer vierhonderd dollar.

Sonja's vader was meer dan tevreden met de bruidsschat en wilde graag de geheimzinnige man ontmoeten die zoveel voor zijn dochter bood. Soeltan had hem en zijn vrouw zelfs verzekerd dat de man tot dezelfde clan behoorde, zonder dat ze erin slaagden om hem te plaatsen of zich konden herinneren dat ze hem ooit ontmoet hadden.

'Morgen', zei Soeltan, 'krijgen jullie een foto van hcm te zien.'

De volgende dag verklaarde Soeltans tante, na een kleine omkoping, zich bereid om aan Sonja's ouders te onthullen wie de werkelijke vrijer was. Ze nam de foto mee – een portret van Soeltan Khan – en bracht zijn strenge boodschap over dat ze een uur hadden om te beslissen. Als ze ja zeiden, zou hij zeer dankbaar zijn, en als het antwoord nee was, zou dat geen kwaad bloed zetten. Het enige wat hij niet wilde, waren eindeloze onderhandelingen in de trant van 'misschien wel, misschien niet'.

De ouders stemden toe voordat het uur verstreken was. Ze waren tevreden met Soeltan Khan, zijn geld en zijn positie. Sonja zat boven op zolder te huilen. Toen het mysterie rond de vrijer was opgehelderd en de ouders besloten hadden om ja te zeggen, kwam de broer van haar vader naar haar toe. 'De vrijer is oom Soeltan', zei hij. 'Vind je het goed?'

Er kwam geen geluid over Sonja's lippen, ze zat daar met tranen in haar ogen en met gebogen hoofd, verborgen achter de lange sjaal.

'Je ouders hebben het aanzoek goedgekeurd', zei de oom. 'Dit is je enige kans om te zeggen wat je wilt.'

Ze zat als versteend, doodsbang en verlamd. Ze wist dat ze de man niet wilde, maar ze wist ook dat ze zich naar de wens van haar ouders moest schikken. Als vrouw van Soeltan zou ze verscheidene treden op de Afghaanse maatschappelijke ladder stijgen. De hoge bruidsschat zou veel problemen van haar familie oplossen. Het geld dat haar ouders kregen, zou haar broers helpen om een goede vrouw te kopen.

Sonja zweeg. En daarmee was haar lot bezegeld: wie zwijgt,

stemt toe. De overeenkomst was gesloten en de datum voor de bruiloft werd vastgesteld.

Soeltan ging naar huis om zijn familie het grote nieuws te vertellen. Hij trof zijn vrouw, zijn moeder en zijn zussen zittend op de grond rond een schotel rijst met spinazie. Zijn vrouw, Sjarifa, dacht dat hij een grapje maakte en antwoordde schertsend. Ook Soeltans moeder lachte om zijn grap. Ze kon zich niet voorstellen dat hij zonder haar toestemming een aanzoek gedaan had. Zijn zussen staarden hem sprakeloos aan.

Niemand wilde hem geloven, totdat hij ze de halsdoek en de zoetwaren liet zien die een vrijer van de ouders van de bruid krijgt als bewijs van de verloving.

Sjarifa huilde twintig dagen achtereen.

'Wat heb ik verkeerd gedaan? Wat een schande! Waarom ben je niet tevreden met mij?'

Soeltan vroeg haar om zich te beheersen. Niemand van de familie steunde Soeltan, zelfs zijn eigen zoons niet. Toch durfde niemand iets te zeggen. Soeltans wil bleef wet.

Sjarifa was ontroostbaar. De grootste klap was wel dat haar man een analfabete had uitgezocht, die zelfs de eerste klas niet had afgemaakt. Zelf had ze een opleiding als lerares Perzisch.

'Wat heeft zij dat ik niet heb?' snikte ze.

Soeltan liet zich niets aan alle tranen van zijn vrouw gelegen liggen.

Niemand had zin om naar het verlovingsfeest te komen. Maar Sjarifa moest dapper haar schande verbijten en zich mooi maken voor de gasten.

'Ik wil dat iedereen ziet dat je het ermee eens bent en dat je me steunt. Voortaan wonen we met zijn allen bij elkaar, en je moet laten zien dat Sonja welkom is', beval Soeltan. Sjarifa had zich altijd naar haar man geschikt, en deed dat ook nu, in het ergste wat er was: hem aan een ander geven. Soeltan eiste zelfs dat juist Sjarifa de ringen aan zijn en Sonja's vingers zou schuiven.

Twintig dagen na het aanzoek volgde de plechtige verlovingsceremonie. Sjarifa verbeet zich. Ze hield haar masker op, maar haar vrouwelijke verwanten deden hun best om te zorgen dat ze het liet vallen.

'Wat vreselijk voor je', zeiden ze. 'Wat gemeen van hem. Je zult je wel verschrikkelijk beroerd voelen.'

Twee maanden na de verloving werd de bruiloft gevierd, op de laatste avond van het islamitische jaar. Maar nu weigerde Sjarifa te komen.

'Ik kan het niet opbrengen', zei ze tegen haar man.

De vrouwen van de familie steunden haar, niemand kocht een nieuwe jurk voor de bruiloft en niemand maakte haar gezicht op zoals voor een huwelijksplechtigheid vereist was. Ze hadden een eenvoudig kapsel en glimlachten stijfjes – uit respect voor de afgedankte echtgenote, die niet langer het bed met Soeltan zou delen. Dat bed was nu voorbehouden aan de jonge, doodsbange bruid. Maar ze zouden allen onder hetzelfde dak wonen, tot de dood hen scheidde.

Boekverbranding

Op een middag in november 1999, terwijl het vroor dat het kraakte, werd de rotonde bij Charchai-e-Sadarat in Kaboel urenlang verlicht door een vrolijk vuur. De jongeren verdrongen zich rond de vlammen die hun vuile en opgetogen gezichten verlichtten. De straatjongens schepten op wie het dichtst bij het vuur durfde te komen. De volwassenen wierpen alleen maar steelse blikken op het vuur, en liepen haastig voorbij. Dat was het veiligste, want iedereen kon zien dat dit geen vuur was dat de straatwachten hadden gestookt om hun handen aan te warmen, dit was een vuur ter ere van Allah.

Koningin Soeraja's mouwloze jurk krulde om voordat ze tot as verging. Hetzelfde gebeurde met haar blanke welgevormde armen en haar ernstige gezicht. Ook haar man, Amanoellah, verbrandde, met al zijn medailles. De hele dynastie knetterde in het vuur, samen met meisjes in Afghaanse klederdracht, soldaten van de moedjahedien te paard en een paar boeren op een markt in Kandahar.

De religieuze politie ging deze novemberdag nauwgezet te werk in de boekhandel van Soeltan Khan. Alle boeken met afbeeldingen van levende wezens, ongeacht of het mensen of dieren waren, werden uit de kasten getrokken en op het vuur geslingerd. Vergeelde bladzijden, onschuldige prentbriefkaarten en grote dorre naslagwerken vielen ten prooi aan de vlammen.

Samen met de jongeren stonden de voetsoldaten van de religieuze politie rond het vuur, met zwepen, lange stokken en kalasjnikovs. Iedereen die van foto's, beelden, muziek, dans, film en vrije gedachten hield, werd door deze mannen als een volksvijand beschouwd.

Deze dag ging het alleen maar om afbeeldingen. Ketterse teksten zagen ze over het hoofd, ook al stonden die pal voor hun neus in de kasten. De soldaten konden niet lezen en waren niet in staat om de orthodoxe leer van de Taliban te onderscheiden van de ketterse leer. Maar ze konden wel afbeeldingen van letters onderscheiden, en levende wezens van dode zaken.

Ten slotte was alleen de as over, die wegwoei en zich vermengde met het overige vuil en afval in de straten en de riolen van Kaboel. Wie achterbleef, dat was de boekhandelaar, die van enkele van zijn dierbaarste boeken beroofd was. Hij stond daar met een Taliban-soldaat aan elke kant, totdat hij roetsj... een auto in geduwd werd. De soldaten sloten en verzegelden de winkel, en Soeltan werd naar de gevangenis voor plegers van on-islamitische activiteiten gestuurd.

Gelukkig hadden de gewapende halvegaren niet achter de kasten gekeken, bedacht Soeltan onderweg naar het huis van bewaring. Volgens een uitgekookt systeem had hij de meest verboden boeken daar verstopt. Die haalde hij alleen tevoorschijn als iemand er speciaal naar vroeg en als hij voelde dat hij de bewuste persoon kon vertrouwen.

Soeltan had dit wel verwacht. Jarenlang had hij illegale boeken, foto's en geschriften verkocht. De soldaten hadden hem vaak bedreigd, namen dan een paar boeken mee en verdwenen weer. Hij had ook dreigementen van de Taliban op het hoogste niveau gekregen, en de autoriteiten hadden hem zelfs bij de minister van Cultuur ontboden, in een poging om de ondernemende boekhandelaar te bekeren en om hem over te halen in dienst van de Taliban te treden.

Soeltan Khan had er geen enkel bezwaar tegen om een aantal van de Taliban-geschriften te verkopen. Hij was vrijdenker en vond dat alle stemmen gehoord moesten worden. Maar tegelijk met de boeken over hun duistere leer wilde hij ook andere werken verkopen: historische boeken, wetenschappelijke publicaties, ideologische geschriften over de islam en over de geschiedenis en de toekomst van Afghanistan, en vooral romans en poëzie. De Taliban beschouwden elk debat als ketterij en elke twijfel als zonde. Behalve voor het uit het hoofd leren van de Koran was lezen onnodig, zelfs gevaarlijk. Toen de Taliban in het najaar van 1996 de macht grepen in Kaboel, werden de deskundigen op alle ministeries en directoraten verwijderd en vervangen door moellahs. Alle instellingen, van de centrale bank tot de universiteit, werden door moellahs bestuurd. Hun doel was het herstellen van de samenleving waarin de profeet Mohammed in de zevende eeuw op het Arabische schiereiland had geleefd. Zelfs als de Taliban met buitenlandse oliemaatschappijen onderhandelden, zaten er moellahs zonder enige technische expertise aan de onderhandelingstafel.

Soeltan voelde dat het land onder de Taliban steeds dieper in duisternis gehuld raakte en dat het steeds armer en geïsoleerder werd. De autoriteiten verzetten zich tegen iedere modernisering, ze hadden geen enkele behoefte om ideeën over vooruitgang of economische ontwikkeling te begrijpen of te bestuderen. Ze schuwden het wetenschappelijk debat, ongeacht of dat in het Westen of in de moslimwereld werd gevoerd. Hun manifest bestond allereerst uit een paar armzalige regels voor de wijze waarop mensen zich moesten kleden of bedekken, hoe mannen de gebedstijden moesten respecteren en hoe vrouwen van de rest van de maatschappij moesten worden afgezonderd. Ze waren slecht op de hoogte van de geschiedenis van de islam en van Afghanistan en hadden daar ook geen enkele belangstelling voor.

Soeltan Khan zat in de auto tussen de ongeletterde Taliban en vervloekte het feit dat zijn land ofwel bestuurd werd door soldaten ofwel door moellahs. Zelf was hij een gelovige maar gematigde moslim. Hij bad elke ochtend tot Allah, maar gaf meestal geen gehoor aan de vier volgende gebedsoproepen, tenzij de religieuze politie hem de dichtstbijzijnde moskee in sleepte, samen met andere mannen die ze op straat opgepikt hadden. Hij respecteerde met tegenzin de vasten tijdens de ramadan, en at niet tussen zonsopgang en zonsondergang, in elk geval niet zo dat iemand het zag. Hij was zijn twee vrouwen trouw, voedde zijn kinderen met harde hand op en leerde ze goede godvrezende moslims te worden. Hij had niets dan verachting voor de Taliban, die hij als een stel ongeletterde boerse gelovigen beschouwde. De leiders van de Taliban kwamen dan ook uit de armste en conservatiefste delen van het land, waar de alfabetiseringsgraad het laagst was.

Aanstichter van Soeltans arrestatie was het ministerie ter Bevordering van Deugd en ter Bestrijding van Zonde, beter bekend als het ministerie van Zedelijkheid. Tijdens het verhoor in het huis van bewaring streek Soeltan over zijn baard, die de correcte door de Taliban gewenste vuistlengte had. Hij schikte wat aan zijn *sjalwar kamiez*, die ook voldeed aan de norm van de Taliban – de jas over de knie, de broek over de enkels.

Hooghartig antwoordde hij: 'Jullie kunnen mijn boeken verbranden, jullie kunnen mij het leven zuur maken, jullie kunnen me zelfs vermoorden, maar jullie kunnen de geschiedenis van Afghanistan nooit ongedaan maken.'

Boeken waren Soeltans leven. Vanaf het moment dat hij zijn allereerste boek op school kreeg, was hij verslingerd aan boeken en verhalen. Hij werd geboren in een arme familie en groeide op in de jaren vijftig, in het dorp Deh Khoedaidad in de buurt van Kaboel. Zijn vader noch moeder kon lezen, maar ze schraapten geld bij elkaar zodat hij naar school kon gaan. Hij was de oudste zoon en het spaargeld werd voor hém gebruikt. De zus die vóór hem geboren werd, had nooit een voet in een school gezet en had nooit leren lezen of schrijven. Ze zou toch uitgehuwelijkt worden. Tegenwoordig kan ze met moeite klokkijken.

Maar Soeltan, die moest een groot man worden. De eerste

hindernis was de weg naar school. Soeltan weigerde naar school te gaan, omdat hij geen schoenen had. Zijn moeder joeg hem de deur uit.

'Je kunt best naar school, kijk maar', zei ze en ze gaf hem een tik op zijn hoofd. Algauw had hij zelf geld verdiend voor schoenen, want zijn hele schooltijd lang was Soeltan fulltime aan het werk. 's Ochtends voordat de lessen begonnen en elke middag totdat het donker werd, bakte hij bakstenen om geld voor zijn familie te verdienen. Later nam hij een baantje in een winkel. Aan zijn ouders gaf hij slechts de helft van zijn feitelijke verdienste als zijn loon op. De rest spaarde hij, om boeken te kopen.

Reeds als tiener begon hij boeken te verhandelen. Hij was net begonnen met zijn ingenieursopleiding, maar het was moeilijk om de benodigde studieboeken te krijgen. Tijdens een reis met zijn oom naar Teheran kwam hij toevallig alle boeken tegen waar hij naar gezocht had, op een van de rijk gesorteerde boekenmarkten van de stad. Hij kocht verscheidene sets, die hij voor de dubbele prijs aan zijn medestudenten in Kaboel doorverkocht. De boekenverkoper in hem was geboren.

Als ingenieur werkte Soeltan slechts aan de bouw van twee gebouwen mee. Zijn boekenmanie rukte hem uit de bouwwereld. Opnieuw verleidden de boekenmarkten van Teheran hem. In de Perzische metropool zwierf de dorpsjongen tussen de oude en nieuwe boeken, tussen antiquarische en moderne, en hij kwam boeken tegen waarvan hij het bestaan zelfs in zijn wildste fantasie niet had kunnen vermoeden. Hij kocht dozen vol Perzische poëzie, kunstboeken, historische werken, en uit commerciële overwegingen de bestsellers: studieboeken voor ingenieurs.

Thuis in Kaboel opende hij zijn eerste boekhandeltje, tussen kruidenwinkeltjes en kebabtenten in het centrum van de stad. Dat was in de jaren zeventig, toen de maatschappij heen en weer geslingerd werd tussen modernisme en traditie. De liberale, wat indolente heerser Zahir Sjah bestuurde het land, en zijn halfhartige pogingen om het land te moderniseren lokten scherpe kritiek van religieuze zijde uit. In Kaboel mochten de vrouwen in westerse kleren rondlopen, ook al riskeerden ze het om bijtend zuur in hun gezicht gespoten te krijgen. Toen een tiental moellahs ertegen protesteerde dat de vrouwelijke leden van de koninklijke familie zich in het openbaar zonder sluier vertoonden, werden ze in de gevangenis gegooid.

Het aantal universiteiten en scholen nam aanzienlijk toe, en daarmee kwamen de studentendemonstraties. Hoewel er geen vrije verkiezingen gehouden werden, was dit de tijd waarin een golf van nieuwe partijen en politieke groeperingen ontstond, van extreem links tot religieus-fundamentalistisch. Deze groeperingen bestreden elkaar, en de onzekere stemming in het land verspreidde zich. De economie stagneerde na drie jaar zonder regen, en tijdens een catastrofale hongersnood in 1973, terwijl Zahir Sjah in India op artsenbezoek was, greep de neef van de koning, Daoed, met een staatsgreep naar de macht en schafte de monarchie af.

President Daoeds regime was repressiever dan dat van zijn neef. Maar de boekhandel van Soeltan bloeide. Hij verkocht boeken en tijdschriften die werden uitgegeven door de verschillende politieke groeperingen, variërend van marxisten tot fundamentalisten. Hij woonde bij zijn vader en moeder in het dorp en fietste elke morgen naar zijn boekenstalletje in Kaboel en 's avonds weer terug. Zijn enige probleem was het aanhoudende gezeur van zijn moeder dat hij moest trouwen. Ze stelde voortdurend nieuwe kandidaten voor, een nichtje hier en een buurmeisje daar. Soeltan wilde nog geen gezin stichten. Hij flirtte links en rechts wat en had geen haast om zich al te binden. Hij wilde vrij zijn om te reizen en hij ging op zakenreizen naar Teheran, Tasjkent en Moskou. In Moskou had hij een Russische vriendin, Ljoedmila. Soeltan verdiende steeds meer geld.

In 1979, een paar maanden voor de invasie van de sovjets, beging hij voor het eerst een misstap. De keiharde communist Noer Mohammed Taraki regeerde in Kaboel. President Daoed was met zijn hele familie, tot de kleinste baby aan toe, tijdens een staatsgreep vermoord. De gevangenissen waren voller dan ooit, tienduizenden politieke tegenstanders werden gearresteerd, gemarteld en terechtgesteld.

De communisten wilden de controle over het hele land consolideren en probeerden de moslimgroepen te verslaan. De moedjahedien – de heilige strijders – begonnen een gewapend verzet tegen het regime, een strijd die later zou overgaan in een genadeloze guerrillaoorlog tegen de Sovjet-Unie.

De moedjahedien vertegenwoordigden een enorm aantal ideologieën en richtingen. De verschillende groeperingen publiceerden geschriften ter ondersteuning van de *jihad* – de strijd tegen het goddeloze regime – en de islamisering van het land. Het regime verstevigde zijn greep op allen die het verdacht van samenspanning met de moedjahedien, en het was streng verboden om hun ideologische geschriften te drukken of te verspreiden.

Soeltan verkocht zowel de geschriften van de moedjahedien als van de communisten. Bovendien leed hij aan een grote verzamelwoede en hij kon het niet laten om een paar exemplaren te kopen van de boeken en geschriften die hij zoal tegenkwam. Soeltan vond dat hij in de kast moest hebben staan wat de mensen wilden hebben. De meest verboden publicaties verborg hij onder de toonbank.

Het duurde niet lang of hij werd verraden. Er was een klant gearresteerd met boeken die hij bij Soeltan gekocht had. Tijdens een razzia vond de politie verscheidene illegale geschriften. Het vuur voor de eerste boekverbranding werd ontstoken. Soeltan werd meegenomen, aan zware verhoren onderworpen, in elkaar geslagen en tot een jaar gevangenisstraf veroordeeld. Hij werd gevangengezet op de afdeling voor politieke gevangenen, waar pen, papier en boeken streng verboden waren. Maandenlang staarde Soeltan naar de muur. Maar hij wist een bewaker om te kopen met een van de voedselpakketten die hij van zijn moeder kreeg, en liet elke week boeken naar binnen smokkelen. Te midden van de ruwe stenen muren kreeg hij steeds meer belangstelling voor de Afghaanse cultuur en literatuur. Hij verdiepte zich in Perzische poëzie en in de dramatische geschiedenis van zijn land. Toen hij uit de gevangenis kwam, was hij nog zekerder van zijn zaak: hij wilde zich met alle macht inzetten voor de verspreiding van kennis over de Afghaanse cultuur en geschiedenis. Hij ging door met de verkoop van verboden geschriften, zowel van de islamitische guerrilla als van de aan China getrouwe communistische oppositie in het land, maar hij was wel voorzichtiger dan voorheen.

De autoriteiten hielden hem in de gaten, en vijf jaar later werd hij opnieuw gearresteerd. Opnieuw had hij gelegenheid om achter de muren te filosoferen over Perzische poëzie. Ditmaal was er een aanklacht bij gekomen: hij was een *petit bourgeois*, een kleinburger, een van de ergste scheldwoorden van het communisme. De aanklacht hield in dat hij volgens kapitalistisch patroon geld verdiende.

Dit alles speelde zich af in een tijd waarin het communistische regime te midden van alle oorlogsellende probeerde om de Afghaanse stammenmaatschappij af te breken en het blijde communisme in te voeren. De pogingen om de grond te collectiviseren leidden tot grote misère onder de bevolking. Veel arme boeren weigerden de onteigende grond van rijke landeigenaren over te nemen, omdat het strijdig was met de islam om in gestolen grond te zaaien. Het platteland kwam in opstand en de communistische sociale projecten werden een grote mislukking. Na een tijd gaven de autoriteiten het op. Al hun energie werd opgeslokt door de oorlog – een oorlog die in tien jaar anderhalf miljoen Afghaanse levens had gekost.

Toen de kleine en kleinburgerlijke kapitalist weer uit de gevangenis kwam, was hij vijfendertig jaar. Kaboel was nauwelijks getroffen door de oorlog, die zich voornamelijk op het platteland afspeelde. De mensen werden in beslag genomen door de dagelijkse beslommeringen. Dit keer wist zijn moeder hem ertoe over te halen om te trouwen. Hij vond Sjarifa, de dochter van een generaal, een knappe en kwieke vrouw. Ze trouwden en kregen drie zoons en een dochter, om het jaar een nieuw kind.

In 1989 trok de Sovjet-Unie zich terug uit Afghanistan, en de bevolking hoopte dat er nu eindelijk vrede zou komen. Maar de moedjahedien legden de wapens niet neer, want het regime in Kaboel was nog steeds aan de macht, met steun van de Sovjet-Unie. In 1992 barstte de burgeroorlog echt los. De flat die de familie had gekocht in het sovjetwoningcomplex Mikrorayon bevond zich precies op de frontlijn tussen de strijdende partijen. De raketten sloegen in de muren, de kogels versplinterden de ramen, en tanks rolden over de binnenplaatsen. Toen ze een week in dekking op de vloer gelegen hadden, verstomde de granaatregen even, en Soeltan vertrok met zijn familie naar Pakistan.

Terwijl hij daar was, werd zijn boekhandel geplunderd, net als de openbare bibliotheken. Waardevolle boeken werden voor een schijntje aan verzamelaars verkocht – of geruild voor tanks, kogels en granaten. Ook Soeltan kocht verscheidene uit de nationale bibliotheek gestolen boeken toen hij uit Pakistan terugkwam om zijn winkel te bekijken. En hij deed goede zaken. Voor een habbekrats – enige tientallen dollars – kocht hij honderden jaren oude geschriften, onder andere een vijfhonderd jaar oud manuscript uit Oezbekistan, waarvoor de Oezbeekse regering hem later vijfentwintigduizend dollar bood. Hij vond Zahir Sjahs persoonlijke uitgave van de *Sjah-Nama*, het grote werk van de epische dichter Firdoesi, zijn lievelingsschrijver, en hij kocht voor een spotprijs allerlei waardevolle boeken van de rovers, die zelf de titels van de boeken niet eens konden lezen.

Na vier jaar intensief bombarderen was Kaboel in een ruïne veranderd en had vijftigduizend inwoners verloren. Toen de bewoners op de ochtend van 27 september 1996 ontwaakten, was de strijd verstomd. De avond tevoren was Ahmed Sjah Massoed met zijn troepen via de Pansjirvallei gevlucht. Terwijl er tijdens de burgeroorlog elke dag tegen de duizend raketten in de Afghaanse hoofdstad neerkwamen, was het nu doodstil.

Aan een verkeersbord nabij het presidentiële paleis hingen twee mannen. De grootste zat van top tot teen onder het bloed. Hij was gecastreerd, zijn vingers waren verbrijzeld, zijn bovenlichaam en gezicht waren zwaar gekneusd en hij had een kogelgat in zijn voorhoofd. De ander was alleen maar doodgeschoten en opgehangen, en zijn zakken puilden uit van de *afghani*, de plaatselijke valuta, als teken van verachting. De mannen waren de voormalige president Mohammed Nadjiboellah en zijn broer. Nadjiboellah was een gehaat man. Hij was hoofd van de geheime politie toen de Sovjet-Unie Afghanistan binnentrok, en in de periode dat hij aan de macht was, had hij naar men zei zo'n tachtigduizend vijanden van het volk laten terechtstellen. Toen de moedjahedien de macht grepen, met Boerhanoeddin Rabbani als president en Massoed als minister van Defensie, kreeg Nadjiboellah huisarrest in het vn-gebouw.

Toen de Taliban het oostelijk deel van Kaboel innamen en de moedjahedien-regering besloot te vluchten, bood Massoed zijn prominente gevangene aan om mee te gaan. Nadjiboellah vreesde voor zijn leven buiten de hoofdstad, en koos ervoor om bij de bewakers in het vn-gebouw achter te blijven. Bovendien dacht hij dat hij als Pasjtoen met de Pasjtoenen onder de Taliban kon onderhandelen. De volgende ochtend vroeg waren alle bewakers verdwenen. De witte vlaggen – wit was de heilige kleur van de Taliban – wapperden boven de moskeeën.

De inwoners van Kaboel verzamelden zich argwanend rond het verkeersbord op het Arianaplein. Ze keken naar de mannen die daar hingen, en gingen stilletjes naar huis. De oorlog was voorbij. Een nieuwe oorlog zou beginnen: de oorlog tegen de geneugten van het volk.

De Taliban zorgden voor rust en orde, maar brachten tegelijkertijd de genadestoot toe aan de Afghaanse kunst en cultuur. Het regime verbrandde Soeltans boeken en drong gewapend met bijlen het museum van Kaboel binnen, met hun eigen minister van Cultuur als getuige.

Bij hun komst was er al niet veel meer in het museum. Alle losse voorwerpen waren tijdens de burgeroorlog geroofd: potten uit de tijd dat Alexander de Grote het land veroverde, zwaarden die mogelijk gebruikt waren in de gevechten tegen Djengis Khan en zijn Mongoolse horden, Perzische miniaturen en duizenden jaren oude munten waren verdwenen. Het meeste bevond zich bij onbekende verzamelaars van over de hele wereld. Een paar objecten waren in veiligheid gebracht voordat de plunderingen echt losbarstten.

Er stonden nog een paar enorme beelden van Afghaanse koningen en prinsen, samen met ettelijke duizenden jaren oude boeddhabeelden, en er waren nog wat wandschilderingen. In dezelfde geest als waarin ze Soeltans boekhandel waren binnengekomen, voerden de voetsoldaten hun werk uit. De suppoosten barstten in tranen uit toen de Taliban de weinige restanten aan stukken sloegen. Ze hakten net zo lang tot alleen de sokkels over waren, omringd door hopen marmerstof en brokken klei. Aan een halve dag hadden ze genoeg om de geschiedenis van duizenden jaren te vernietigen. Het enige wat na de vernielingen bleef hangen, was een met ornamenten versierd Korancitaat op een steentablet, dat in opdracht van de minister van Cultuur met rust gelaten was.

Na het vertrek van de kunstbeulen uit het zwaar gebombardeerde museumgebouw, dat tijdens de burgeroorlog ook in de frontlijn had gestaan, bleef het museumpersoneel te midden van de brokstukken achter. Die raapten ze met veel moeite bijeen en ze veegden het stof en gruis eraf. Ze merkten de stukken en legden ze in dozen. Aan sommige fragmenten was nog te zien wat ze hadden voorgesteld: een hand, een gekrulde haarlok. De dozen zetten ze in de kelder neer, in de hoop dat iemand de beelden ooit zou kunnen restaureren.

Een halfjaar voor de val van de Taliban werden ook de enorme boeddhabeelden in Bamian opgeblazen. De beelden waren bijna tweeduizend jaar oud en het grootste culturele erfgoed van Afghanistan. Het dynamiet was zo krachtig dat er geen brokken meer te verzamelen vielen.

Onder dit regime probeerde Soeltan Khan stukken van de Afghaanse cultuur te redden. Na de boekverbranding op de rotonde wist hij zich met steekpenningen vrij te kopen uit de gevangenis. Nog dezelfde dag verbrak hij de verzegeling van zijn winkel. Hij huilde bij het zien van de resten van zijn boekenschatten. Met een dikke zwarte viltstift maakte hij in de boeken alle afbeeldingen van levende wezens onzichtbaar die de voetsoldaten niet hadden opgemerkt. Dat was beter dan dat de werken werden verbrand. Na een tijd kreeg hij een beter idee: hij plakte zijn visitekaartjes op de afbeeldingen. Op die manier waren ze zo bedekt dat ze later weer tevoorschijn konden worden gehaald, terwijl hij tegelijkertijd zijn eigen stempel op het werk kon zetten. Misschien kon hij de kaartjes ooit verwijderen.

Maar het regime werd steeds genadelozer. In de loop van de jaren werd de puriteinse lijn strenger en streefde men er nog sterker naar om te leven volgens de regels uit de tijd van Mohammed. Opnieuw werd Soeltan bij de minister van Cultuur geroepen.

'Sommigen hebben het op je voorzien', zei deze. 'En ik kan je niet beschermen.'

Op dat moment, in de zomer van 2001, besloot Soeltan het land te verlaten. Hij vroeg een visum voor Canada aan, voor zichzelf, zijn twee vrouwen, zijn zoons en zijn dochter. De twee vrouwen woonden op dat moment met de kinderen in Pakistan en haatten het vluchtelingenbestaan. Maar Soeltan wist dat hij zijn boeken niet kon opgeven. Die waren zijn leven. Hij bezat nu drie boekwinkels in Kaboel. Een daarvan werd gedreven door zijn jongere broers, een andere door zijn oudste zoon Mansoer van zestien, en de derde door hemzelf.

Slechts een fractie van zijn boeken stond nog in de kasten. De meeste, bijna tienduizend stuks, waren verborgen op diverse zolders, verspreid over heel Kaboel. Hij kon zijn verzameling, die hij gedurende meer dan dertig jaar had opgebouwd, niet verloren laten gaan. Hij kon de Taliban of de oorlog niet nog meer van de ziel van Afghanistan laten vernielen. Bovendien had hij een geheim idealistisch plan met zijn collectie. Hij sprak met zichzelf af dat, als de Taliban verdwenen zouden zijn en Afghanistan een regering kreeg die te vertrouwen was, hij de hele verzameling aan de geplunderde openbare bibliotheek van de stad zou schenken, waar ooit een paar honderdduizend boeken in de kasten hadden gestaan. Of misschien zou hij zijn eigen bibliotheek beginnen, met zichzelf als waardig bibliothecaris, bedacht hij.

Omdat hij met de dood bedreigd werd, kreeg Soeltan Khan een visum voor Canada, zowel voor hemzelf als voor zijn gezin. Maar van de reis kwam niets terecht. Terwijl zijn twee vrouwen Sjarifa en Sonja de spullen inpakten en de reis voorbereidden, bedacht hij allerlei verontschuldigingen om het vertrek uit te stellen. Hij wachtte nog op een paar boeken, de boekhandel werd bedreigd, er was een familielid overleden. Er was altijd wel iets.

Toen kwam de elfde september. Toen het bommen begon te regenen, reisde Soeltan af naar zijn vrouwen in Pakistan. Hij gaf Joenoes, een van zijn jongere ongehuwde broers, opdracht om in Kaboel achter te blijven en de drie boekwinkels onder zijn hoede te nemen.

Toen het Taliban-bewind ten val kwam, twee maanden na de terroristische aanslagen in de Verenigde Staten, was Soeltan als een van de eersten terug op zijn post in Kaboel. Eindelijk kon hij zijn kasten vullen met alle boeken die hij maar wilde. De historische werken waarin de afbeeldingen met viltstift waren weggewerkt, kon hij als curiosa aan buitenlanders verkopen, en hij kon de visitekaartjes die hij over de plaatjes van levende wezens had geplakt weer verwijderen. Hij kon de blanke armen van koningin Soeraja en de met goud behangen borst van koning Amanoellah weer laten zien.

Op een ochtend stond hij met een glas dampende thee in zijn winkel te kijken hoe Kaboel tot leven kwam. Terwijl hij plannen maakte om zijn droom te verwezenlijken, schoot hem een citaat van zijn lievelingsdichter Firdoesi te binnen: 'Om te slagen moet men nu eens een wolf zijn, dan weer een lam.' Het was nu tijd om wolf te zijn, dacht Soeltan.

Misdaad en straf

Van alle kanten suisden de stenen op de paal af. De meeste waren raak. De vrouw schreeuwde niet, maar er steeg algauw een gejuich op uit de menigte. Een krachtig gebouwde man had een bijzonder mooie steen gevonden, groot en hoekig, die hij uit alle macht naar de vrouw gooide, na zorgvuldig op haar lichaam gemikt te hebben. De steen trof haar recht in haar buik — zo keihard dat het eerste bloed van die middag door de boerka heen kwam. Dat was de aanleiding tot het gejuich van de menigte. Een andere steen van dezelfde grootte trof de vrouw op haar schouder. Dat bracht nieuw bloed en nieuw gejuich.

James A. Michener, *Caravans*

In Pesjawar is Sjarifa, de afgedankte echtgenote, vol onrust. Ze weet dat Soeltan een dezer dagen zal komen, maar hij neemt nooit de moeite om nauwkeurig aan te geven wanneer hij uit Kaboel vertrekt, dus Sjarifa zit dagenlang, uur na uur, op zijn komst te wachten.

Elke maaltijd wordt klaargemaakt alsof het zeker is dat haar man thuiskomt. Een extra vette kip, de spinazie waar hij zo van houdt, de groene, zelfgemaakte chilisaus. Schone, pas gestreken kleren liggen klaar op zijn bed. Zijn post ligt sierlijk gerangschikt in een doos.

De uren gaan voorbij. De kip wordt weer ingepakt, de spinazie kan worden opgewarmd en de chilisaus kan weer in de kast worden gezet. Sjarifa doet de vloer, wast de gordijnen, veegt het eeuwige stof af. Ze gaat zitten, zucht, snikt even. Het is niet zozeer dat ze Soeltan mist. Ze mist het leventje dat ze ooit leidde, als de gesoigneerde vrouw van een ondernemende boekhandelaar, gerespecteerd als de moeder van zijn zoons en dochters. Als de uitverkorene.

Soms haat ze hem omdat hij haar leven heeft kapotgemaakt, omdat hij haar haar kind heeft ontnomen, omdat hij haar te schande heeft gemaakt.

Het is achttien jaar geleden dat Soeltan met Sjarifa trouwde en twee jaar geleden dat hij een tweede vrouw nam. Sjarifa leeft als een gescheiden vrouw, maar zonder de vrijheid die zo'n vrouw heeft. Nog steeds is het Soeltan die over haar beslist. Hij heeft beslist dat zij in Pakistan moet wonen, zodat ze daar op zijn huis kan passen, waar hij zijn kostbaarste werken bewaart. Hier heeft hij een computer, hier heeft hij telefoon, van hier kan hij boekenpakketten naar zijn klanten sturen en hier kan hij e-mail ontvangen, kortom alles doen wat onmogelijk is in Kaboel, waar noch de post noch de telefoon of het elektronisch verkeer functioneert. Zij woont hier omdat dat handig is voor Soeltan.

Scheiden is nooit een alternatief voor Sjarifa geweest. Als een vrouw scheiding aanvraagt, heeft ze nauwelijks rechten. De kinderen gaan naar de man, die haar zelfs kan verbieden om ze nog te zien. Sjarifa zou bij een van haar broers moeten intrekken.

Tijdens de burgeroorlog aan het begin van de jaren negentig en de eerste jaren van het Taliban-bewind woonde de hele familie Khan in Pesjawar, in de wijk Hayatabad, waar een op de tien inwoners Afghaan is. Maar een voor een zijn ze terugverhuisd naar Kaboel: Soeltans broers en zussen, Soeltan zelf, Sonja, zijn zoons. Eerst Mansoer van zestien, toen Aimal van twaalf, en ten slotte Ekbal van veertien. Alleen Sjarifa en de jongste dochter, Sjabnam, zijn achtergebleven. Ze hopen dat Soeltan ze mee terug zal nemen naar Kaboel, naar hun familie en vrienden. Soeltan belooft het steeds, maar er komt altijd iets tussen. Het vervallen huis in Pesjawar, dat tijdelijk bescherming moest bieden tegen de kogels en granaten in Afghanistan, is Sjarifa's gevangenis geworden. Ze kan hier niet vandaan vluchten zonder toestemming van haar man.

Het eerste jaar na de tweede bruiloft van Soeltan woonde Sjarifa met hem en zijn nieuwe vrouw samen. Sjarifa vond Sonja dom en lui. Misschien was ze niet lui, maar Soeltan liet haar nooit een vinger uitsteken. Sjarifa maakte het eten klaar, diende op, deed de was, maakte de bedden op. De eerste tijd hield Soeltan soms dagen achtereen de deur van de slaapkamer op slot. Daar sloot hij zich op met Sonja, en hij kwam slechts af en toe even naar buiten om thee of water te bestellen. Vanuit de kamer hoorde Sjarifa gefluister en gelach en soms had ze het gevoel of haar hart brak.

Ze verbeet haar jaloezie en gedroeg zich als een voorbeeldige vrouw. Haar verwanten en vriendinnen zeiden tegen haar dat ze de prijs voor de eerste vrouw verdiende. Nooit hoorde je haar klagen dat ze terzijde was geschoven, nooit hoorde je haar ruziemaken met Sonja of kwaadspreken over haar rivale.

Nadat de heetste wittebroodsweken voorbij waren en Soeltan de slaapkamer verlaten had om zich aan zijn zaken te wijden, draaiden de twee vrouwen om elkaar heen. Sonja poederde zich en paste al haar nieuwe jurken, terwijl Sjarifa probeerde te kakelen als een liefhebbende moederkloek. Zij nam de zwaarste taken op zich en leerde Sonja gaandeweg hoe ze Soeltans lievelingsgerechten moest maken, hoe hij zijn kleren wilde, wat de juiste temperatuur van zijn waswater was en andere zaken die een huisvrouw over haar man moet weten.

Maar de schande, de schande. Ook al was het niet ongewoon dat een man een tweede of zelfs een derde vrouw nam, het was toch vernederend. De terzijde geschoven echtgenote krijgt hoe dan ook het stempel dat ze niet voldoet. Sjarifa voelde dat vooral zo omdat haar man zo duidelijk de voorkeur gaf aan de jongste.

Ze moest een verklaring kunnen geven waarom haar man een

nieuwe vrouw genomen had. Ze moest iets bedenken waardoor
het leek alsof het niet aan haarzelf lag dat zij niet voldeed, maar
aan uiterlijke omstandigheden waar zij niets aan kon doen.

Aan iedereen die het maar horen wilde, vertelde ze dat ze een
poliep in haar baarmoeder had gekregen, waaraan ze geopereerd
was, en dat de arts tegen haar had gezegd dat ze, als ze al zou blijven leven, in elk geval geen lichamelijke omgang meer met haar
man mocht hebben. Ze zei dat ze zelf Soeltan had aanbevolen
om een nieuwe vrouw te zoeken en dat zij Sonja voor hem had
uitgezocht. Hij is nu eenmaal een man, verklaarde ze.

In Sjarifa's ogen was deze verzonnen ziekte veel minder
schandelijk dan dat zij, de moeder van zijn kinderen, niet langer
goed genoeg was. Het kwam er bijna op neer dat hij op dokters-
advies opnieuw getrouwd was.

Als Sjarifa het er echt dik op wilde leggen, vertelde ze met een
schittering in haar ogen dat ze Sonja liefhad als haar eigen zus,
en Latifa, Sonja's kind, als haar eigen dochter.

In tegenstelling tot Soeltan houden veel mannen met meer
vrouwen zich aan een streng evenwicht in de omgang met hun
echtgenotes: één nacht bij de ene vrouw en één nacht bij de andere, en dat tientallen jaren achtereen. De vrouwen krijgen meestal
kinderen van dezelfde leeftijd, die als echte broers en zussen op-
groeien. De moeders zien er scherp op toe dat hun eigen kind
exact dezelfde aandacht krijgt als dat van de ander en dat ze zelf
evenveel kleren en geschenken krijgen als de andere vrouw. Veel
van deze dubbele vrouwen haten elkaar zo intens dat ze niet eens
met elkaar spreken. Anderen schikken zich erin dat het hebben
van meerdere vrouwen het recht van de man is, en worden zelfs
goede vriendinnen. De rivale heeft immers meestal haar leven
als tweede vrouw door haar ouders opgedrongen gekregen. Er
zijn maar weinig jonge meisjes die ervan dromen om vrouw
nummer twee van een oudere man te worden. Terwijl zijn eerste
vrouw zijn jeugd meemaakte, beleeft zij zijn ouderdom. In som-

mige gevallen heeft geen van beide vrouwen de man eigenlijk ooit gewild, en zijn ze blij met elke nacht dat hij niet bij haar ligt.

De mooie bruine ogen van Sjarifa kijken doelloos rond – de ogen die Soeltan eens de mooiste van Kaboel vond. Nu hebben ze hun glans verloren en zijn ze omkranst door zware oogleden en zachte rimpels. De lichte huid heeft pigmentvlekken gekregen, die ze discreet met make-up bedekt. Ze heeft haar korte benen altijd gecompenseerd met haar blanke huid. Lengte en een bleke huid zijn de belangrijkste statussymbolen van de Afghanen. Er jong blijven uitzien is altijd een gevecht voor Sjarifa geweest; ze houdt verborgen dat ze eigenlijk een paar jaar ouder is dan haar man. Haar grijze haren houdt ze met kleurspoelingen onder controle, maar ze slaagt er niet in om de droeve trek op haar gezicht te verdoezelen.

Met zware tred loopt ze over de vloer. Sinds haar man haar drie zoons met zich mee heeft genomen naar Kaboel is er weinig te doen. De tapijten zijn geborsteld, het eten staat klaar. Ze doet de tv aan en kijkt naar een Amerikaanse actiefilm, een fantasieverhaal waarin sterke en knappe helden strijd leveren met draken, monsters en skeletten, en deze kwade schepsels uiteindelijk verslaan. Sjarifa volgt de gebeurtenissen met volle aandacht, ook al wordt er Engels gesproken, een taal die ze niet verstaat. Als de film afgelopen is, voert ze een telefoongesprek met haar schoonzus. Daarna staat ze op en loopt naar het raam. Hier, op de tweede etage, heeft ze een volledig overzicht over alles wat er gebeurt op de binnenplaatsjes onder haar, die allemaal zijn omringd door bakstenen muurtjes waar je net overheen kunt kijken. Net als op het plaatsje van Sjarifa hangen er overal kleren te drogen.

Maar in Hayatabad hoef je niets te zien om het toch te weten. Met je ogen dicht in je eigen woonkamer weet je dat de buurman keiharde Pakistaanse popmuziek heeft opstaan, dat sommige kinderen jengelen en andere aan het spelen zijn, dat een moeder staat te kijven, dat een vrouw een kleed uitklopt, dat een ander de afwas doet in de zon, dat de buurman zijn eten laat verbranden en dat een ander knoflook fijnhakt.

Wat de geluiden en de geuren niet vertellen, voegt de roddel eraan toe. Die gaat als een lopend vuurtje door deze wijk, waar iedereen op de moraal van de anderen let.

Sjarifa deelt het oude, vervallen stenen huis en het piepkleine betonnen plaatsje met drie families. Als Soeltan toch niet lijkt te komen, wipt ze bij de buren binnen. Beneden zitten alle vrouwen van het huis en een paar uitverkorenen van de aangrenzende binnenplaatsjes. Iedere donderdagmiddag komen ze bijeen voor de *nazar*, een religieuze viering. Om te kletsen en te bidden.

Ze binden hun sjaal strakker om hun hoofd, leggen allen hun gebedsmat in de richting van Mekka en buigen, richten zich op, bidden en buigen zich opnieuw, in totaal vier keer. Ze roepen Allah aan zonder geluid te maken, alleen hun lippen bewegen. Terwijl sommigen opstaan van de gebedsmat, gaan anderen nog door.

In de naam van Allah, de Barmhartige Erbarmer,
lof aan Allah, de Heer der wereldwezens,
de Barmhartige Erbarmer,
de Heerser op de Dag des Oordeels.
U dienen wij en U vragen wij om bijstand.
Leid ons langs het rechtgebaande pad.
Het pad van degenen aan wie Gij Uw weldaden schenkt,
over wie geen toorn is en die niet dwalen.

Het fluisterend gebed wordt zachtjes aan afgelost door druk gebabbel. De vrouwen gaan op kussens langs de muur zitten. Het zeildoek op de grond is gedekt met theeservies. Er wordt vers gezette thee met kardemom klaargezet, met een droge cake van koekkruimels en suiker. Alle aanwezigen houden de handen voor hun gezicht en bidden nogmaals, in een fluisterend koor rond de kruimelcake: *la ilaha illa llah wa Moehammad rasoeloe llah.*

Als het gebed afgelopen is, strijken ze met hun handen over hun gezicht. Vanaf de neus omhoog naar het voorhoofd, naar opzij en langs de wangen naar beneden, naar de kin, om vlak voor de lippen te eindigen. Van moeder op dochter hebben ze geleerd dat wat je tijdens het nazar-gebed vraagt, in vervulling gaat, als je het verdient. Deze gebeden gaan rechtstreeks naar Allah, die bepaalt of hij ze wil verhoren of niet.

Sjarifa bidt dat Soeltan haar en Sjabnam mee zal nemen naar Kaboel, zodat ze al haar kinderen weer om zich heen heeft.

Als alle vrouwen tot Allah gebeden hebben dat Hij hun dromen waarmaakt, kan het eigenlijke donderdagse ritueel beginnen: cake eten, kardemomthee drinken en de laatste nieuwtjes uitwisselen. Sjarifa laat in het gesprek vallen dat ze Soeltan elk uur thuis verwacht, maar niemand luistert naar haar. Het is lang geleden dat haar driehoeksdrama *hot news* was in straat 103 in Hayatabad. Nu is de zestienjarige Salika het middelpunt van de roddel. Zelf zit ze opgesloten in de achterkamer, na een onvergeeflijk misdrijf twee dagen eerder. Ze ligt zwaar toegetakeld op haar mat, met bloeduitstortingen op haar gezicht en rode, gezwollen strepen op haar rug.

De vrouwen die nog niet alle ingrediënten van het verhaal kennen, staren met wijdopen ogen naar degenen die wel op de hoogte zijn.

Salika's misdrijf is een halfjaar geleden begonnen. Op een middag kreeg ze bezoek van Sjarifa's dochter Sjabnam, die haar heimelijk een briefje kwam brengen.

'Ik heb beloofd niet te zeggen van wie het is, maar het is van een jongen', zei ze trappelend van enthousiasme en opwinding over de belangrijke opdracht. 'Hij durft zich niet te laten zien. Maar ik weet wie het is.'

Sjabnam kwam voortdurend met nieuwe briefjes van de jongen: briefjes vol hartjes met een pijl erdoor, briefjes met *I love you*, in een stuntelig jongenshandschrift, briefjes waarin stond hoe mooi ze was. Salika zag in elke jongen die ze tegenkwam de geheime briefschrijver. Ze lette er goed op wat ze aanhad en zorgde dat haar haar altijd glansde, en ze vervloekte haar oom omdat ze buiten haar lange sluier moest dragen.

Op een dag stond er in het briefje dat hij om vier uur 's middags vlak voorbij haar huis tegen een paal zou staan, en dat hij een rode trui zou dragen. Salika beefde van spanning toen ze het huis uitging. Ze had zich extra mooi gemaakt, met een lichtblauwe fluwelen jurk en met de sieraden waar ze het meest van hield, goudkleurige armbanden en zware kettingen. Ze liep naast haar vriendin en durfde nauwelijks langs de lange, slanke jongen met de rode trui te lopen. Hij stond met zijn gezicht van hen af gekeerd en draaide zich niet om.

Hierna was zij degene die het initiatief nam met het schrijven van briefjes. 'Morgen moet je je omdraaien', schreef ze en ze gaf het briefje tersluiks aan Sjabnam, die haar koerierstaak ijverig en plichtsgetrouw vervulde. Maar ook deze keer draaide hij zich niet om. De derde dag echter keerde hij zich kort naar haar toe. Salika voelde haar hart in haar maag zakken. Mechanisch liep ze verder. De spanning was overgegaan in een bezeten verliefdheid. Niet omdat hij zo bijzonder knap was, maar omdat hij het was – de briefschrijver. Maandenlang schreven ze elkaar epistels en wisselden ze steelse blikken.

Snel volgden er nieuwe misdrijven op dit eerste – dat ze überhaupt briefjes van een jongen had aangenomen en, o hemel, geantwoord had. De volgende misstap was dat ze verliefd geworden was op iemand die haar ouders niet hadden uitgekozen. Ze wist dat ze hem zouden afkeuren. Hij had geen opleiding, geen geld, en hij kwam uit een onbeduidende familie. In Hayatabad geldt de wil van de ouders. Toen Salika's zus trouwde, gebeurde dat na een vijf jaar lang gevecht met haar vader. Ze was verliefd geworden op een ander dan haar ouders hadden uitgekozen en weigerde hem op te geven. De strijd eindigde ermee dat de beide geliefden een flesje pillen leegden en halsoverkop naar het ziekenhuis werden gebracht, waar hun maag leeggepompt werd. Pas toen gaven de ouders zich gewonnen.

Op een dag bracht een samenloop van omstandigheden Salika en Nadim bij elkaar. Salika's moeder zou het weekend bij familie in Islamabad doorbrengen en haar oom was de hele dag weg. Alleen zijn vrouw was thuis. Salika vertelde haar dat ze een vriendin ging bezoeken.

'Heb je daar toestemming voor?' vroeg de vrouw van haar oom. De oom was het hoofd van de familie zolang haar vader in een asielzoekerscentrum in België woonde. Die wachtte daar op een verblijfsvergunning, zodat hij kon gaan werken en geld naar huis kon sturen of, nog beter, zijn hele gezin kon laten overkomen.

'Mamma zei dat ik mocht gaan als ik klaar was met mijn huiswerk', loog Salika.

Ze ging niet naar haar vriendin, maar naar Nadim, voor een gesprek onder vier ogen.

'Hier kunnen we niet praten', zei ze snel toen ze elkaar quasitoevallig op een straathoek tegenkwamen. Hij hield een taxi aan en duwde haar naar binnen. Salika had nog nooit in een taxi gezeten en voelde haar hart in haar keel kloppen. Ze stopten bij een park, een van de parken in Pesjawar waar mannen en vrouwen elkaar konden ontmoeten.

Een klein halfuur zaten ze op een bankje in het park te praten. Nadim vertelde over zijn grote plannen voor de toekomst – hij ging een winkel kopen of een loopbaan als tapijtenverkoper beginnen. Salika was vooral doodsbenauwd dat iemand hen zou zien. Nog geen uur nadat ze van huis was weggegaan, was ze weer terug. Maar daar was al grote heibel ontstaan. Sjabnam had namelijk gezien dat Nadim haar in een taxi meenam en had dat gerapporteerd aan Sjarifa, die op haar beurt de vrouw van Salika's oom had ingelicht.

De tante sloeg Salika hard op haar mond toen ze thuiskwam, ze sloot haar op in de kamer en belde haar moeder in Islamabad op. Toen de oom thuiskwam, drong de hele familie de kamer binnen en eiste dat ze zou vertellen wat ze gedaan had. De oom trilde van woede toen hij over de taxi, het park en het bankje hoorde. Hij pakte de pijp van een gesprongen leiding en sloeg erop los, terwijl haar tante haar vasthield. Hij sloeg haar op haar rug en daarna recht in het gezicht, totdat ze uit haar neus en haar mond bloedde.

'Wat hebben jullie gedaan? Wat hebben jullie gedaan? Jij smerige hoer!' riep hij. 'Je bent een schande voor de familie. Een schandvlek. Een zieke tak!'

De stem van de oom schalde door het hele huis en drong door de open ramen van de buren naar binnen. Het duurde niet lang of iedereen wist van Salika's misdrijf. Het misdrijf dat ertoe leidde dat Salika nu opgesloten is en tot Allah bidt dat Nadim om haar hand komt vragen, dat haar ouders haar toestemming geven om te trouwen, dat Nadim een baan krijgt in een tapijtenwinkel en dat ze ergens op zichzelf kunnen gaan wonen.

'Als ze met een jongen in een taxi gaat zitten, doet ze vast nog veel meer', zegt Nasrin, een vriendin van de tante, terwijl ze hooghartig naar Salika's moeder kijkt. Nasrin eet met grote happen van de cake, terwijl ze afwacht wat voor reacties haar opmerking uitlokt.

'Ze was alleen maar in het park, daar hoeft hij haar toch niet verrot voor te slaan', zegt Sjirin, die arts is.

'Als we hem niet gestopt hadden, hadden we haar naar het ziekenhuis moeten brengen', zegt Sjarifa. 'De hele nacht lag ze daar op de binnenplaats te bidden', gaat ze verder. In haar slapeloosheid had ze naar buiten gekeken en het ongelukkige kind in het oog gekregen. 'Ze bleef maar liggen, tot de schemering aanbrak en de gebedsoproep klonk.'

De vrouwen zuchten. Een van hen fluistert een gebed. Ze zijn het er allemaal over eens dat Salika er verkeerd aan heeft gedaan om Nadim in het park te ontmoeten, maar ze verschillen van mening of het een kwestie van ongehoorzaamheid is of een groot misdrijf.

'Wat een schande, wat een schande', klaagt de moeder van Salika. 'Hoe kom ik aan zo'n dochter?'

De vrouwen bediscussiëren wat er moet gebeuren. Als hij om haar hand vraagt, kan de schande vergeten worden. Maar Salika's moeder wil Nadim niet als schoonzoon. Hij komt uit een arme familie, hij heeft nooit gestudeerd en hij hangt eigenlijk maar wat rond op straat. De enige baan die hij ooit heeft gehad was in een tapijtfabriek, maar die is hij kwijtgeraakt. Als Salika met hem trouwt, zal ze bij zijn ouders moeten intrekken. Ze zullen het zich nooit kunnen veroorloven om op zichzelf te gaan wonen.

'Zijn moeder is een slechte huisvrouw', beweert een van de vrouwen. 'Hun huis is smerig en armoedig. Ze is lui en doet maar wat ze wil.'

Een oudere vrouw herinnert zich ook de grootmoeder van Nadim. 'Toen ze in Kaboel woonden, ontvingen ze iedereen thuis', vertelt ze, en op geheimzinnige toon voegt ze eraan toe: 'Er waren zelfs mannen die naar haar flat kwamen als ze alleen was. En dat waren geen familieleden.'

'Met alle respect voor jou', zegt een van de vrouwen tegen Salika's moeder, 'moet ik je toch zeggen dat ik Salika altijd een behaagziek type heb gevonden, altijd opgemaakt, altijd opgedoft. Je had aan haar moeten zien dat ze onreine gedachten had.'

Een tijdlang zegt niemand wat, alsof ze het hiermee weliswaar eens zijn maar het tegelijkertijd niet willen laten blijken, uit medeleven met de moeder van Salika. Een vrouw droogt haar mond af, het wordt tijd om aan het avondeten te denken. De anderen staan op, een voor een. Sjarifa loopt de trap op naar haar driekamerflat. Ze loopt langs de achterkamer waarin Salika opgesloten zit. Daar moet ze blijven tot de familie heeft besloten wat voor straf ze krijgt.

Sjarifa zucht. Ze denkt aan de straf die haar schoonzus Jamila kreeg. Jamila kwam uit de beste kringen, ze was rijk, van onberispelijk gedrag, zonder een schrammetje en mooi als een bloem. Sjarifa's broer had wat geld gespaard in Canada en kon zich daarmee de achttienjarige schoonheid veroorloven. Het was een bruiloft zonder weerga, met vijfhonderd gasten, overdadige gerechten en een stralend schone bruid. Jamila ontmoette de broer van Sjarifa pas op de huwelijksdag. Alles werd door haar ouders gearrangeerd. De bruidegom, een lange en dunne man van even in de veertig, kwam speciaal uit Canada om op Afghaanse wijze te trouwen. De wittebroodsweken van hem en Jamila duurden veertien dagen; toen reisde hij terug om een visum te regelen, zodat zij hem achterna kon reizen. Ondertussen woonde Jamila bij de twee broers van Sjarifa en hun vrouwen. Maar de visumprocedure duurde langer dan verwacht.

Na drie maanden werd ze opgepakt. Het was de politie die de familie op de hoogte bracht. Ze hadden een man haar venster zien binnenkruipen.

De man kregen ze nooit te pakken, maar Sjarifa's broers vonden zijn mobiele telefoon op de kamer van Jamila en dat was bewijs genoeg voor de relatie. Sjarifa's familie ontbond het huwelijk met onmiddellijke ingang en zond haar terug naar haar eigen familie. Daar werd ze in een kamer opgesloten, terwijl de familie twee dagen beraadslaagde.

Na drie dagen kwam Jamila's broer bij Sjarifa thuis en vertelde

haar dat zijn zus verongelukt was door kortsluiting in een ventilator.

De volgende dag was de begrafenis. Er waren massa's bloemen, massa's ernstige gezichten. Jamila's moeder en zussen waren ontroostbaar. Iedereen rouwde over het korte leven dat haar
vergund was geweest.

'Net als de bruiloft', zeiden de mensen.'Een stralende begrafenis.'

De eer van de familie was gered.

Sjarifa had een video-opname van de bruiloft gekregen, maar
Jamila's broer kwam die lenen. Ze kreeg hem nooit meer terug,
niets mocht eraan herinneren dat er ooit een bruiloft had plaatsgevonden. Maar Sjarifa bewaart de paar foto's die ze nog heeft.
Het bruidspaar kijkt stijfjes en ernstig bij het aansnijden van de
taart. Jamila laat geen gevoel blijken en ziet er schattig uit in haar
maagdelijk witte jurk en sluier, met haar zwarte haar en rode
mond.

Sjarifa zucht. Jamila had een grote misstap begaan, meer uit
domheid dan uit kwaadaardigheid.

'Ze verdiende het niet te sterven. Maar Allah beschikt', mompelt ze en ze fluistert een gebed.

Toch begrijpt ze één ding niet. Dat is dat Jamila's moeder er
tijdens het familieberaad, dat twee dagen duurde, mee akkoord
ging dat haar dochter zou worden gedood. Zij, de moeder, was
uiteindelijk degene die haar drie zoons naar boven stuurde om
haar dochter te vermoorden. De broers kwamen samen de kamer van hun zus binnen. Samen legden ze een kussen op haar
gezicht en drukten hard, harder, totdat haar lichaam uitdoofde.

Daarna gingen ze terug naar hun moeder.

Zelfmoord en gezang

Het verlangen van een vrouw naar liefde is taboe in Afghanistan. Zowel het strenge eerbegrip van de clan als de moellahs verbieden het. Jonge mensen hebben geen recht om elkaar te ontmoeten, om elkaar lief te hebben, om te kiezen. Liefde heeft weinig met romantiek te maken, integendeel, het kan een ernstig misdrijf zijn, dat met de dood bestraft wordt. Ongedisciplineerde personen worden koelbloedig vermoord. Als slechts één van de twee de doodstraf krijgt, is dat zonder uitzondering de vrouw.

Jonge vrouwen zijn in de eerste plaats een ruil- of verkoopobject. Een huwelijk is een contract tussen families of binnen families. Het nut dat een huwelijk voor de clan kan hebben, is allesbepalend – op gevoelens wordt zelden gelet. Afghaanse vrouwen hebben zich eeuwenlang moeten schikken in het onrecht dat jegens hen begaan wordt. Maar er zijn getuigenissen van de vrouwen zelf, in de vorm van liederen en gedichten. Dat zijn liederen waarvan het niet de bedoeling is dat iemand ze hoort. Zelfs de echo blijft boven in de bergen of de woestijn hangen.

Ze protesteren met 'zelfmoord en gezang', schrijft de dichter Sayd Bahodine Majrouh in een boek waarin hij de eigen gedichten van de Pasjtoense vrouwen heeft verzameld. Met hulp van zijn schoonzus heeft hij deze gedichten verzameld. Zelf werd hij in 1988 door fundamentalisten vermoord.

De gedichten of verzen leven in de volksmond en worden uitgewisseld bij de put, op weg naar de akkers of bij de bakoven. Ze gaan over verboden liefde, waarbij de geliefde zonder uitzondering een ander is dan degene met wie de vrouwen getrouwd zijn, en over de haat tegen de vaak veel oudere echtgenoot. Maar ze geven ook uitdrukking aan trots op het vrouwzijn en op de moed die de vrouwen tonen. De gedichten worden *landay* genoemd, wat 'kort' betekent. Ze tellen maar een paar regels, zijn kort en ritmisch, 'als een schreeuw of een messteek', zoals Majrouh schrijft.

Gruwelijke mensen, jullie zien dat er een grijsaard
op weg is naar mijn bed
en jullie vragen waarom ik huil en mijn haren uittrek

O, Allah! Opnieuw zendt U mij de duistere nacht
en opnieuw beef ik van top tot teen
omdat ik het bed moet bestijgen dat ik haat.

Maar de vrouwen in de gedichten zijn ook opstandig, ze riskeren hun leven voor de liefde, in een samenleving waarin passie verboden is en de straf genadeloos is.

Geef mij je hand, mijn geliefde, dan verbergen wij ons in de akker
om elkaar te beminnen of om onder de messteken te bezwijken.

Ik spring in de rivier, maar de stroom neemt mij niet mee.
Mijn echtgenoot is gelukkig, ik word altijd op de oever geworpen.

Morgenvroeg word ik vermoord vanwege jou.
Zeg niet dat je niet van me hield.

De meeste uitroepen gaan over teleurstellingen en gemiste kansen. Een vrouw bidt tot Allah dat ze in haar volgende leven liever een steen is dan een vrouw. Geen enkel gedicht gaat over hoop, integendeel – de wanhoop overheerst, het gevoel dat ze niet genoeg geleefd hebben, niet genoeg genoten hebben van hun schoonheid, van hun jeugd, van de geneugten van de liefde.

Ik was schoon als een roos.
Onder jou ben ik zo geel geworden als een sinaasappel.

Vroeger wist ik niet wat lijden was.
Daarom ben ik rechtop gegroeid, als een spar.

De verzen bevatten ook veel zoete gedachten. Met een ruwe op-
rechtheid verheerlijkt de vrouw haar lichaam, de vleselijke liefde
en verboden vruchten – alsof ze de mensen wil choqueren, hun
viriliteit wil provoceren.

Leg je mond op de mijne,
maar laat mijn tong vrij, zodat die over liefde kan praten.

Neem mij eerst in je armen, houd me vast!
Pas daarna kun je jezelf tegen mijn fluwelen dijen drukken.

Mijn mond is voor jou, eet hem, wees niet bang!
Hij is niet van suiker die kan oplossen en verdwijnen.

Mijn mond mag je gerust hebben.
Waarom haal je mijn kruik? Ik ben helemaal nat.

Ik zal je in de as leggen
als ik slechts één ogenblik mijn blik op jou laat rusten.

Le suicide et le chant. Poésie populaire des femmes pashtounes,
door Sayd Bahodine Majrouh (Gallimard, 1994).

De zakenreis

Het is nog koel. De eerste zonnestralen vallen op de steile, stenige berghellingen. Het landschap is stoffig, met een bruine kleur die in grijs overgaat. De bergwanden bestaan uit louter steen, variërend van enorme blokken die verpletterend naar beneden dreigen te storten, tot brokken gruis en leem die knersen onder de paardenhoeven. De distels tussen de stenen schrammen de benen van smokkelaars, vluchtelingen en opgejaagde krijgers. Door het landschap loopt een wirwar van paden die elkaar kruisen en achter stenen en heuvels verdwijnen.

Dit is de smokkelroute tussen Afghanistan en Pakistan, voor alle mogelijke zaken, van wapens en opium tot sigaretten en blikjes cola. De paden worden al eeuwenlang druk betreden. Hier zijn de Taliban en Arabische Al-Qaida-strijders langs geslopen toen ze hadden ingezien dat de slag om Afghanistan verloren was en ze naar de stamgebieden in Pakistan vluchtten. Dit zijn de paden die ze gebruiken als ze terugvechten tegen de Amerikaanse soldaten – de ongelovigen die heilige islamitische grond hebben bezet. In de grensgebieden hebben noch Afghaanse noch Pakistaanse autoriteiten enige controle. Pasjtoen-stammen beheersen elk hun eigen gebied aan beide zijden van de grens. De wetteloosheid is, hoe absurd ook, in de Pakistaanse wet vastgelegd. Aan Pakistaanse zijde hebben de autoriteiten het recht om op geasfalteerde wegen op te treden, en tot twintig meter aan weerszijden daarvan. Buiten die twintig meter heerst de wet van de stammen.

Deze ochtend komt ook boekhandelaar Soeltan Khan langs de Pakistaanse grenswachten. Op een afstand van nog geen honderd meter staat de Pakistaanse politie. Zolang mensen, paarden en zwaarbepakte ezels op voldoende afstand van de weg passeren, kunnen ze niets doen.

Maar hoewel de autoriteiten de stroom niet kunnen controleren, worden er toch veel reizigers aangehouden en krijgen ze 'belasting' opgelegd door gewapende mannen, meestal gewone dorpsbewoners. Soeltan heeft zijn voorzorgsmaatregelen genomen. Zijn geld heeft Sonja in zijn mouwen genaaid, en zijn overige bezittingen zitten in een vuile suikerzak. Hij heeft zijn oudste *sjalwar kamiez* aangetrokken.

Net als voor de meeste Afghanen is de grens naar Pakistan ook voor Soeltan gesloten. Het helpt niet dat hij familie, een huis en zakenbelangen in het land heeft en dat zijn dochter er naar school gaat – hij is niet welkom. Pakistan heeft onder druk van de internationale gemeenschap de grenzen gesloten, zodat terroristen en aanhangers van de Taliban zich niet in het land kunnen verbergen. Zonder al te veel succes overigens; terroristen en soldaten komen toch niet naar de grensstations met een paspoort in hun hand. Zij nemen dezelfde paden als Soeltan neemt wanneer hij op zakenreis gaat. Duizenden mensen reizen dagelijks op deze manier van Afghanistan naar Pakistan.

De paarden zwoegen de berghelling op. Soeltan zit breeduit op de ongezadelde paardenrug. Zelfs in zijn oudste kleren ziet hij er goedgekleed uit, zijn baard is als altijd pas getrimd, zijn kleine fez zit goed op zijn hoofd. Zelfs wanneer hij doodsbenauwd de teugels aantrekt, ziet hij eruit als een gedistingeerd man die een tochtje in de bergen maakt om van het uitzicht te genieten. Maar in feite zit hij onvast in het zadel. Eén verkeerde stap, en ze vallen de afgrond in. Het paard zelf gaat rustig stapvoets langs de bekende paden, ongehinderd door de man op zijn rug. Soeltan houdt de waardevolle suikerzak stevig rond zijn hand gesnoerd. Daarin zitten boeken waarvan hij piratendrukken voor zijn boekhandel wil maken, en het ontwerp van wat hopelijk het tot nog toe grootste contract van zijn leven zal worden.

Voor en achter hem bevinden zich andere Afghanen die het

gesloten land binnen willen. Vrouwen in boerka's zitten schrijlings op een paardenrug, op weg naar familie. Tussen hen in rijden studenten, die terugkeren naar de universiteit van Pesjawar, nadat ze bij hun familie de *eid* gevierd hebben, een religieuze plechtigheid. Misschien zitten er wat smokkelaars in het gezelschap, misschien wat zakenlieden. Soeltan vraagt er niet naar. Hij denkt aan zijn contract, concentreert zich op zijn teugels en vervloekt de Pakistaanse overheid. Eerst een dag met de auto van Kaboel naar de grens, dan overnachten in een smerig grensstation, vervolgens een hele dag op een paardenrug, en de rest te voet en in de laadbak van een pick-up. Per auto langs de hoofdweg duurt de reis van de grens tot Pesjawar maar één uur. Soeltan vindt het vernederend om Pakistan binnengesmokkeld te worden, om als een verstoteling behandeld te worden. Hij vindt het hypocriet van de Pakistani dat ze na alle financiële, militaire en politieke steun die ze het Taliban-regime hebben verleend, nu plotseling lakeien van de Verenigde Staten zijn geworden en de grenzen voor de Afghanen sluiten.

Pakistan was het enige land naast Saoedi-Arabië en de Verenigde Arabische Emiraten dat het Taliban-regime officieel erkende. De Pakistaanse autoriteiten wilden dat de Pasjtoen de controle over Afghanistan zouden behouden, omdat die aan beide zijden van de grens wonen en Pakistan een reële invloed op ze heeft. Vrijwel alle Taliban waren Pasjtoen, en de Pasjtoen, ook wel Pathanen genoemd, zijn tevens de grootste bevolkingsgroep van Afghanistan, die rond de veertig procent van de bevolking uitmaakt. Meer naar het noorden zijn de Tadzjieken de grootste bevolkingsgroep. Ongeveer een kwart van de Afghanen is Tadzjiek. De Noordelijke Alliantie, die een bittere strijd tegen de Taliban leverde en die na de elfde september de steun van de Amerikanen kreeg, bestond vooral uit Tadzjieken, een volk waartegen de Pakistani grote argwaan koesteren. Sinds de val van het Taliban-bewind, waardoor de Tadzjieken veel macht in de regering hebben gekregen, hebben veel Pakistani het gevoel dat ze door vijanden omringd zijn: door India in het oosten en Afghanistan in het westen.

Er heerst trouwens niet veel etnische haat tussen de meeste Afghanen. De conflicten komen voornamelijk voort uit de machtsstrijd tussen verschillende krijgsheren, die hun eigen bevolkingsgroep tegen een andere laten vechten. De Tadzjieken zijn bang dat de Pasjtoen te veel macht krijgen en hen zullen afslachten als er opnieuw oorlog uitbreekt. De Pasjtoen vrezen de Tadzjieken om dezelfde reden. Een soortgelijke verhouding bestaat er ook tussen de Oezbeken en de Hazara's in het noordwesten van het land. Maar er is ook veel onderlinge strijd geleverd door krijgsheren die tot dezelfde bevolkingsgroep behoren.

Soeltan interesseert het niet erg wat voor bloed er door zijn aderen en door die van anderen stroomt. Zoals veel Afghanen is hij van gemengde afkomst – hij heeft een Pasjtoense moeder en een Tadzjiekse vader. Zijn eerste vrouw is Pasjtoens, zijn tweede Tadzjieks. Formeel is hij een Tadzjiek, want iemands etnische identiteit wordt bepaald door de vader, maar hij spreekt de taal van beide bevolkingsgroepen, zowel het Pasjtoe als het Dari, een Perzisch dialect dat door de Tadzjieken wordt gesproken. Soeltan vindt dat het de hoogste tijd is dat de Afghanen de oorlogen vergeten en de handen ineenslaan om hun land weer op te bouwen. Zijn droom is dat ze op een dag terugkrijgen wat ze aan de buurlanden zijn kwijtgeraakt. Maar het ziet er somber uit. Soeltan is teleurgesteld in zijn landgenoten. Terwijl hij zelf hard en gestaag doorwerkt om zijn onderneming uit te breiden, ergert hij zich aan degenen die hun spaargeld gebruiken om naar Mekka te reizen. Vlak voor zijn vertrek naar Pakistan had hij een discussie met zijn neef Wahid, die eigenaar is van een winkeltje in auto-onderdelen, een zaak die hij net draaiende kan houden. Toen hij een paar dagen terug de winkel van Soeltan binnenkwam, vertelde hij dat hij nu eindelijk genoeg geld gespaard had om naar Mekka te vliegen.

'Jij denkt dat je hulp krijgt als je bidt?' had Soeltan honend gevraagd. 'In de Koran staat dat we moeten werken, dat we zelf onze problemen moeten oplossen, dat we moeten zweten, dat we ons moeten inspannen. Maar wij Afghanen zijn lui, in plaats van te werken bidden wij om hulp, of die nu uit het Westen komt of van Allah.'

'Maar in de Koran staat ook dat wij Allah moeten loven', wierp Wahid tegen.

'De profeet Mohammed zou huilen als hij alle kreten en gebeden in zijn naam hoorde', ging Soeltan verder. 'Je krijgt dit land niet op poten door je hoofd op de grond te leggen. Het enige wat wij kunnen, is schreeuwen, bidden en oorlog voeren. Maar gebeden zijn niets waard als de mensen niet werken. Wij kunnen niet op de genade van Allah blijven wachten!' riep Soeltan, opgezweept door zijn eigen welsprekendheid. 'Wij zoeken in den blinde naar een heilige man, maar wij moeten zelf de blaasbalg zijn en het vuur aanwakkeren dat licht brengt in onze duisternis.'

Hij wist dat hij zijn neef geprovoceerd had, maar voor Soeltan is werk het belangrijkste in het leven. Dat probeert hij zijn zoons bij te brengen en dat brengt hij zelf in praktijk. Daarom heeft hij de zoons van school gehaald, zodat ze beetje bij beetje een boekimperium kunnen helpen opbouwen.

'Maar een reis naar Mekka is een van de vijf zuilen van de islam', had zijn neef tegengeworpen. Om een goede moslim te zijn moet je Allah erkennen, bidden, vasten, aalmoezen geven en een reis naar Mekka maken.

'Misschien reizen we wel een keer met zijn allen naar Mekka', had Soeltan ten slotte gezegd. 'Maar willen wij die reis verdienen, dan moeten we reizen om te danken en niet om te vragen.'

Nu zal Wahid wel naar Mekka onderweg zijn, in zijn witte pel-grimsgewaad, denkt Soeltan. Hij snuift en veegt het zweet van zijn voorhoofd. De zon staat op zijn hoogst. Eindelijk gaat het pad weer naar beneden. In een klein dal staan op een karren-spoor een paar pick-ups te wachten. Dat zijn de taxi's van de Khyberpas. De eigenaars verdienen veel geld met het binnen-smokkelen van mensen die niet welkom zijn.

Hier liep ooit de Zijderoute, de handelsroute tussen de grote beschavingen van weleer – China en het Romeinse rijk. De zijde werd naar het Westen vervoerd, en goud, zilver en wol naar het Oosten.

De Khyberpas wordt al meer dan duizend jaar getrotseerd door personae non gratae. Perzen, Grieken, Mongolen, Afgha-nen en Britten hebben geprobeerd India te veroveren door hun legers over de pas te voeren. In de zevende eeuw voor Christus veroverde de Perzische koning Darius grote delen van Afghani-stan, en hij marcheerde door de Khyberpas verder naar de rivier de Indus. Tweehonderd jaar later leidden de generaals van Alexander de Grote hun strijdkrachten door de pas, waar op het smalste punt niet meer dan één vol bepakte kameel of twee paarden naast elkaar kunnen gaan. Djengis Khan vernielde de-len van de Zijderoute, maar ook vreedzamer reizigers als Marco Polo volgden de karavaansporen op weg naar het Oosten.

Vanaf de tijd van Darius tot aan de verovering door de Britten in de negentiende eeuw stuitten de invasielegers altijd op groot verzet van de Pasjtoen-stammen in de berggebieden rondom. Nu zijn het opnieuw deze stammen die de pas en het gebied tot Pesjawar beheersen. De machtigste is de Afridi-stam, die ge-vreesd is om zijn krijgers.

Nog steeds zijn wapens het eerste waarop men stuit na het passeren van de grens. Langs de hoofdweg aan Pakistaanse zijde duiken regelmatig de woorden KHYBER RIFLES op, die in de rotswand gegraveerd zijn of op smerige platen geschilderd. Khyber Rifles is de naam van een wapenfabriek, maar ook van een stammenmilitie die verantwoordelijk is voor de veiligheid in het gebied. De militie beschermt grote belangen. Het dorp pal na de grens staat bekend om zijn smokkelaarsbazaar, waar hasj en wapens goedkoop te krijgen zijn. Hier vraagt niemand naar een wapenvergunning, maar wie zijn pas gekochte wapen meeneemt naar Pakistaans grondgebied, riskeert een lange gevangenisstraf. Tussen de lemen huizen staan schitterende paleizen, die met zwart geld gebouwd zijn. Kleine stenen vestingen en traditionele Pasjtoense woningen met hoge lemen muren rondom liggen over de berghelling verspreid. Af en toe rijzen blokken beton uit de grond omhoog. Dat zijn de zogenaamde drakentanden, die de Britten er tijdens de Tweede Wereldoorlog hebben neergezet uit angst voor een Duitse pantserinvasie van India. In deze onoverzichtelijke stammengebieden zijn verscheidene malen buitenlanders gekidnapt en daarom hebben de autoriteiten strenge maatregelen genomen. Zelfs op de hoofdweg naar Pesjawar, waarlangs gepatrouilleerd wordt door Pakistaanse strijdkrachten, mogen buitenlanders alleen maar onder gewapende begeleiding reizen. De begeleiders zitten de hele weg naar Pesjawar met hun geweer in de aanslag. En zonder de juiste papieren en een bewapend geleide mogen buitenlanders evenmin van Pesjawar naar de Afghaanse grens rijden.

Na twee uur over smalle weggetjes te hebben gereden, met de bergwand aan de ene zijde en de afgrond aan de andere, moet Soeltan nog een paar uur op de paardenrug doorbrengen, voordat hij eindelijk op vlak terrein komt en Pesjawar ziet liggen. Hij neemt een taxi naar de stad, naar straat 103 in de wijk Hayatabad.

Het schemert al wanneer Sjarifa op de poortdeur hoort kloppen. Nu is hij eindelijk gekomen. Ze loopt de trap af om hem open te doen. Daar staat hij, uitgeput en vuil. Hij geeft haar de suikerzak, die ze voor hem naar boven draagt.

'Is de reis goed gegaan?'

'Mooie natuur', antwoord Soeltan. 'Schitterende zonsondergang.'

Terwijl hij zich wast, maakt ze het avondeten klaar en zet ze de borden op het zeildoek op de vloer, tussen de zachte kussens. Soeltan komt schoon en in pas gestreken kleren uit de badkamer. Hij kijkt misnoegd naar de glazen borden die Sjarifa heeft neergezet.

'Ik hou niet van glazen borden. Die zien er goedkoop uit', zegt hij. 'Alsof je ze in een smerige bazaar gekocht hebt.'

Sjarifa haalt ze weg en komt terug met porseleinen borden.

'Dat is beter. Zo smaakt het eten lekkerder', zegt Soeltan.

Hij vertelt het laatste nieuws uit Kaboel, en zij de nieuwtjes uit Hayatabad. Het is maanden geleden dat ze elkaar voor het laatst gezien hebben. Ze praten over de kinderen en de familie en ze maken plannen voor de volgende dagen. Telkens als Soeltan in Pakistan komt, moet hij diverse beleefdheidsbezoeken afleggen bij de familieleden die nog niet naar Afghanistan zijn teruggekeerd. Eerst moet hij de verwanten bezoeken bij wie onlangs een sterfgeval heeft plaatsgevonden. Dan moet hij naar zijn nauwste verwanten en vervolgens naar de verder verwijderde familieleden, afhankelijk van het aantal dagen dat hij hier is.

Soeltan beklaagt zich over alle verplichte bezoekjes aan Sjarifa's zussen, broers, zwagers, neven en nichten. Zijn komst is onmogelijk geheim te houden, iedereen weet altijd alles in deze stad. Bovendien zijn deze beleefdheidsbezoekjes het enige wat Sjarifa nog over heeft van haar huwelijk. Dat hij vriendelijk is tegen haar familieleden en haar als zijn vrouw behandelt wanneer ze samen op bezoek zijn, is wat ze nu nog van hem kan eisen.

Als de bezoeken gepland zijn, heeft Sjarifa het nieuws van de benedenverdieping – Salika's escapades – nog in petto.

'Weet je wat zíj is?' zegt Soeltan, terwijl hij als een Romeins keizer op zijn zij op de kussens ligt. 'Een hoer, dat is ze.'

Sjarifa protesteert. Salika is immers niet eens alleen geweest met de jongen.

'Haar mentaliteit, daar gaat het om', zegt Soeltan. 'Als ze nog geen hoer is, kan ze het zo worden. Als ze die waardeloze knul neemt, die nooit een baan zal krijgen, hoe moet ze dan aan geld komen om te kopen wat ze wil hebben – sieraden en mooie kleren?' vraagt hij. 'Als je geen deksel op een ketel doet, kan er van alles in vallen. Vuil, aarde, stof, insecten, dorre bladeren', gaat hij verder. 'Zo heeft Salika's familie geleefd, zonder deksel. Er is allemaal rotzooi bij ze naar binnen gekomen. De vader is er niet; zelfs toen hij nog bij ze woonde, was hij nooit thuis. Nu woont hij al drie jaar als vluchteling in België, en hij heeft nog de papieren niet geregeld om zijn familie over te laten komen', snuift Soeltan. 'Het is een slappeling, net als die dochter van hem. Die kon nog maar nauwelijks lopen of ze zocht al naar een jongen om mee te trouwen. Toevallig werd het die straatarme, waardeloze Nadim. Maar eerst probeerde ze het met onze Mansoer, weet je nog?' Nu is ook de boekhandelaar bezweken voor de kracht van de roddel.

'Haar moeder was ook in het spel betrokken', herinnert Sjarifa zich. 'Ze vroeg maar steeds of het geen tijd werd om een vrouw voor hem te gaan zoeken. Ik antwoordde altijd dat het te vroeg was en dat hij eerst nog moest studeren. Het laatste wat ik voor Mansoer wilde, was een verwaande en waardeloze vrouw als Salika. Toen je broer Joenoes naar Pesjawar kwam, werd hij ook bestookt, maar hij zou ook nooit zo'n goedkoop type als Salika willen hebben.'

Salika's misstap wordt bediscussieerd tot er geen stofje meer te keren valt. Maar het echtpaar heeft nog veel meer familieleden die van alles onder het tapijt hebben liggen.

'Hoe gaat het met je nicht?' lacht Soeltan luid. Een van Sjarifa's nichten had haar hele leven voor haar ouders gezorgd. Toen die overleden, was ze vijfenveertig, en haar broers huwelijkten haar uit aan een weduwnaar die een moeder voor zijn kinderen zocht. Soeltan kan het verhaal niet vaak genoeg horen.

'Ze is totaal veranderd na de bruiloft. Eindelijk werd ze vrouw! Maar ze kreeg geen kinderen, dus haar maandelijkse ziekte was al vóór de bruiloft opgehouden. Dus er hoeft geen enkele nacht opgepast te worden!' lacht hij.

'Nee, dat zal wel niet!' zegt Sjarifa ondeugend. 'Herinner je je nog hoe dun en uitgedroogd ze er vóór de bruiloft uitzag?' vraagt ze. 'Nu is ze totaal veranderd, ze zal wel de hele tijd nat zijn', schatert ze. Ze houdt haar hand voor haar mond en gniffelt terwijl ze haar gewaagde beweringen eruit flapt. Het is alsof de intimiteit tussen de echtelieden terug is, zoals ze daar beiden languit op hun matten liggen, met de restanten van hun maal naast zich.

'Herinner je je nog hoe je door het sleutelgat naar je tante stond te gluren? Ze werd op den duur helemaal krom, omdat haar man het altijd van achteren wilde doen', lacht Soeltan. Van het ene verhaal komen ze op het andere. Als een stel pubers liggen Soeltan en Sjarifa op de grond te brullen van het lachen om het energieke seksleven van hun verwanten.

Aan de oppervlakte lijkt Afghanistan een seksloze samenleving. De vrouwen verbergen zich achter hun boerka's, en daaronder dragen ze grote, witte kleren. Ze hebben een lange broek onder hun rok, en zelfs binnenshuis zie je zelden een decolleté. Mannen en vrouwen die geen familie van elkaar zijn, mogen zich niet in dezelfde kamer bevinden. Ze mogen niet met elkaar praten en niet samen eten. Op het platteland zijn zelfs bruiloften gescheiden – de vrouwen dansen apart en vieren apart feest. Maar onder de oppervlakte bruist het. Hoewel ze gevaar lopen tot de doodstraf veroordeeld te worden, hebben ook de mensen in Afghanistan minnaars en minnaressen. In de steden vind je prostituees waar jongens en mannen heen gaan zolang ze nog op een bruid wachten.

De seksualiteit heeft ook een eigen plaats in Afghaanse mythen en verhalen. Soeltan is dol op de duizend jaar oude verhalen van de dichter Firdoesi, die de seksualiteit gebruikte om te laten zien dat je anderen niet blind moet volgen in hun daden.

Hij vertelt een van de verhalen aan Sjarifa. 'Een weduwe had een ezel waar ze veel van hield. Het beest bracht haar overal heen en luisterde altijd naar haar bevelen. Hij kreeg flink te eten en werd goed behandeld. Toen begon hij te sukkelen. Hij werd gauwer moe, en had ook geen eetlust meer. De weduwe vroeg zich af wat het dier mankeerde, en op een nacht ging ze naar hem toe om te kijken of hij sliep. In de stal trof ze de dienstmeid in het hooi, met de ezel boven op haar. Elke nacht herhaalde zich dat en de weduwe werd nieuwsgierig en wilde dat ook wel eens proberen. Ze stuurde de meid voor een paar dagen weg en ging zelf in het hooi liggen met de ezel op zich. Toen de meid terugkwam, trof ze de weduwe dood aan. Ze zag tot haar ontzetting dat de weduwe niet net als zij een kalebas aan het lid van de ezel had geregen om het korter te maken, voordat ze zich aan het beest gaf. Het uiteinde was meer dan genoeg.'

Soeltan giechelt nog wat na en staat dan op uit de kussens, trekt zijn jas recht en gaat naar binnen om zijn e-mail te lezen. Amerikaanse universiteiten vragen om tijdschriften uit de jaren zeventig, wetenschappers informeren naar oude manuscripten, en de drukkerij in Lahore zendt een nieuwe offerte voor het drukken van ansichtkaarten, nu de papierprijs is gestegen. De ansichten zijn Soeltans belangrijkste bron van inkomsten; hij laat zestig kaarten voor een dollar drukken en verkoopt er drie voor een dollar. Alle inkomsten zijn voor hem, nu de Taliban weg zijn en hij verkopen kan wat hij maar wil.

De volgende dag gaat heen met het lezen van post, bezoekjes

aan boekhandels en het postkantoor, en het afleggen van de eeuwige beleefdheidsvisites. Eerst een condoleancebezoek aan een nicht wier man aan kanker gestorven is, dan een wat vrolijker bezoek aan een neef die over is uit Duitsland, waar hij als pizzakoerier werkt. Neef Said was vliegtuigbouwkundig ingenieur bij Ariana Air, ooit de trotse luchtvaartmaatschappij van Afghanistan, die nu nog maar één vliegtuig over heeft. Said overweegt om met zijn gezin terug te keren naar Kaboel en te proberen zijn baan bij Ariana terug te krijgen. Maar eerst wil hij meer geld sparen. Pizza's rondbrengen in Duitsland brengt veel meer geld op dan zijn baan als ingenieur. Bovendien heeft hij nog geen oplossing gevonden voor het probleem waarmee hij te maken krijgt zodra hij terugkeert. In Pesjawar zitten zijn eerste vrouw en kinderen, in Duitsland woont hij met zijn tweede vrouw. Als hij naar Kaboel terugverhuist, moeten ze allemaal bij elkaar wonen. Hij gruwt bij de gedachte. Zijn eerste vrouw heeft besloten de ogen te sluiten voor de tweede. Die ziet ze immers nooit, en haar man stuurt geld naar huis, zoals het hoort. Maar als ze in één huis komen te wonen?

Het zijn uitputtende dagen in Pesjawar. Het ene familielid is uit zijn huurhuis gegooid, een ander wil hulp hebben bij het opzetten van een zaak, een derde vraagt om een lening. Soeltan geeft zelden geld aan zijn verwanten. Maar omdat hij de zware tijden zo goed doorstaan heeft, krijgt hij tijdens de beleefdheidsbezoekjes vaak verzoeken om hulp. In de regel zegt Soeltan nee; hij vindt de meesten lui. Ze moeten zichzelf zien te redden. In elk geval moeten ze laten zien dat ze ergens voor deugen voordat ze geld krijgen, en in Soeltans ogen zijn er maar weinig die aan die voorwaarde voldoen.

Als het echtpaar deze bezoekjes aflegt, is Sjarifa altijd heel levendig. Zij houdt het gesprek gaande. Ze vertelt verhalen en ontlokt de mensen een glimlach of maakt ze aan het lachen. Af en toe zegt Soeltan wat over de arbeidsmoraal van de mensen of over zijn zaken. Maar als hij met een enkel woord aangeeft dat het tijd is om op te breken, gaat het echtpaar naar huis, terwijl Sjabnam achter ze aan sjokt. Ze lopen stilletjes door de met roetaanslag bevuilde straten van Hayatabad en stappen over het vuilnis heen, terwijl hun longen zich vullen met de scherpe lucht van de achterafstraatjes.

Op een avond trekt Sjarifa extra mooie kleren aan voordat ze op bezoek gaat bij een paar verre verwanten, die normaal niet op de lijst van af te leggen beleefdheidsvisites staan, al wonen ze maar twee huizenblokken verder. Sjarifa trippelt op haar torenhoge pumps voorop, terwijl Soeltan en Sjabnam hand in hand achter haar aan slenteren.

Ze worden hartelijk verwelkomd. De gastheer en gastvrouw zetten gedroogde vruchten, noten, karamels en thee voor ze neer. Eerst wisselen ze wat beleefdheidsfrasen uit en vertellen ze elkaar de laatste nieuwtjes. De kinderen luisteren naar het gepraat van hun ouders. Sjabnam kraakt de doppen van de pistachenoten en verveelt zich.

Een van de kinderen is er niet bij – de dertienjarige Belkisa. Ze weet zich goed verborgen te houden, want het bezoek draait om haar.

Sjarifa is er al eerder geweest met dezelfde bedoeling. Deze keer is Soeltan met tegenzin meegekomen, om de ernst van het aanzoek te benadrukken. Ze komen namens Joenoes, Soeltans jongste broer. Die had al een oogje op Belkisa toen ze nog een kind was en als vluchtelinge in Pakistan woonde. Hij heeft Sjarifa gevraagd om zijn aanzoek over te brengen. Zelf heeft hij nooit met het meisje gepraat.

Het antwoord dat ze kregen was altijd hetzelfde: ze is nog te jong. Daarentegen wilden de ouders hem graag hun oudste dochter geven, de twintigjarige Sjirin. Maar daar voelde Joenoes niet voor, want ze was lang niet zo mooi als Belkisa, en bovendien was ze hem te gewillig. Als hij op bezoek was, drentelde ze de hele tijd om hem heen. Bovendien had hij haar hand een keer lang vastgehouden toen de anderen het niet zagen. Dat ze dat toeliet, was een slecht teken, vond Joenoes. Daaruit bleek dat ze geen fatsoenlijk meisje was.

Maar haar ouders hoopten dat hun oudste dochter aan het langste eind zou trekken, want Joenoes was een goede partij. Toen Sjirin andere aanzoeken kreeg, gingen ze naar Soeltan en boden haar voor de laatste keer aan Joenoes aan. Maar Joenoes wilde Sjirin niet hebben. Hij had zijn oog op Belkisa laten vallen en daar bleef hij bij.

Ook al kreeg ze iedere keer nul op het rekest, toch ging Sjarifa steeds weer opnieuw om Belkisa's hand vragen. Dat was geen teken van onbeleefdheid, integendeel, het liet zien hoe serieus het aanzoek bedoeld was. De traditie wil dat de moeder van een vrijer net zolang naar het huis van een uitverkorene gaat, tot haar schoenzolen zo dun zijn als een knoflookschil. Nadat Joenoes' moeder Bibi Goel naar Kaboel was vertrokken, had Sjarifa deze taak op zich genomen. Ze vertelde over de voortreffelijke eigenschappen van Joenoes: dat hij vloeiend Engels sprak, dat hij samen met Soeltan in de boekhandel werkte, dat het hun dochter nooit aan iets zou ontbreken. Maar Joenoes zou binnenkort dertig worden. 'Te oud voor Belkisa', vonden haar ouders.

Belkisa's moeder was geïnteresseerd in een jonger lid van de familie Khan: Mansoer, de zestienjarige zoon van Soeltan. 'Als je ons Mansoer aanbiedt, zeggen we ter plekke ja', zei ze.

Maar daar was Sjarifa op haar beurt niet in geïnteresseerd. Mansoer was zelf maar een paar jaar ouder dan Belkisa en had nooit ook maar één blik op haar geworpen. Sjarifa vond het veel te vroeg om haar zoon uit te huwelijken. Eerst moest hij studeren en wat van de wereld zien.

'Bovendien is ze helemaal geen dertien', zei Sjarifa later tegen haar vriendinnen. 'Ik ben er zeker van dat ze minstens vijftien is.'

Belkisa komt even de kamer binnen, zodat Soeltan haar ook kan zien. Ze is lang en slank en ziet er ouder uit dan dertien. Ze heeft een blauw fluwelen gewaad aan, en gaat stuntelig en verlegen naast haar moeder zitten. Belkisa weet heel goed wat de bezoekers willen, en weet zich niet goed raad met de situatie.

'Ze huilt, ze wil niet', zeggen haar twee oudere zussen tegen Soeltan en Sjarifa waar Belkisa bij zit. Belkisa kijkt naar de vloer.

Sjarifa moet er alleen maar om lachen. Het is een goed teken dat de bruid niet wil, dat bewijst dat ze rein van hart is.

Belkisa staat na een paar minuten op en gaat de kamer uit. Haar moeder verontschuldigt haar en zegt dat ze de volgende dag een wiskundeproefwerk heeft. De uitverkorene mág trouwens ook niet aanwezig zijn als er onderhandeld wordt. Eerst tasten de partijen alleen wat af, dan begint de discussie over het geld: hoeveel krijgen de ouders, hoe duur moeten de bloemen en het feest zijn. Alle uitgaven worden betaald door de familie van de man. Dat Soeltan meegekomen is, geeft de discussie gewicht, hij is degene die het geld heeft.

Nadat het bezoek is afgelopen en er niets is besloten, lopen ze rustig terug door het koele weer van deze avond in maart. Het is stil in de straten. 'Ik mag die lui niet', zegt Soeltan. 'Ze zijn me te hebzuchtig.'

Vooral Belkisa's moeder mag hij niet. Zij is de tweede vrouw van haar man. Toen diens eerste vrouw geen kinderen kreeg, trouwde hij opnieuw, en de nieuwe echtgenote treiterde de eerste zo gemeen dat ze er op den duur niet meer tegen kon en bij haar broer introk. Er doen vreselijke verhalen de ronde over Belkisa's moeder. Ze is gierig, jaloers en heeft weinig over voor anderen. Haar oudste dochter is getrouwd met een van Soeltans verwanten, die hem verteld heeft dat ze tijdens de bruiloft een nachtmerrie was, dat ze er het ene ogenblik over klaagde dat er niet genoeg te eten was en het volgende moment dat er te weinig versiering hing. 'De appel valt niet ver van de boom. Zo moeder, zo dochter', concludeert Soeltan.

Maar hij voegt er tegen zijn zin aan toe dat, als Joenoes inderdaad Belkisa wil hebben, hij zijn best zal doen. 'Ik ben er helaas zeker van dat ze op den duur ja zeggen, onze familie is te goed om nee tegen te zeggen.'

Als hij zijn familieplichten vervuld heeft, kan Soeltan eindelijk doen waarvoor hij naar Pakistan is gekomen: boeken laten drukken. Op een vroege ochtend begint hij aan de volgende etappe van zijn reis. Hij vertrekt naar Lahore, de stad van de drukkerijen, boekbinders en uitgeverijen.

In zijn koffertje pakt hij zes boeken, een agenda en schone kleren. Zijn geld is in onzichtbare zakken in zijn hemdsmouwen genaaid, zoals altijd wanneer hij reist. Het lijkt een warme dag te zullen worden. Op het busstation in Pesjawar krioelt het van vertrekkende reizigers. De verschillende busmaatschappijen proberen elkaar te overstemmen: Islamabad, Karachi, Lahore! Bij elke bus staat een man te roepen. De bussen hebben geen vaste vertrektijden, maar rijden weg als ze vol zijn. Voordat het zover is, komen er mannen binnen die noten verkopen, of zonnebloempitten in kleine papieren zakjes, koekjes, chips, kranten en tijdschriften. De bedelaars volstaan met hun handen door de open ramen naar binnen te steken.

Soeltan negeert ze. Hij volgt de raad van de profeet Mohammed over aalmoezen, die hij als volgt uitlegt: eerst moet je voor jezelf zorgen, dan voor je naaste familie, dan voor andere verwanten en ten slotte voor armen die je niet kent. Soms stopt hij een bedelaar in Kaboel iets toe om van hem af te zijn, maar Pakistaanse bedelaars staan te ver onder aan de lijst. Pakistan moet zich zelf maar om zijn armen bekommeren.

Hij zit samengeperst tussen de anderen op de achterbank van de bus. De koffer heeft hij onder zijn benen gezet. Daarin zit een papier waarop het grootste project van zijn leven genoteerd staat. Hij wil de nieuwe schoolboeken van Afghanistan drukken. Het land heeft nauwelijks lesmateriaal voor de scholen, als die dit voorjaar weer opengaan. De boeken die de regering van de moedjahedien en de Taliban lieten drukken zijn onbruikbaar. Zó leerden de kinderen in de eerste klas het alfabet: 'J voor Jihad – ons doel in deze wereld, I voor Israël – onze vijand, K voor Kalasjnikov – wij zullen overwinnen, M voor Moedjahedien – onze helden, S voor …'

Zelfs in de wiskundeboeken stond de oorlog centraal. De schooljongens – de Taliban maakten alleen boeken voor jongens – rekenden niet met appels en koeken, maar met kogels en kalasjnikovs. Een som zag er bijvoorbeeld zó uit: 'Kleine Omar heeft een kalasjnikov met drie magazijnen. In elk magazijn zitten twintig kogels. Hij gebruikt twee derde van zijn kogels en doodt zestig ongelovigen. Hoeveel ongelovigen doodt hij per kogel?'

De boeken uit de communistische periode zijn ook niet te gebruiken. Daarin gaan de sommen over verdeling van de grond en over gelijkheidsidealen. Rode vlaggen en gelukkige kolchozboeren moesten de kinderen tot het communisme overhalen.

Maar Soeltan wil terug naar de boeken uit de tijd van koning Zahir Sjah, de koning die gedurende veertig betrekkelijk vreedzame jaren regeerde totdat hij in 1973 ten val werd gebracht. Soeltan heeft oude boeken teruggevonden die hij opnieuw kan laten drukken: verhalen en fabels voor de geschiedenislessen, rekenboeken waarin een koek plus een koek twee koeken zijn, en geschiedenisboeken die geen andere ideologische inhoud bevatten dan wat onschuldig nationalisme.

De nieuwe schoolboeken van het land zullen door de Unesco worden gefinancierd. Als een van de grootste uitgevers van Kaboel heeft Soeltan met de mensen van Unesco om de tafel gezeten, en na zijn tocht naar Lahore zal hij met zijn offerte komen.

Op een stuk papier in zijn vestzak heeft hij het aantal bladzijden en het formaat van honderddertien schoolboeken neergekrabbeld. Er is een budget van twee miljoen dollar beschikbaar. In Lahore zal hij onderzoeken welke drukkerijen met het beste aanbod komen. Daarna reist hij terug naar Kaboel om het gevecht rond het gouden contract aan te gaan. Soeltan leunt vergenoegd achterover en bedenkt welk percentage van de twee miljoen dollar hij kan binnenslepen. Hij spreekt met zichzelf af dat hij niet te inhalig zal zijn. Als hij dit contract krijgt, is hij voor jaren verzekerd van werk – zowel met herdrukken als met nieuwe boeken, bedenkt hij, terwijl de akkers en vlakten aan weerszijden van de weg langs hem heen glijden. De weg is ooit aangelegd als hoofdverkeersader tussen Kaboel en Calcutta. Het wordt steeds warmer naarmate ze dichter bij Lahore komen. Soeltan zweet in zijn grove wollen vest dat bedoeld is voor de Afghaanse hoogvlakte. Hij strijkt met zijn hand over zijn hoofd, waar nog maar een paar haren op zitten, en veegt zijn gezicht met een zakdoek af.

Behalve het kladje met de titels van de honderddertien schoolboeken heeft Soeltan ook de boeken bij zich die hij voor eigen rekening wil laten drukken. Sinds de journalisten, hulpverleners en buitenlandse diplomaten Afghanistan zijn binnengestroomd, is er een goede markt voor Engelstalige boeken over het land. Soeltan importeert die boeken niet van uitgeverijen in het buitenland, hij laat ze opnieuw drukken.

Pakistan is een paradijs voor roofdrukkers. Er is hier geen controle en vrijwel niemand respecteert royalty's en auteursrechten. Het kost Soeltan een dollar om een boek te laten drukken dat hij voor twintig of dertig dollar kan verkopen. Van de bestseller *Taliban* van Ahmed Rashid heeft Soeltan verscheidene oplagen laten drukken. Het favoriete boek van de buitenlandse soldaten is *My Hidden War*, geschreven door een Russische verslaggever, over de rampzalige bezetting van Afghanistan tussen

1979 en 1989. Dat was een heel ander soldatenbestaan dan het leven van de huidige vredestroepen die door Kaboel patrouilleren en af en toe stoppen bij Soeltans boekhandel om ansichtkaarten en oude oorlogsboeken te kopen.

De bus rolt het busstation van Lahore binnen. De warmte slaat Soeltan tegemoet. Het krioelt er van de mensen. Lahore is het culturele en artistieke bolwerk van Pakistan, een drukke, smerige en chaotische stad. Midden op een vlakte gelegen, zonder natuurlijke verdediging, is het veroverd, verwoest en heropgebouwd, veroverd, verwoest en heropgebouwd. Maar tussen de veroveringen en de verwoestingen door werden vooraanstaande dichters en schrijvers door de heersers naar de stad gehaald, die daardoor de stad van de kunst en de boeken werd, ook al werden de paleizen waar ze werden uitgenodigd steevast met de grond gelijkgemaakt.

Soeltan is dol op de boekenmarkten van Lahore, waar hij verscheidene malen zijn slag heeft geslagen. Weinig dingen kunnen zijn hart zo verwarmen als op een stoffig marktplein een waardevol boek te vinden en dat voor een paar duiten mee te nemen. Volgens Soeltan zelf heeft hij de grootste boekenverzameling ter wereld over Afghanistan, een collectie van acht- tot negenduizend titels. Hij interesseert zich overal voor: oude mythen en verhalen, oudere poëzie, romans, biografieën, nieuwere politieke literatuur en allerlei soorten naslagwerken. Hij begint te stralen als hij een boek ziet dat hij nog niet heeft of nog niet kent.

Maar deze keer heeft hij geen tijd om over boekenmarkten te slenteren. Hij staat voor dag en dauw op, trekt zijn schone kleren aan, fatsoeneert zijn baard en zet zijn fez op zijn hoofd. Er wacht hem een heilige taak: leerboeken drukken voor de kinderen van Afghanistan. Hij gaat rechtstreeks naar de drukkerij die hij het vaakst inschakelt. Daar treft hij Talha. De jongeman is de derde generatie van het drukkersgeslacht en blijkt maar matig geïnteresseerd in Soeltans project. Het is domweg te groot.

Talha biedt Soeltan een glas thee met dikke zure melk aan, strijkt over zijn snor en kijkt zorgelijk.

'Ik wil graag een gedeelte op me nemen, maar honderddertien titels! Dat zou ons een jaar kosten om te drukken.'

Soeltans termijn is twee maanden. Terwijl het geluid van de drukpersen door de dunne wanden van het kantoortje heen dringt, probeert hij Talha ertoe over te halen om alle andere opdrachten opzij te leggen.

'Onmogelijk', zegt Talha. Ook al is Soeltan een belangrijke klant en ook al is het drukken van schoolboeken voor Afghaanse kinderen zeker een heilige taak, hij moet ook aan zijn andere opdrachten denken. Toch raamt hij de kosten en rekent voor dat de boeken kunnen worden gedrukt voor een minimumprijs van vier dollarcent per stuk. De prijs hangt af van de papiersoort, de kleurenkwaliteit en de band. Talha berekent de prijs van alle mogelijke kwaliteiten en formaten en maakt een lange lijst. Soeltan knijpt zijn ogen toe. Uit zijn hoofd rekent hij alle bedragen uit in roepies, dollars, dagen en weken. Hij heeft een beetje gelogen over de termijn, om Talha wat onder druk te zetten en hem ertoe te krijgen de opdrachten van anderen te laten liggen.

'Denk eraan, twee maanden', zegt hij. 'Als je de termijn niet haalt, maak je mijn zaak kapot, begrijp je dat?'

Nadat ze over de schoolboeken hebben gepraat, onderhandelen ze over de nieuwe boeken voor Soeltans boekhandel. Opnieuw discussiëren ze over prijzen, oplagen en data. De boeken die Soeltan bij zich heeft, worden rechtstreeks naar het origineel herdrukt. De bladzijden worden losgehaald en gekopieerd. De drukkers brengen de kopie over op grote metalen platen. Als ze gekleurde ansichtkaarten of boekomslagen moeten drukken, wordt er een zinkoplossing over de platen gegoten. Dan worden ze in de zon gelegd, zodat het zonlicht de juiste kleur naar boven haalt. Als een bladzijde meerdere kleuren heeft, moeten de platen een voor een klaar worden gelegd. Daarna worden ze in een pers gelegd en gedrukt. Alles gebeurt met oude halfautomatische machines. Een arbeider voedt de pers met vellen, een ander zit op zijn hurken aan de andere kant en sorteert wat er naar buiten komt. Op de achtergrond klinkt vaag een radioverslag van de cricketwedstrijd tussen Pakistan en Sri Lanka. Aan de muur hangt de obligate foto van Mekka, en aan het plafond zwaait een vuile lamp met dode vliegen erin. Gelig zuur stroomt over de vloer naar de afvoer.

Na de inspectieronde gaan Talha en Soeltan op de grond zitten om boekomslagen uit te zoeken. Soeltan heeft motieven van zijn prentbriefkaarten gekozen. Hij heeft een aantal stroken en randen meegenomen die hij mooi vindt, en stelt daarmee de boekomslagen samen. In vijf minuten hebben ze er zes gemaakt.

In een hoekje zitten een paar mannen thee te drinken. Het zijn Pakistaanse uitgevers en drukkers, die allemaal op dezelfde duistere roofdrukkersmarkt opereren als Soeltan. Ze begroeten elkaar en praten wat over de laatste gebeurtenissen in Afghanistan, waar Hamid Karzai het evenwicht tussen de verschillende krijgsheren probeert te bewaren, terwijl groepen Al-Qaida-soldaten in het oosten van het land tot de aanval zijn overgegaan. Speciale Amerikaanse strijdkrachten zijn de Afghanen te hulp geschoten en blazen nu grotten op bij de grens met Pakistan. Een van de mannen in het gezelschap zegt het jammer te vinden dat de Taliban uit Afghanistan verdreven zijn.

'Hier in Pakistan kunnen we ook wel wat Taliban in de regering gebruiken, om de boel eens goed te zuiveren', zegt hij.

'Jij hebt mooi praten! Jij hebt niet aan den lijve ondervonden hoe de Taliban zijn! Pakistan zou totaal ineengestort zijn als de Taliban aan de macht gekomen waren, wees daar maar zeker van!' roept Soeltan kwaad. 'Kijk om je heen: alle reclameplakkaten zouden weg moeten. Alleen al in deze straat zijn dat er duizenden. Alle boeken met afbeeldingen worden verbrand, net als de Pakistaanse film- en muziekarchieven. Alle muziekinstrumenten worden vernietigd. Je kunt nooit meer naar muziek luisteren, nooit meer dansen. Alle internetcafés worden gesloten, het tv-beeld wordt zwart en de tv's worden ingenomen, de radio zendt alleen maar religieuze programma's uit. Alle meisjes worden van school gehaald, alle vrouwen worden van hun werk naar huis gestuurd. Wat gebeurt er dan met Pakistan? Het zou honderdduizenden arbeidsplaatsen verliezen en in een diepe depressie terechtkomen. En wat gebeurt er met alle overbodige mensen die hun baan verliezen als Pakistan niet langer een modern land is? Worden die soms allemaal soldaat?' vraagt Soeltan opgewonden.

De ander haalt zijn schouders op. 'Nou ja, misschien niet alle Taliban, misschien een paar.'

Talha heeft zelf de Taliban gesteund door hun pamfletten te vermenigvuldigen. Een paar jaar heeft hij een paar van hun islamleerboeken gedrukt, en mettertijd heeft hij ze ook geholpen met het opzetten van hun eigen drukkerij in Kaboel. Hij wist een tweedehands pers uit Italië op de kop te tikken, die hij goedkoop aan de Taliban doorverkocht. Bovendien verschafte hij ze papier, en nog meer technische apparatuur. Net als de meeste Pakistani vond hij het een geruststellende gedachte dat er in het buurland een Pasjtoen-regime was.

'Jij hebt geen scrupules, jij zou nog boeken voor de duivel drukken', plaagt Soeltan goedmoedig, nu hij luid zijn afschuw van de Taliban heeft laten blijken.

Talha draait wat ongemakkelijk heen en weer, maar blijft zoals gewoonlijk op zijn standpunt staan. 'De Taliban zijn niet in strijd met onze cultuur. Ze respecteren de Koran, de profeet en onze tradities. Ik zou nooit iets gedrukt hebben wat niet strookte met de Koran.'

'Zoals wat?' lacht Soeltan. Talha denkt na.

'Bijvoorbeeld *De duivelsverzen* of iets anders van Salman Rushdie – moge Allah iemand naar zijn schuilplaats leiden.'

Dit antwoord is koren op de molen van de andere leden van het gezelschap, van wie niemand *De duivelsverzen* gelezen heeft.

'Ze hadden hem moeten doden. Maar hij weet steeds weer te ontsnappen. Iedereen die zijn boeken drukt of hem helpt, moesten ze ook doden', zegt Talha. 'Ik zou zijn geschriften nooit drukken, al kreeg ik er nog zo veel geld voor. Hij heeft de islam vertrapt.'

'Hij heeft ons diep gekwetst en gehoond, messen in onze rug gestoken. Maar uiteindelijk krijgen ze hem wel te pakken', gaat een ander door.

Soeltan is het met ze eens: 'Hij heeft geprobeerd onze ziel te vernietigen en hij moet worden gestopt voordat hij anderen met zich mee weet te slepen. Zelfs de communisten hebben niet geprobeerd om ons zo te vernietigen, ze gedroegen zich met een zeker respect en bezoedelden onze godsdienst niet. En dan krijg je die smeerlapperij van iemand die zich moslim noemt!'

Zwijgend blijven ze zitten, alsof ze er niet geheel in slagen om de duisternis van zich af te schudden die de verrader Rushdie over hen geworpen heeft. 'Ze krijgen hem uiteindelijk wel te pakken, in sja Allah – als Allah het wil', zegt Talha.

De volgende dagen loopt Soeltan in Lahore alle mogelijke drukkerijen af, die aan binnenplaatsen, in kelders en achterafstraatjes gelegen zijn. Om zijn grote order te kunnen plaatsen, moet hij die over een tiental drukkerijen verdelen. Hij legt zijn project uit, vraagt offertes, maakt notities en trekt conclusies. Hij knippert even met zijn ogen als hij een goed aanbod krijgt, en zijn bovenlip trilt een beetje. Hij bevochtigt zijn lippen met zijn tong en uit het hoofd rekent hij snel zijn winst na. Na twee weken heeft hij de orders voor alle leerboeken geplaatst. Hij belooft de drukkerijen een bevestiging te zullen sturen.

Nu kan hij eindelijk terugreizen naar Kaboel. Dit keer hoeft hij geen afmattende tocht te paard over de grens te maken. Afghanen mogen Pakistan niet binnenkomen, maar bij de uitreis is er geen pascontrole, en de boekhandelaar kan Pakistan zonder problemen verlaten.

De oude bus hobbelt over de kronkelige weg van Jalalabad naar Kaboel. Enorme rotsblokken dreigen van de berghelling langs de route omlaag te storten. In de berm ziet Soeltan twee gekantelde bussen en een trailer die van de weg zijn geraakt. Verscheidene doden worden weggedragen, onder wie twee jongetjes. Soeltan mompelt een gebed voor hun zielenheil en eentje voor zichzelf.

De vele ongelukken en het vallend gesteente zijn niet de enige gevaren. Deze weg staat bekend als een van de meest wetteloze wegen van Afghanistan. Buitenlandse journalisten, hulpverleners en lokale Afghanen hebben hier bij confrontaties met bandieten het leven verloren. Vlak na de val van de Taliban werden er vier journalisten vermoord. Ze werden eerst mishandeld en daarna met een nekschot afgemaakt. De chauffeur overleefde doordat hij de islamitische geloofsbelijdenis wist op te zeggen. Even later werd er een bus met Afghanen aangehouden. Van iedereen die zijn baard had afgeschoren, werden de oren en de neus afgesneden. Zo lieten de bandieten zien wat voor bewind ze in het land wensten.

Soeltan heeft voor de zekerheid zowel zijn baard als de traditionele kledij behouden. Alleen zijn tulband heeft hij verruild voor een kleine ronde fez.

Hij nadert Kaboel. Sonja is vast kwaad op me, denkt hij glimlachend. Hij had haar beloofd na een week terug te komen. Hij had geprobeerd haar uit te leggen dat het onmogelijk was om zowel Pesjawar als Lahore in één week te bezoeken. Maar ze had het niet willen begrijpen. 'Dan drink ik mijn melk niet', had ze gezegd. Soeltan lacht in zichzelf. Hij verheugt zich erop haar weer te zien. Sonja houdt niet van melk, maar Soeltan dwingt haar om elke morgen een glas te drinken, omdat ze Latifa nog steeds de borst geeft. Dat glas melk is haar afpersingsmethode geworden.

Ze mist Soeltan vreselijk als hij op reis is. De andere leden van de familie zijn niet zo aardig tegen haar als haar man er niet is. Dan is ze niet langer de heerseres in huis, maar gewoon een jong meisje dat toevallig hun huis is binnengevallen. Plotseling is de macht in de handen van anderen, die doen wat ze willen nu Soeltan verdwenen is.

'Boerenmeid', noemen ze haar. 'Zo dom als een ezel!' Maar ze durven haar niet te veel te plagen, want dan klaagt ze tegen Soeltan, en met Soeltan wil niemand ruzie hebben.

Soeltan mist Sonja ook. Sjarifa heeft hij nooit op die manier gemist. Soms denkt hij dat Sonja te jong voor hem is, dat ze nog een kind is. Dat hij op haar moet passen, haar op slinkse wijze zover moet krijgen dat ze haar melk drinkt, en dat hij haar met cadeautjes moet verrassen.

Hij denkt na over het verschil tussen zijn twee vrouwen. Als hij met Sjarifa is, is zij degene die overal op let, die denkt aan zijn afspraken, die organiseert en de zaken regelt. Sjarifa denkt altijd eerst aan Soeltan, aan wat hij nodig heeft of waar hij zin in heeft. Sonja is veel apathischer, ze doet wel wat haar wordt gevraagd, maar zelf bedenkt ze zelden iets.

Er is één ding waar hij zich niet mee kan verzoenen, en dat is dat ze een totaal verschillend dagritme hebben. Soeltan staat altijd om vijf uur 's ochtends op om de *fajr* te bidden, de enige gebedstijd die hij respecteert. Terwijl Sjarifa altijd samen met hem opstond, water kookte, thee zette, schone kleren voor hem klaarlegde, is Sonja als een klein kind dat niet wakker te krijgen is.

Soms denkt Soeltan dat het komt doordat hij te oud voor haar is, dat hij niet de juiste man is. Maar dan zegt hij altijd tegen zichzelf dat ze nooit iets beters had kunnen krijgen. Ze zou nooit haar huidige levensstandaard hebben gehad als ze iemand van haar eigen leeftijd had genomen. Dat zou een arme sloeber geweest zijn, want alle jongens in haar dorp waren arm.

We hebben nog tien tot twintig goede jaren vóór ons, denkt Soeltan, terwijl zijn gezicht een tevreden trek vertoont. Hij voelt zich in alle opzichten gelukkig.

Soeltan lacht in zichzelf. Er gaat een schokje door hem heen. Hij nadert Mikrorayon en zijn heerlijke kindvrouwtje.

Wil je soms dat ik verdrietig ben?

Het feest is voorbij. Op de vloer liggen schapen- en kippenbotjes. Brokken rijst laten vlekken achter op het kleed, net als de donkerrode chilisaus en de dunne witte yoghurt. Overal liggen stukken brood en sinaasappelschillen, alsof ze aan het eind van de maaltijd rondgestrooid zijn.

Op de kussens langs de muur zitten drie mannen en een vrouw. In de hoek bij de deur zitten twee vrouwen op hun hurken dicht bijeen. Ze hebben niet aan de maaltijd deelgenomen maar staren recht voor zich uit, van onder hun sjaals, zonder oogcontact met iemand te zoeken.

De vier bij de muur genieten van hun thee, stil en in gedachten verzonken, alsof ze een grote inspanning achter de rug hebben. Het belangrijkste is afgesproken en besloten. Wakil krijgt Sjakila en Rasoel krijgt Boelboela. Alleen de bruidsschat en de huwelijksdatum moeten nog worden vastgesteld.

Onder het genot van thee en geglaceerde amandelen wordt afgesproken dat Sjakila honderd dollar kost, terwijl Boelboela gratis is. Wakil heeft zijn geld bij de hand; hij haalt een bankbiljet uit zijn zak en geeft het aan Soeltan. Die neemt het geld voor zijn zus aan met een arrogante, bijna ongeïnteresseerde trek op zijn gezicht. Het is geen geweldige prijs die hij voor haar krijgt. Rasoel van zijn kant haalt opgelucht adem; het zou hem jaren gekost hebben om genoeg geld bijeen te schrapen voor zowel de bruidsschat als de bruiloft.

Soeltan is maar half-en-half blij voor zijn zussen. Hij vindt dat ze vanwege hun eigenaardigheden veel geschikte kandidaten zijn misgelopen en dat ze vele jaren verloren hebben. Vijftien jaar eerder hadden ze jonge, rijke mannen kunnen krijgen.

'Ze hadden niet zo kieskeurig moeten zijn.'

Hun lot lag echter niet in de handen van Soeltan, maar in die van de vrouw op de troon, Bibi Goel. Die zit nu vergenoegd in kleermakerszit op de grond heen en weer te schommelen. Het licht van de gaslamp schijnt vredig over haar gerimpelde gezicht. Haar handen liggen zwaar op haar schoot en ze glimlacht verzaligd. Ze lijkt niet langer naar het gesprek te luisteren. Zelf werd ze als elfjarige uitgehuwelijkt aan een man die twintig jaar ouder was. Ze werd weggeschonken als deel van een huwelijksovereenkomst tussen twee families. Haar ouders hadden om een van de dochters van een naburige familie gevraagd, maar die wilden daar alleen in toestemmen als ze bij dezelfde gelegenheid Bibi Goel voor hun oudste, ongehuwde zoon kregen. Die had haar op de binnenplaats gezien.

Een lang huwelijk, twee oorlogen, vijf staatsgrepen en dertien bevallingen later heeft de weduwe eindelijk haar op één en twee na jongste dochters weggeschonken. Ze heeft ze lange tijd bij zich gehouden, ze zijn allebei de dertig gepasseerd en daarmee weinig aantrekkelijk op de huwelijksmarkt. Maar daardoor krijgen ze ook ervaren mannen. De man die vanavond de deur uitgaat als Sjakila's verloofde, is een vijftigjarige weduwnaar met tien kinderen. Ook Boelboela's aanstaande is een weduwnaar, maar zonder kinderen.

Bibi Goel had zo haar redenen om haar dochters zo lang bij zich te houden, ook al zeggen velen dat zij ze onrecht heeft aangedaan. Ze beschrijft de ene, Boelboela, als weinig doortastend en tamelijk onbruikbaar. Dat laat Bibi Goel meestal met luide stem en zonder enige gêne weten, zelfs al is Boelboela erbij. Ze heeft een stijve arm, is niet erg energiek en ze hinkt. 'Ze kan nooit een groot gezin besturen', zegt haar moeder.

Boelboela werd plotseling ziek toen ze zes jaar was, en tijdens het herstel kreeg ze bewegingsproblemen. Haar broer zegt dat het polio is, de dokter weet het niet en Bibi Goel denkt dat het van verdriet komt. Ze weet alleen dat Boelboela ziek werd uit verdriet over het feit dat haar vader in de gevangenis beland was. Hij was gearresteerd en beschuldigd van diefstal uit het magazijn waar hij werkte. Bibi Goel houdt vol dat hij onschuldig was. Na een paar maanden werd hij losgelaten, maar Boelboela werd nooit meer de oude. 'Zij heeft haar vaders straf overgenomen', zegt haar moeder.

Boelboela is nooit naar school gestuurd, want de ziekte had volgens haar ouders ook haar hoofd aangetast, zodat ze niet zo goed kon nadenken. Ze hoefde niets speciaals te doen, omdat ze door de geheimzinnige ziekte getroffen was. Maar het was alsof het leven haar daarmee ook in de steek liet. Niemand bemoeide zich met Boelboela, niemand speelde met haar, niemand vroeg haar om hulp.

Maar heel weinig mensen hebben überhaupt iets met Boelboela te bespreken. De dertigjarige heeft een merkwaardige traagheid over zich gekregen, alsof ze zich door het leven sleept, of zelfs uit het leven. Ze heeft grote, lege ogen en haar mond hangt meestal half open, met een neerhangende onderlip, alsof ze altijd op het punt van inslapen staat. In het beste geval volgt Boelboela de gesprekken van anderen, de levens van anderen, maar zelfs dat doet ze zonder veel enthousiasme. Bibi Goel had zich er al bij neergelegd dat Boelboela de rest van haar leven in het appartement zou blijven rondschuifelen en naast haar op de mat zou blijven slapen. Maar toen gebeurde er iets wat haar van mening deed veranderen.

Op een dag zou Bibi Goel haar zus op het platteland bezoeken. Ze trok haar boerka aan, nam Boelboela mee en riep een taxi aan. Vroeger ging ze meestal lopen, maar ze was de laatste jaren zo zwaar geworden dat ze knieletsel had opgelopen en de paar kilometer naar het dorp niet langer kon lopen. Door de honger in haar jeugd, de armoede en het gezwoeg als jonge vrouw heeft Bibi Goel een obsessie voor eten ontwikkeld – ze kan niet stoppen voordat alle schalen leeg zijn.

De chauffeur die voor de omvangrijke boerka en de dochter stilhield, was een ver familielid: de zachtmoedige Rasoel, wiens vrouw een paar jaar eerder in het kraambed was overleden.

'Heb je een nieuwe vrouw gevonden?' vroeg Bibi Goel in de taxi.

'Nee', was het antwoord.

'Dat spijt me voor je. In sja Allah – als Allah het wil, vind je gauw een nieuwe vrouw', zei Bibi Goel, en daarna vertelde ze het laatste nieuws over haar eigen familie: over haar zoons, haar dochters en kleinkinderen.

Rasoel begreep de hint. Een paar weken later kwam zijn zus om Boelboela's hand vragen. Die kan Boelboela wel aan als echtgenote, dacht Bibi Goel.

Zonder aarzelen ging ze akkoord, wat heel ongewoon is. Wie zijn dochter meteen weggeeft, geeft daarmee te kennen dat ze 'niet veel waard' is, en dat men blij is haar kwijt te zijn. Wachten en aarzelen verhogen de waarde van een meisje. De familie van de jongen moet vele malen komen, smeken, overtuigen en geschenken meebrengen. Voor Boelboela werden niet veel stappen ondernomen. En er werden ook geen geschenken aangeboden.

Terwijl Boelboela doelloos voor zich uit zit te staren, alsof het gesprek haar niet aangaat, zit haar zus Sjakila geconcentreerd te luisteren. De twee zussen zijn zo verschillend als het maar kan. Sjakila is kwiek en luidruchtig en is het middelpunt van de familie. Ze is levenslustig en zit goed in het vlees, zoals dat hoort voor een Afghaanse vrouw.

Voor Sjakila zijn er de laatste vijftien jaar heel wat vrijers langs geweest, vanaf de tijd dat ze een slanke tiener was tot op de dag van vandaag, nu ze breeduit in de hoek bij de kachel zit en vol aandacht de onderhandelingen van haar moeder en haar broer volgt.

Sjakila stelde strenge eisen aan de mannen die een aanzoek deden. Als hun moeders bij Bibi Goel kwamen en om haar hand vroegen, stelde die niet de gebruikelijke vraag of hij rijk was.

'Vinden jullie het goed dat ze haar studie voortzet?' was de eerste vraag.

'Nee', luidde het antwoord steevast, en dan werd er niet meer over een huwelijk gepraat. Sjakila wilde lezen en studeren, en geen van de vrijers zag het nut van een recalcitrante, hoogopgeleide vrouw. Veel van hen waren zelf analfabeet. Sjakila maakte haar studie af en werd lerares wiskunde en biologie. Als er opnieuw moeders kwamen om de knappe Sjakila voor hun zoon te vragen, informeerde Bibi Goel: 'Mag ze van jullie blijven werken?'

Nee, dat wilden ze niet, en Sjakila bleef ongetrouwd.

Sjakila kreeg haar eerste baan als lerares toen de oorlog tegen de Sovjet-Unie in volle gang was. Op hoge hakken en met een rok tot op de knie, geheel volgens de mode van de jaren tachtig, trippelde ze iedere ochtend naar het dorp Deh Khoedaidad, een eind buiten Kaboel. Daar sloegen kogels noch granaten in. Het enige waardoor Sjakila getroffen werd, was verliefdheid.

Helaas was Mahmoed al getrouwd. Het was een gearrangeerd en ongelukkig huwelijk. Hij was een paar jaar ouder dan zij, en vader van drie kleine kinderen. Het was liefde op het eerste gezicht toen de twee collega's elkaar op school ontmoetten. Ze verborgen hun gevoelens voor anderen en verscholen zich op plekken waar niemand ze zag, of ze belden elkaar op en zeiden lieve woordjes door de telefoon. Ze zagen elkaar nooit ergens anders dan op school. Tijdens een van hun geheime ontmoetingen beraamden ze plannen om elkaar te krijgen. De oplossing was dat Mahmoed Sjakila als tweede vrouw zou nemen.

Maar Mahmoed kon niet zomaar naar Sjakila's ouders gaan en om haar hand vragen. Hij moest zijn moeder of zus vragen om dat te doen.

'Dat doen ze nooit', zei hij.

'En mijn ouders vinden het nooit goed', zuchtte Sjakila.

Mahmoed meende dat alleen Sjakila zelf zijn moeder zover zou kunnen krijgen dat die naar haar ouders ging om haar hand te vragen. Hij stelde voor dat zij zou doen alsof ze waanzinnig en wanhopig was en dat ze met zelfmoord zou dreigen als ze Mahmoed niet kreeg. Ze moest zich voor de voeten van haar ouders werpen en zeggen dat ze door de liefde werd verteerd. Dan zouden haar ouders akkoord gaan met het huwelijk, om haar leven te redden.

Maar Sjakila kon het niet opbrengen om te jammeren en te schreeuwen, en Mahmoed had niet de moed om de vrouwen in zijn familie te vragen om naar het huis van Sjakila te gaan. Hij durfde natuurlijk ook nooit met zijn vrouw over Sjakila te praten. Sjakila probeerde vergeefs om het bij haar moeder ter sprake te brengen. Bibi Goel dacht steeds dat ze een grapje maakte. In elk geval koos ze ervoor om het als een grap op te vatten als Sjakila zei dat ze wilde trouwen met een collega met drie kinderen.

Mahmoed en Sjakila draaiden op de dorpsschool om elkaar heen en bleven vier jaar lang dromen, totdat Mahmoed promotie maakte en van school wisselde. Hij kon de promotie niet laten schieten, en vanaf dat moment hadden ze alleen nog telefonisch contact. Sjakila was diep ongelukkig en verlangde naar haar geliefde, maar niemand mocht het aan haar zien. Het was een schande om verliefd te zijn op een man die je niet kon krijgen.

Toen kwam de burgeroorlog, de school werd gesloten en Sjakila verhuisde naar Pakistan. Na vier jaar oorlog kwamen de Taliban, en ook al verstomden de raketten en werd het vrede in Kaboel, de school waar zij had gewerkt werd nooit heropend. De meisjesscholen bleven gesloten en Sjakila verloor van de ene dag op de andere de mogelijkheid om een andere baan te zoeken, net als alle vrouwen in Kaboel. Samen met haar verdween twee derde van het onderwijzend personeel van Kaboel. Verscheidene jongensscholen moesten ook sluiten omdat ze voornamelijk leraressen hadden gehad. Er waren niet genoeg gekwalificeerde mannelijke leraren om ze open te houden.

Zo gingen de jaren voorbij. De enkele tekens van leven van Mahmoed waren volledig opgehouden toen de telefoonlijn tijdens de burgeroorlog werd afgesneden. Sjakila zat thuis met de andere vrouwen. Ze mocht niet alleen naar buiten, ze mocht niet werken, ze moest zich bedekken. Het leven had zijn kleur allang verloren. Toen ze dertig werd, kwamen er geen vrijers meer.

Op een dag, toen ze bijna vijf jaar in de huisgevangenis van de Taliban had gezeten, kwam de zus van haar verre verwant Wakil bij Bibi Goel om Sjakila's hand vragen.

'Zijn vrouw is plotseling gestorven. De kinderen hebben een moeder nodig. Het is een aardige man. Hij heeft wat geld. Hij is nooit soldaat geweest, hij heeft nooit iets onwettigs gedaan, hij is eerlijk, hij is gezond', zei de zus. 'Ze werd plotseling gek, voordat ze stierf', fluisterde ze erachteraan. 'Ze was helemaal van de wereld en herkende niemand van ons. Vreselijk voor de kinderen…'

Er was haast geboden met het vinden van een nieuwe vrouw voor deze vader met zijn tien kinderen. Nu zorgde het oudste kind voor het jongste, terwijl het huis verkommerde. Bibi Goel zei dat ze erover zou nadenken en informeerde bij vrienden en verwanten naar de man. Ze kreeg te horen dat hij een hardwerkend en eerlijk mens was.

Bovendien was er ook voor Sjakila zelf haast geboden, als ze nog kinderen wilde krijgen.

'Het stond op haar voorhoofd geschreven dat ze het huis uit moest', vertelde Bibi Goel aan iedereen die het maar wilde horen. Omdat de Taliban toch niet toestonden dat vrouwen werkten, vroeg ze niet of Wakil dat aan Sjakila zou toestaan.

Ze verzocht Wakil om zelf naar haar toe te komen. Gewoonlijk komt een huwelijk tot stand doordat de ouders toestemming verlenen, maar omdat de man tegen de vijftig liep, wilde Bibi Goel hem zelf zien. Wakil was vrachtwagenchauffeur en altijd lang onderweg. Hij stuurde opnieuw zijn zus, daarna zijn broer, toen nogmaals zijn zus, maar hij had nooit tijd om zelf te komen, en de verloving liet op zich wachten.

Toen kwam de elfde september, en Soeltan verhuisde zijn zussen en kinderen opnieuw naar Pakistan, om ze te beschermen tegen de bommenregen die hij verwachtte. En toen kwam Wakil. 'We zullen erover praten als de normale tijden zijn weergekeerd', zei Soeltan. Toen de Taliban twee maanden later uit Kaboel verdwenen waren, kwam Wakil terug. De scholen waren nog niet geopend, dus Bibi Goel dacht er niet aan om te vragen of hij haar wilde laten werken, en de twee partijen werden het snel eens.

Vanaf de hoek bij de kachel volgt Sjakila hoe haar lot wordt bepaald en de huwelijksdatum wordt vastgesteld. De vier op de kussens beslissen alles, zonder dat de twee pasverloofden nog maar één blik hebben gewisseld.

Wakil kijkt tersluiks naar Sjakila, die de hele tijd haar blik naar elders heeft gericht: recht omhoog, op de muur, of in het niets.

'Ik ben zo blij dat ik haar gevonden heb', zegt hij tegen Soeltan, terwijl hij zijn ogen op zijn verloofde gericht houdt.

Het is vlak voor de avondklok, de twee mannen nemen afscheid en haasten zich naar buiten. De twee uitgehuwelijkte vrouwen blijven achter. Ze blijven voor zich uit staren. Ook bij het afscheid nemen hebben ze de mannen niet aangekeken. Boelboela hijst zich zuchtend overeind. Voor haar duurt het nog even. Het kan Rasoel nog wel een paar jaar kosten voordat hij genoeg geld heeft om een bruiloft te betalen. Het lijkt haar niet te kunnen schelen. Boelboela sloft de kamer uit om te gaan afwassen en de keuken op te ruimen – de taken die haar hier in huis zijn opgelegd.

Sjakila bloost als alle zussen zich op haar storten. 'Over drie weken! Dan mag je wel opschieten!'

'Ik red het nooit', klaagt ze, ook al is de stof voor de bruidsjurk al uitgezocht en ligt die klaar om naar de kleermaker gebracht te worden. Maar natuurlijk moet ze denken aan de uitzet: het beddengoed, het servies. Omdat Wakil weduwnaar is, heeft hij het meeste al, maar de bruid moet hoe dan ook nieuwe dingen meebrengen.

Sjakila zelf voelt zich maar half gelukkig. 'Hij is klein; ik hou van lange mannen', zegt ze tegen haar zussen. 'Hij is kaal en hij had wel een paar jaar jonger mogen zijn', zegt ze mokkend. 'Stel dat hij een tiran is, stel dat hij niet aardig is, dat hij niet wil dat ik uitga', denkt ze hardop. Haar zussen zwijgen, bevangen door dezelfde trieste gedachten. 'Stel dat ik jullie niet mag bezoeken van hem, of dat hij me slaat.'

Sjakila en haar zussen zien het huwelijk steeds somberder in, totdat Bibi Goel zegt dat ze hun mond moeten houden. 'Hij is een goede weduwnaar voor jou, Sjakila', stelt ze vast.

Twee dagen nadat de afspraak is gemaakt, nodigt Sjakila's zus Mariam de verloofden bij zich thuis uit. Mariam is negenentwintig en voor de tweede maal getrouwd. Haar eerste man is gesneuveld in de burgeroorlog. Nu is ze hoogzwanger van haar vijfde kind.

Mariam heeft het eten klaargezet op een lang kleed op de vloer in de woonkamer. Aan het eind zitten Sjakila en Wakil. Eindelijk draaien Soeltan en Bibi Goel niet meer om hen heen. Zolang de ouderen in de familie hen zien, mogen ze nog steeds geen nauw contact met elkaar hebben, maar nu, met alleen maar jongere familieleden om zich heen, praten ze op gedempte toon met elkaar. Ze slaan nauwelijks acht op de anderen, die nieuwsgierig flarden van het gesprek proberen op te vangen.

Het is niet bepaald een innig gesprek. Sjakila kijkt de meeste tijd recht voor zich uit. Volgens aloud gebruik mag ze vóór de bruiloft geen oogcontact met haar man hebben. Maar hij kijkt wel de hele tijd naar haar.

'Ik mis je. Ik kan nauwelijks meer wachten. Nog vijftien dagen, dat is lang', zegt hij. Sjakila bloost, maar ze blijft strak voor zich uitkijken.

'Ik kon de hele nacht niet slapen, ik lag maar aan jou te denken', zegt hij. Geen reactie van Sjakila. 'Zeg, wat vind je daarvan?' vraagt hij.

Sjakila zegt nog steeds niets en gaat door met eten.

'Stel je voor, straks zijn we getrouwd. Als ik dan thuiskom, heb jij het eten voor me klaar. Je moet altijd thuis op me blijven wachten', droomt Wakil. 'Ik zal nooit meer eenzaam zijn.'

Sjakila zwijgt, voordat ze haar moed bijeenraapt en vraagt of ze mag blijven werken nadat ze getrouwd is. Wakil zegt ja, maar Sjakila vertrouwt hem niet. Hij kan van mening veranderen zodra ze getrouwd zijn. Maar hij verzekert haar dat, als werk haar gelukkig maakt, ze gerust mag werken. Als ze daarnaast maar zijn kinderen en zijn huishouding verzorgt.

Hij doet zijn *pakol* af – de bruine muts die gedragen wordt door de aanhangers van de vermoorde leider van de Noordelijke Alliantie, Ahmed Sjah Massoed.

'Nou ben je lelijk', zegt Sjakila vrijpostig. 'Je hebt helemaal geen haar.'

Nu is het Wakils beurt om verlegen te zijn. Hij antwoordt niet op de belediging van zijn aanstaande, maar brengt het gesprek in rustiger vaarwater. Sjakila heeft de hele dag op de markten van Kaboel doorgebracht om benodigdheden voor de bruiloft te kopen, en geschenken voor alle verwanten van haarzelf en van hem. Wakil moet de geschenken uitdelen als geste aan haar familie, die haar uit handen geeft. Híj betaalt en zíj koopt in. Koppen, schalen, bestek, lakens, handdoeken, en stof voor gewaden voor hem en voor Rasoel. Hij heeft Rasoel, Boelboela's verloofde, beloofd dat hij de kleur mag uitzoeken. Ze vertelt over haar inkopen, en Wakil vraagt wat voor kleur de stoffen hebben.

'De één is blauw en de ander bruin', antwoordt Sjakila.

'Welke is voor mij?'

'Dat weet ik niet, want Rasoel mag eerst kiezen.'

'Wat?' barst Wakil los. 'Hoe dat zo? De eerste keus is voor mij, ik ben je man!'

'O, best hoor', antwoordt Sjakila. 'Jij mag het eerst kiezen. Maar ze zijn allebei even goed', zegt ze, terwijl ze recht voor zich uitstaart.

Wakil steekt een sigaret op.

'Ik hou niet van rook', zegt Sjakila. 'Ik hou niet van mensen die roken. Dus als jij rookt, hou ik ook niet van jou.'

Ze spreekt met stemverheffing en iedereen hoort haar beledigingen.

'Ik kan moeilijk stoppen nu ik eenmaal ben begonnen', zegt Wakil wat verlegen.

'Het stinkt', gaat Sjakila verder.

'Je moet beleefd zijn', zegt Wakil. Sjakila zwijgt.

'En je moet je bedekken. Het is de plicht van een vrouw om een boerka te dragen. Jij doet gewoon wat je wilt, maar als je geen boerka draagt, maakt dat me verdrietig. Wil je soms dat ik verdrietig ben?' vraagt Wakil bijna dreigend.

'Als het leven in Kaboel verandert en de vrouwen hier moderne kleren gaan dragen, wil ik dat ook', zegt Sjakila.

'Je moet geen moderne kleren dragen. Je wilt toch niet dat ik verdriet heb?'

Sjakila antwoordt niet.

Wakil pakt een paar pasfoto's uit zijn portefeuille, kijkt er langdurig naar en geeft er een aan Sjakila.

'Deze is voor jou, die moet je op je hart dragen', zegt hij. Sjakila vertrekt geen spier en neemt de foto met tegenzin aan.

Wakil moet gaan, zo dadelijk gaat het uitgaansverbod in. Hij geeft Sjakila geen afscheidszoen en vraagt haar alleen hoeveel geld ze nodig heeft voor de rest van haar inkopen. Hij telt de bedragen op, denkt na, geeft haar een paar bankbiljetten en stopt de rest terug in zijn portefeuille.

'Is dat genoeg?'

Sjakila knikt. Ze nemen afscheid. Wakil vertrekt, Sjakila gaat op de rode kussens liggen. Ze herademt opgelucht en pakt een paar lamsboutjes. Ze heeft de proef doorstaan, ze móét koel en afwijzend zijn totdat ze getrouwd zijn. Dat is beleefd tegenover haar familie, die haar kwijtraakt.

'Vind je hem aardig?' vraagt Mariam aan haar oudere zus.

'Hm.'

'Ben je verliefd op hem?'

'Hm.'

'Wat betekent "hm"?'

'Dat betekent "hm"', antwoordt Sjakila. 'Geen ja en geen nee. Hij had wel wat jonger en mooier mogen zijn.'

Ze trekt haar neus op. Ze ziet eruit als een teleurgesteld kind dat een lappenpopje heeft gekregen in plaats van de praatpop waarom ze had gevraagd.

'Nu ben ik alleen maar triest', zegt ze. 'Ik heb spijt. Ik ben triest omdat ik mijn familie verlaten moet. Stel dat hij me verbiedt om jullie te bezoeken. Stel dat ik niet mag gaan werken van hem, nu ik eindelijk de mogelijkheid heb. Stel dat hij me opsluit.'

De paraffinelamp op de grond suist. Opnieuw zijn de zussen in sombere gedachten verzonken. Ze kunnen maar beter op het ergste voorbereid zijn.

Geen toegang tot de hemel

Toen de Taliban in september 1996 Kaboel binnentrokken, werden er zestien decreten uitgezonden via radio Sjaria. Er was een nieuw tijdperk aangebroken.

1. Verbod op de ongeklede staat van vrouwen
Het is chauffeurs verboden om vrouwen in hun auto mee te nemen die geen boerka dragen. Als een chauffeur dit toch doet, wordt hij gevangengezet. Als dergelijke vrouwen op straat worden gezien, zullen zij thuis worden opgezocht en zullen hun echtgenoten worden gestraft. Indien vrouwen zinnenprikkelende of modieuze kleding dragen en zij niet begeleid worden door nauw verwante mannelijke familieleden, mogen chauffeurs ze niet meenemen in hun auto.

2. Verbod op muziek
Cassettes en muziek zijn verboden in winkels, hotels, motorvoertuigen en riksja's. Als er in een winkel muziekcassettes worden gevonden, wordt de winkelier gevangengezet en de winkel gesloten. Als er een muziekcassette wordt gevonden in een motorvoertuig, zal dit voertuig in beslag worden genomen en de chauffeur gevangen worden gezet.

3. Verbod op scheren
Eenieder die zijn baard afscheert of afknipt, zal gevangen worden gehouden tot zijn baard weer tot een vuistlengte aangegroeid is.

4. Gebedsplicht
In alle districten moet op vaste tijden worden gebeden. De precieze gebedstijden zullen worden aangekondigd door het ministerie ter Bevordering van Deugd en ter Bestrijding van Zonde. Vervoer is vanaf vijftien minuten vóór de gebedstijd streng verboden. Het is verplicht om tijdens het gebed de

moskee binnen te gaan. Wanneer jonge mannen in winkels gezien worden,
zullen zij onmiddellijk gevangen worden gezet.

5. Verbod op het houden van duiven en vogelwedstrijden
Deze hobby moet worden gestopt. Duiven en wedstrijdvogels moeten wor-
den gedood.

6. Bestrijding van verdovende middelen en van verslaving
Personen die verslaafd zijn aan verdovende middelen, worden gevangenge-
zet, en de verkoper en de winkel zullen worden opgespoord. De winkel
zal worden gesloten en beide misdadigers, de eigenaar en de verslaafde, zul-
len gevangen worden gezet en worden gestraft.

7. Verbod op vliegeren
Vliegeren heeft onnutte gevolgen zoals gokken, dodelijke ongevallen onder
kinderen en verzuim van onderwijs. Winkels waar vliegers worden ver-
kocht, zullen worden ontruimd.

8. Verbod op afbeeldingen
In voertuigen, winkels, huizen, hotels en elders moeten foto's en portretten
worden verwijderd. Eigenaars moeten alle afbeeldingen ter plekke vernieti-
gen. Voertuigen met afbeeldingen van levende wezens zullen worden aange-
houden.

9. Verbod op gokken
Gokcentra zullen worden opgespoord en de spelers zullen een maand lang
gevangen worden gehouden.

10. Verbod op Britse en Amerikaanse kapsels
Mannen met lang haar zullen worden gearresteerd en worden meegenomen
naar het ministerie ter Bevordering van Deugd en ter Bestrijding van Zonde
om te worden geknipt. De misdadiger moet de kapperskosten betalen.

11. Verbod op rente, wisselprovisie en heffingen op transacties
Deze drie manieren van geldwisselen worden door de islam verboden. Wanneer dit verbod wordt overtreden, zal de misdadiger voor lange tijd gevangen worden gezet.

12. Verbod op het wassen van kleren aan de rivieroevers in de steden
Vrouwen die deze regel overtreden, zullen op respectvolle islamitische wijze worden opgepakt en naar hun huis worden gebracht, waar hun echtgenoot hard zal worden gestraft.

13. Verbod op muziek en dans tijdens huwelijksfeesten
Indien dit verbod wordt overtreden, zal het hoofd van de familie worden gearresteerd en gestraft.

14. Verbod op trommelen
Als iemand op een trommel speelt, zal de religieuze Raad van Ouderen de straf bepalen.

15. Verbod voor kleermakers om vrouwenkleren te naaien en vrouwen de maat te nemen
Indien er modetijdschriften worden gevonden in de winkel van een kleermaker, zal deze gevangen worden gezet.

16. Verbod op hekserij
Alle boeken over dit onderwerp zullen worden verbrand, en de magiër zal gevangen worden gezet totdat hij berouw betoont.

Ter aanvulling op deze zestien regels werd een aparte aanmaning voorgelezen die tot de vrouwen van Kaboel was gericht:

Vrouwen, jullie mogen je huis niet verlaten zoals vrouwen uit de tijd voordat de islam in ons land kwam, die modieuze kleren droegen, zich op-

maakten en zich aan elke man toonden.

De islam is een reddende godsdienst, die bepaalt dat vrouwen een speciale waardigheid moeten hebben. Vrouwen moeten ervoor zorgen dat ze niet de aandacht trekken van slechte mensen die hen met het boze oog bekijken. Vrouwen zijn verantwoordelijk voor de opvoeding van hun kinderen en het bijeenhouden van hun familie, en moeten zorgen voor het eten en de kleren. Als vrouwen hun huis moeten verlaten, dienen ze zich te bedekken volgens de regels van de sjaria. Wanneer vrouwen zich vertonen in modieuze, versierde, nauwe en zinnenprikkelende kleding, zullen ze worden verdoemd door de sjaria en nooit in de hemel komen. Zij zullen samen met de ouderen in hun familie worden bedreigd, opgespoord en hard worden gestraft door de religieuze politie. Deze heeft de plicht en de verantwoordelijkheid om deze sociale problemen te bestrijden, en zal daarmee doorgaan totdat het Kwaad is uitgeroeid.

Allahoe akbar — Allah is de grootste.

Wapperend, waaiend en wuivend

Ze verliest de ander de hele tijd uit het oog. De golvende boerka lijkt op elke andere golvende boerka. Eén hemelsblauwe zee. Ze houdt haar blik op de grond gericht. In de modder kan ze de vuile schoenen van de ander onderscheiden van de overige vuile schoenen. Ze kan de zoom van haar witte broek zien en de rand van de paarse jurk die ze daaroverheen draagt. Met de blik omlaag gericht loopt ze door de bazaar, de wapperende boerka achterna. Een hoogzwangere boerka komt er hijgend achteraan. Ze doet haar best om het energieke tempo van de twee eerste boerka's bij te houden.

De hoofdboerka is bij de lakenstoffen blijven staan. Door het draadrooster kijkend betast ze de stoffen en beoordeelt ze de kleuren. Ze onderhandelt met verborgen mond, terwijl haar donkere ogen af en toe als schaduwen achter het net te zien zijn. De boerka dingt met zwaaiende handen af, terwijl haar neus als een snavel naar voren steekt tussen de plooien. Uiteindelijk neemt ze een besluit, ze graait moeizaam in haar tas en steekt een handvol blauwe biljetten naar voren. De lakenverkoper meet de witte lakenstof met lichtblauwe bloemen af. Het gekochte verdwijnt in de tas onder de boerka.

De geur van saffraan, knoflook, gedroogde peper en vers gefrituurde pakora's dringt door de stijve stof heen en vermengt zich met de lucht van zweet, adem en sterk ruikende zeep. De nylonstof is zo dicht dat je je eigen adem kunt ruiken.

Ze gaan wapperend verder, naar de aluminium theekannen van het allergoedkoopste Russische fabrikaat. Ze voelen, onderhandelen, dingen af en slaan opnieuw toe. Ook de theekan vindt een plaatsje onder de boerka, die bol staat van alle koppen, vaten, kleedjes en borstels, en die steeds omvangrijker wordt. Achter de eerste boerka lopen de twee minder doelbewuste boerka's, die stilstaan, ruiken, plastic haarspelden en goudkleurige armbanden betasten, en dan weer met hun blik de hoofdboerka opzoeken. Die is gestopt bij een kar met honderden door elkaar liggende bh's – wit, lichtgeel of roze, van twijfelachtige snit. Een paar stuks zijn opgehangen aan een stang boven de kar en wapperen ongegeneerd als een vlag in de wind. De boerka betast ze en meet ze met de hand. Ze maakt haar beide handen los uit haar golvende kledij en controleert het elastiek van de bh, trekt aan de cups, en koopt uiteindelijk op het oog een krachtig exemplaar dat er bijna als een korset uitziet.

Ze lopen verder en draaien hun hoofd naar alle kanten om rond te kijken, want boerkavrouwen zijn net paarden met oogkleppen, ze kunnen maar één kant opkijken. Bij hun ooghoeken gaat het draadrooster over in dikke stof, zodat ze niet naar opzij kunnen kijken. Het hele hoofd moet worden gedraaid. Dat is een van de slimmigheidjes van de uitvinder van de boerka: een man moet kunnen zien wie zijn vrouw met haar blik volgt.

Na het nodige gedraai met hun hoofd vinden ze de hoofdboerka terug in de nauwe gangetjes in het midden van de bazaar. Ze staat kanten boordsels te bestuderen. Dikke, synthetische kant, zoals die van gordijnzomen uit de voormalige Sovjet-Unie. Ze neemt er uitvoerig de tijd voor. De aankoop is zo belangrijk dat ze zelfs het verbod om zich te laten zien trotseert en het voorstuk van de boerka over haar hoofd werpt om beter te kunnen zien. Je kunt nu eenmaal moeilijk kantboordsels beoordelen van achter een gazen kijkgat. Maar alleen de verkoper in het kraampje ziet haar gezicht, waarop zelfs in de koele berglucht van Kaboel het zweet parelt. Sjakila draait met haar hoofd, glimlacht ondeugend en lacht, ze dingt af, ja eigenlijk staat ze te flirten. Zonder haar hemelsblauwe omhulsel is goed te zien wat voor spel ze speelt. Dat doet ze de hele tijd al, en de verkopers in de bazaar kunnen de bewegingen van een wuivende, knik-kende en wapperende boerka heel goed duiden. Ze kan flirten met een pink, met een voet, met een beweging van haar hand. Sjakila drapeert de kantboordsels rond haar gezicht en plotseling zijn het geen gordijnzomen meer, maar zomen voor haar sluier, het laatste wat ze nog nodig had voor de bruidsjurk. Natuurlijk moet de witte sluier zomen van kant hebben. De koop wordt ge-sloten, de verkoper meet de stof af, Sjakila glimlacht en de boordsels verdwijnen in de tas onder de boerka, die weer omlaag wordt geslagen en tot op de grond komt te hangen, zoals het hoort. De boerka's wurmen zich verder door de steeds nauwer wordende gangetjes van de bazaar heen.

Er is een permanent gegons van stemmen. Zelden prijst ie-mand zijn waren aan. De meeste verkopers lijken liever een kletspraatje met de buurman te maken of apathisch achterover te hangen op een meelzak of een stapel tapijten en het leven in de bazaar te volgen, dan hun assortiment aan te prijzen. De klan-ten kopen toch wel wat ze nodig hebben.

Het is alsof de tijd heeft stilgestaan in de bazaar van Kaboel. De koopwaar is dezelfde als toen de Perzische koning Darius hier vijfhonderd jaar voor Christus rondzwierf. Op grote tapij-ten onder de blote hemel of in kleine kraampjes liggen de luxe artikelen en de dagelijkse levensbehoeften naast elkaar, waar ze door kieskeurige vingers worden betast en opgepakt. Pistache-noten, gedroogde abrikozen en groene rozijnen liggen in grote jute zakken klaar. Op wankele karren liggen kleine gele vruch-ten, kruisingen van limoenen en citroenen, die zo'n dunne schil hebben dat ze met schil en al gegeten kunnen worden. Bij een stalletje hoor je het gespartel en gekakel van kippen in zakken. In de kraam van de specerijenhandelaar liggen chili, paprika en gember in grote hopen. De specerijenhandelaar is vaak tegelijk medicijnman en biedt gedroogde kruiden, wortels, vruchten en allerlei soorten thee aan, en met de precisie van een arts verklaart hij hoe deze alle kwalen genezen, van de eenvoudigste tot de meest geheimzinnige.

Verse koriander, knoflook, leer en kardemom – alle geuren vermengen zich met de rioollucht van de rivier, de stinkende en uitgedroogde ader die de bazaar in tweeën verdeelt. Op de bruggen over de rivier worden pantoffels van dik schapenleer aangeboden, evenals losse katoen, stoffen in een overvloed aan kleuren en patronen, messen, spaden en houwelen.

Af en toe kom je spullen tegen die men in de tijd van Darius nog niet kende. Smokkelwaar zoals sigaretten met exotische namen als Pleasure, Wave of Pine en namaak-cola uit Pakistan. Maar de smokkelroutes zijn in de loop der eeuwen niet veranderd. De smokkelwaar komt via de Khyberpas vanuit Pakistan of over de bergen vanuit Iran. Soms per ezel, soms per vrachtwagen. Langs dezelfde paden waarlangs heroïne, opium en hasj het land uit worden gesmokkeld. De bankbiljetten waarmee wordt betaald, zijn van dit jaar. In een lange rij staan de geldwisselaars klaar in hun gewaden en met hun tulband op, met dikke stapels blauwe afghanibiljetten, vijfendertigduizend voor een dollar.

Een handelaar verkoopt stofzuigers van het merk 'National'. Zijn buurman verkoopt stofzuigers van het merk 'Nautionl' voor dezelfde prijs. Maar zowel het origineel als de kopie verkopen slecht. Vanwege de instabiele stroomvoorziening in Kaboel nemen de meeste mensen hun toevlucht tot de bezem.

De schoenen stappen verder door de modder. Rondom hen lopen bruine sandalen, smerige schoenen, zwarte schoenen, versleten schoenen, een enkele keer mooie schoenen, en roze plastic schoenen met strikken. Sommige zijn zelfs wit, een schoenkleur die de Taliban verboden omdat hun vlag wit is. Ze verboden ook schoenen met harde hakken. Het geluid van vrouwenschoenen zou de aandacht van mannen kunnen trekken. Maar er zijn nieuwe tijden aangebroken, en als je in modder zou kunnen klikklakken, zou je in de hele bazaar een opwindend geklikklak hebben gehoord. Af en toe zie je ook gelakte teennagels onder de zoom van de boerka uitsteken – alweer een klein teken van vrijheid. De Taliban verboden nagellak en voerden een import-verbod in. Van een paar ongelukkige vrouwen werd het topje van hun vinger of teen afgehakt omdat ze het verbod getrotseerd hadden. De vrouwenemancipatie na het vertrek van de Taliban dit voorjaar is over het geheel genomen op het niveau van schoe-nen en nagellak blijven steken en niet boven de modderige zoom van de boerka uitgekomen.

Niet dat er helemaal geen pogingen worden gedaan. Na de vlucht van de Taliban zijn er verscheidene vrouwenverenigingen opgericht. Sommige organiseerden al tijdens het Taliban-regime geheime schoollessen voor meisjes, lessen in hygiëne voor vrou-wen en alfabetiseringscursussen. De grote heldin uit de Tali-ban-periode is Soehajla Sedika, nu minister van Volksgezond-heid in de regering van Karzai. Als enige vrouwelijke generaal van Afghanistan handhaafde zij het medische onderwijs voor vrouwen en slaagde erin de vrouwenafdeling van het ziekenhuis waar zij werkte te heropenen nadat deze door de Taliban was ge-sloten. Als een van de weinige vrouwen in Kaboel onder de Ta-liban weigerde zij een boerka te dragen. Ze vertelde hoe ze daar-in slaagde: 'Toen de religieuze politie met stokken kwam en ze hun armen ophieven om me te slaan, hief ik mijn arm om ze te-rug te slaan. Toen lieten ze hun stok zakken en mocht ik gaan.'
Maar zelfs Soehajla kwam onder de Taliban zelden op straat. Elke morgen werd ze naar het ziekenhuis gereden, in een grote sjaal gewikkeld, en 's avonds werd ze weer teruggereden. 'De Af-ghaanse vrouwen hebben de moed verloren', zei ze bitter na de val van de Taliban.
Een vrouwenorganisatie probeerde al een week na de vlucht van de Taliban een demonstratie te organiseren. In pumps en

op pantoffels verzamelden ze zich op een straathoek in Mikro-rayon om vandaar naar de stad te lopen. De meesten hadden hun boerka dapper over hun hoofd naar achteren geslagen, maar de demonstratie werd tegengehouden door de autoriteiten, die als reden opgaven dat ze niet voor de veiligheid van de deelne-mers konden instaan. Iedere keer dat de vrouwen zich probeer-den te verzamelen, werden ze tegengehouden.

Nu zijn de scholen voor meisjes heropend en jonge vrouwen stromen naar de universiteit. Sommigen hebben ook hun baan teruggekregen. Er is een nieuw weekblad door en voor vrouwen opgericht, en Hamid Karzai laat geen gelegenheid voorbijgaan om over de rechten van de vrouw te spreken.

Verscheidene vrouwen deden van zich spreken tijdens de wet-gevende vergadering, de Loya Jirga, die in juni 2002 gehouden werd. De meest vrijgevochten spreeksters werden door de met een tulband getooide mannen belachelijk gemaakt, maar ze ga-ven niet op. Een van hen eiste een vrouwelijke minister van De-fensie – een eis die op luid boegeroep werd onthaald. 'In Frank-rijk hebben ze anders zo'n minister', benadrukte ze.

Maar voor de grote massa is er weinig veranderd. Binnen de families zijn de tradities onveranderd gebleven – de mannen be-slissen. Slechts een kleine groep vrouwen in Kaboel heeft zich van hun boerka ontdaan. De meesten weten niet dat de vrouwen van een paar generaties terug, Afghaanse vrouwen uit de vorige eeuw, dit kledingstuk helemaal niet kenden. Pas tijdens de rege-ring van koning Habiboellah, die het land bestuurde van 1901 tot 1919, werd de boerka ingevoerd. Hij gebood de tweehonderd vrouwen in zijn harem er een te dragen, zodat ze met hun knap-pe gezichten geen andere mannen zouden verleiden als ze zich buiten de deuren van het paleis begaven. Hun allesbedekkende sluier was gemaakt van zijde, met verfijnde borduursels; de prin-sessen van Habiboellah droegen zelfs boerka's met borduursels van gouddraad. Op die manier werd het een typisch kledingstuk voor de leidende klasse, zodat deze zich tegen de blikken van het volk kon beschermen. In de jaren vijftig had het gebruik zich over het hele land verspreid, maar nog steeds vooral onder de rijken.

Het gebruik om sluiers te dragen ondervond ook tegenstand. In 1959 choqueerde de minister-president, prins Daoed, het publiek toen hij op de nationale feestdag verscheen met zijn vrouw die geen boerka droeg. Hij had zijn broer overgehaald om zijn echtgenote hetzelfde te laten doen, en vroeg zijn ministers om de boerka van hun vrouwen weg te gooien. Reeds de volgende dag waren er in de straten van Kaboel ettelijke vrouwen te zien die in lange capes gekleed gingen, een donkere zonnebril droegen en een hoedje op hadden. Vrouwen die voorheen volledig gesluierd gingen. Zoals de hogere sociale kringen het gebruik van de boerka hadden ingevoerd, zo waren zij ook de eersten die hem weer afdeden. Het kledingstuk was inmiddels een statussymbool voor de armen geworden, en veel huishoudelijke hulpen en dienstmeisjes namen de zijden boerka's van hun werkgeefsters over. Eerst waren het alleen de heersende Pasjtoen die hun vrouwen toedekten, maar later waren ook andere etnische groepen de boerka gaan gebruiken. Maar prins Daoed wilde alle boerka's het land uit hebben. In 1961 kwam er een wet die het gebruik ervan voor ambtenaren verbood. Het werd aanbevolen zich op westerse wijze te kleden. Het duurde ettelijke jaren voordat men zich aan deze wet begon te houden, maar in de jaren zeventig liep vrijwel elke lerares of secretaresse in Kaboel in rok en bloes rond, terwijl de mannen kostuums droegen. De aldus geklede vrouwen liepen echter het risico dat fundamentalisten hen in hun onderbeen schoten of zuur in hun gezicht spoten. Toen de burgeroorlog uitbrak en Kaboel een fundamentalistisch bestuur kreeg, bedekten steeds meer vrouwen zich. En met de komst van de Taliban verdwenen alle vrouwengezichten uit de straten van Kaboel.

Op een van de smalle loopbruggen over de uitgedroogde rivier verdwijnen de schoenen van de hoofdboerka tussen andere schoenen. Een eindje terug zijn de sandalen van de zussen in de massa gevangen. Ze kunnen niet anders dan de beweging van al de anderen volgen. Zoeken naar elkaars schoenen is onmogelijk, laat staan stoppen of omdraaien. De boerka's zitten klem tussen andere boerka's en mannen met allerlei waren op hun hoofd, onder hun arm of op hun rug. Ze kunnen de grond niet meer zien.

Eenmaal aan de overkant gekomen, lopen drie boerka's naar elkaar te zoeken: eentje met zwarte schoenen, een witgerande broek en jurk met een paarse zoom, eentje met bruine plastic sandalen en een jurk met een zwarte zoom, en het laatste, smalste boerkasilhouet in roze plastic schoenen en met een lila broek en jurk. Ze vinden elkaar en werpen elkaar blikken toe om te overleggen. De hoofdboerka neemt de anderen mee naar een winkel. Een echte winkel met etalageruiten en uitgestalde waren, aan de rand van de bazaar. Ze heeft een beddensprei nodig en is als een blok gevallen voor een glanzende roze, gewatteerde sprei van het merk Paris. Bij de sprei horen nog kussens met ruches, hartjes en bloemetjes. Alles handig opgevouwen in een koffer van stijf, doorzichtig plastic. 'Product of Pakistan' staat er op de koffer, onder het woord Paris en een afbeelding van de Eiffeltoren.

Deze sprei wil de boerka op haar toekomstig echtelijk bed hebben. Een bed dat ze niet uitgeprobeerd of zelfs maar gezien heeft, en dat ze, Allah verhoede het, vóór de bruidsnacht ook niet mag zien. Ze begint af te dingen. De winkelbediende wil voor de sprei en de kussens in de koffer een paar miljoen afghani hebben.

De haren rijzen de boerka te berge bij het horen van dit bedrag. Ze blijft afdingen, maar de verkoper houdt voet bij stuk, en ze is al bijna de winkel uit voor hij zich eindelijk gewonnen geeft. De wapperende boerka krijgt de sprei voor minder dan een derde van de oorspronkelijke prijs, maar terwijl ze betaalt, bedenkt ze zich. Ze wil geen baby-roze sprei, maar een felrode. De verkoper pakt hem in en geeft haar een rode lippenstift op de koop toe. Omdat ze gaat trouwen.

Ze bedankt hem liefjes en tilt haar sluier op. De lippenstift moet worden uitgeprobeerd. Sjakila staat immers op bijna vertrouwelijke voet met de deken- en cosmeticaverkoper. Afgezien van hem zijn er alleen maar vrouwen in de winkel, dus ook Leila en Mariam vatten moed en tillen hun boerka op. Drie paar bleke lippen worden felrood. Ze kijken in de spiegel en turen met gretige ogen naar al het aanlokkelijks onder het glas van de toonbank. Sjakila zoekt naar crème om haar huid te bleken. Bleekheid is een van de voornaamste schoonheidsnormen in Afghanistan. Een bruid behoort bleek te zijn.

De deken- en cosmeticaverkoper beveelt een crème aan die Perfact heet. 'Aloe white block cream' staat er op de verpakking, de rest is in Chinese karakters geschreven. Sjakila probeert een beetje van het spul uit. Ze ziet eruit alsof ze geprobeerd heeft haar huid te bleken met dikke zinkcrème. Onder de crème zie je de oorspronkelijke huidskleur. Het resultaat is vlekkerig bruinwit.

De wondercrème gaat in de goedgevulde tas. De drie zussen lachen en grappen dat ze iedere keer als ze gaan trouwen zullen terugkomen.

Sjakila is heel tevreden en wil naar huis om haar inkopen te laten zien. Ze vinden een bus en persen zich naar binnen. De achterste rijen van de bus zijn gereserveerd voor vrouwen, baby's en bagage. Ze worden alle kanten op getrokken, ze blijven haken en er wordt op hun boerka getrapt. Ze moeten hem een eindje optrekken als ze gaan zitten, zodat ze rond kunnen kijken zonder dat het ding hun hoofd naar achteren trekt en strak gaat zitten. Ze gaan op het randje van de bank zitten, naast elkaar, met de draagtassen op schoot en onder hun benen. Er zijn niet veel zitplaatsen voor vrouwen gereserveerd, en naarmate er meer passagiers instappen, komen de boerka's in het gedrang tussen andere boerka's en hun lichamen, boodschappentassen en schoenen.

Uitgeput rollen de drie zussen en hun tassen de bus uit wanneer die bij hun zwaar beschadigde huis stopt. Ze komen wapperend de koele flat binnen, trekken hun boerka over hun hoofd, hangen hem aan hun eigen spijker en halen opgelucht adem. Ze krijgen hun gezicht terug. Het gezicht dat de boerka hun ontstolen heeft.

Een derderangs bruiloft

De avond vóór de grote dag. De kamer is stampvol. De hele vloer is bedekt met de lichamen van etende, dansende of pratende vrouwen. Het is de 'henna-nacht'. Vannacht moeten de bruid en bruidegom worden ingesmeerd met henna – op hun hand-palmen en onder hun voeten. Dat zorgt voor een oranjekleurig patroon in de handen en vast en zeker ook voor een gelukkig huwelijk.

Maar de bruid en de bruidegom zijn niet bij elkaar. De mannen hebben hun eigen feest, net als de vrouwen. Zonder de mannen uiten de vrouwen zich met een geweldige, bijna angstaanjagende kracht. Ze slaan elkaar op hun achterste, plukken aan elkaars borsten en dansen voor elkaar, met armen als kronkelende slangen en heupen als van Arabische buikdanseressen. De kleine meisjes bewegen als geboren verleidsters en staan wiegend op de vloer, met een uitdagende blik en opgetrokken wenkbrauwen. Zelfs de oude vrouwen wagen zich op de dansvloer, maar beëindigen de dans meestal halverwege. Ze laten zien dat ze het nog steeds kunnen maar geen zin hebben om tot het einde door te gaan.

Sjakila zit op het enige meubel in de kamer, een zitbank die voor de gelegenheid naar binnen is gebracht. Ze volgt alles om zich heen van een afstand en mag dansen noch glimlachen. Vreugde tonen zou pijnlijk zijn voor haar moeder, die ze verlaat, en als ze verdriet uit, zou dat haar aanstaande schoonmoeder kwetsen. Een bruid moet een onverschillige gelaatsuitdrukking hebben, ze mag haar hoofd niet draaien, niet rondkijken, maar ze moet strak voor zich uit blijven kijken. Sjakila slaagt met glans voor deze proef, alsof ze haar hele leven voor deze nacht geoefend heeft. Rank als een koningin converseert ze rustig met degene die toevallig naast haar op de bank zit – een eer die achtereenvolgens iedereen te beurt valt. Alleen haar lippen bewegen als ze de vragen van de gasten naast haar op de bank beantwoordt.

De kleuren van haar kledij zijn rood, groen, zwart en goud. Het lijkt alsof ze in de Afghaanse vlag gehuld is, bestrooid met wat goudstof. Haar borsten staan recht vooruit als bergtoppen, het is duidelijk dat de bh die ze op het oog gekocht heeft, goed past. Haar taille onder de jurk is strak ingesnoerd. Ze heeft dikke lagen Perfact op haar gezicht gesmeerd, haar ogen opgemaakt met kajal, en haar lippen met de nieuwe stift rood gemaakt. Ook in haar uiterlijk is ze de volmaakte bruid. Bruiden moeten er gekunsteld uitzien, als poppen. Het woord voor bruid en pop is hetzelfde – *aroes*.

In de loop van de avond komt een optocht met tamboerijnen, trommels en lantaarns de poort binnen. Dat zijn de vrouwen uit Wakils huis – zijn zussen, schoonzussen en dochters. Ze zingen uit volle borst in de pikzwarte nacht, terwijl ze klappen en dansen:

Wij halen de bruid uit haar huis en brengen haar naar dat van ons.
Bruid, buig niet je hoofd, huil geen bittere tranen.
Dit is Allahs wens, betuig Hem je dank.
O Mohammed, profeet van Allah, breng haar verlichting.
Maak de zware dingen licht!

De vrouwen van Wakil dansen een sensuele dans met sjaals en hoofddoeken waarmee ze naar elkaars gezicht en lichaam bewegen. Het is warm en vochtig in de kamer en er hangt een aangename, zoete zweetlucht. Hoewel alle ramen openstaan en de gordijnen in de wind wapperen, kan de frisse lentewind deze vrouwen geen verkoeling brengen.

Pas als er overvolle schalen *pilav* naar binnen worden gedragen, pauzeren de danseressen. Iedereen gaat zitten op de plaats waar ze zojuist nog stond of danste. Het eten, dat op de binnenplaats in grote pannen is bereid, wordt naar binnen gebracht door Sjakila's jongere zus Leila en haar jongste nichtjes. Schalen met rijst, grote stukken schapenvlees, aubergines in yoghurtsaus, met spinazie en knoflook gevulde noedels en aardappels in paprikasaus worden op de grond neergezet. De vrouwen verdringen zich in groepjes rond de schalen. Met hun rechterhand klemmen ze de rijst stevig samen en ze proppen de brokken in hun mond. Het vlees en de saus eten ze met stukjes brood die ze van grote broden afscheuren. Alles gebeurt met de rechterhand. De linkerhand, de onreine hand, moet in rust blijven. Nu is alleen nog het geluid van etende vrouwen te horen. De maaltijd wordt in stilte genoten. De enige keer dat ze de stilte doorbreken, is als ze elkaar uitnodigen om nog wat meer te nemen. Het is een goede gewoonte om je buurvrouw de beste stukken toe te schuiven.

Als iedereen verzadigd is, kan de henna-ceremonie beginnen. Het is inmiddels al diep in de nacht, niemand danst meer. Sommigen zijn ingeslapen, anderen liggen of zitten in de buurt van Sjakila en kijken toe hoe Wakils zus de kleurige massa over Sjakila's handen en voeten strijkt, terwijl ze het hennalied zingt. Als Sjakila's handen zijn ingesmeerd, moet ze die sluiten. Haar aanstaande schoonzus bindt de twee afzonderlijke vuisten bijeen met repen textiel, zodat er een patroon ontstaat, en wikkelt ze in zachte stukken stof, zodat de kleren en het beddengoed niet vuil worden. Ze kleedt Sjakila uit tot die nog slechts haar ondergoed aan heeft – een lange witte katoenen broek en een lang hemd – en ze legt haar op een mat midden op de vloer met een groot kussen onder haar hoofd. Dan wordt ze gevoerd met grote stukken vlees, gebakken lever en rauwe knoflookteentjes die haar zus speciaal heeft klaargemaakt voor degene die haar familie gaat verlaten.

Bibi Goel zit haar dochter te bekijken. Haar ogen volgen elke hap die de zussen in Sjakila's mond stoppen. Dan begint ze te huilen. Iedereen barst nu in tranen uit, en snikkend verzekeren ze elkaar dat Sjakila het vast heel goed zal krijgen.

Nadat Sjakila heeft gegeten, gaat ze dicht tegen Bibi Goel aanliggen. Ze ligt in de foetushouding, met haar moeder rondom haar. Ze heeft haar hele leven bij haar moeder geslapen. Dit is de laatste nacht die ze in de omhelzing van haar moeder doorbrengt. De volgende nacht is voor haar echtgenoot.

Een paar uur later wordt ze gewekt en maken haar zussen de textielrepen rond haar handen los. Ze schrapen de henna weg, en er heeft zich een oranje patroon op haar handpalmen en onder haar voeten gevormd. Sjakila wast het poppengezichtje van de vorige avond eraf en eet zoals gebruikelijk een stevig ontbijt. Gebakken spek, vlees, brood, zoete pudding en thee.

Om negen uur is ze klaar om te worden opgemaakt, gekapt en versierd. Sjakila, haar jongere zus Leila, Soeltans tweede vrouw Sonja en een nichtje gaan naar een andere flat in Mikrorayon. Hier is de schoonheidssalon, een salon die ook onder de Taliban bestond. Ook in die tijd wilden bruiden mooi worden gemaakt en als poppen worden geschminkt, al was het onwettig. Hierbij werden ze geholpen door een van de Taliban-regels. Ze kwamen de flat in hun boerka binnen en verlieten hem ook weer in hun boerka, met daaronder een nieuw gezicht.

De schoonheidsspecialiste heeft een spiegel, een stoel en een rek vol flessen en tubes, die er wat design en conditie betreft uitzien alsof ze tientallen jaren oud zijn. Aan de muren heeft ze affiches met Indiase Bollywood-sterren gehangen. De gedecolleteerde schoonheden glimlachen innemend naar Sjakila, die stevig en breeduit op de stoel zit.

Weinigen zullen durven beweren dat Sjakila een schoonheid is. Ze heeft een huid met grove poriën en gezwollen oogleden. Maar ze heeft de mooiste witte tanden die je je maar kunt voorstellen, glanzend haar en een guitige blik. Ze was de meest ge-wilde van alle dochters van Bibi Goel.

'Ik weet niet waarom ik jou zo leuk vind', had Wakil tijdens het eten bij Mariam tegen haar gezegd. 'Je bent eigenlijk niet eens mooi.' Hij had het op een liefdevolle manier gezegd, en Sja-kila vatte het op als een compliment.

Nu is ze alleen maar bang dat ze niet mooi genoeg is en haar guitige blik is verdwenen. Een bruiloft is een bloedserieuze aan-gelegenheid.

Eerst wordt haar donkere haar in houten krullers gezet. Daar-na worden haar borstelige wenkbrauwen, die zo krachtig groei-en dat ze elkaar bij de neuswortel raken, flink onder handen ge-nomen. Dat is een echt teken dat ze gaat trouwen – vóór het huwelijk mogen vrouwen hun wenkbrauwen niet epileren. Sja-kila gilt, maar de schoonheidsspecialiste gaat rustig door. De wenkbrauwen worden fraaie boogjes, en Sjakila bewondert zichzelf in de spiegel. Het lijkt wel alsof haar ogen een beetje ho-ger zijn komen te liggen.

'Als je eerder gekomen was, had ik de haren op je bovenlip ge-bleekt', zegt de schoonheidsspecialiste. Ze laat een geheimzin-nige, wat beduimelde tube zien, met de tekst 'Cream bleach for unwanted hair'. 'Maar dat redden we nu niet meer.'

Daarna smeert ze Sjakila's hele gezicht in met Perfact. Op de oogleden brengt ze een dikke laag oogschaduw aan met rode en gouden glitters. Met een kajalpotlood trekt ze een dikke lijn rond de wimpers en ze kiest een donkere bruinrode lippenstift.

'Wat ik ook doe, zo mooi als jij zal ik nooit worden', zegt Sja-kila tegen Sonja, haar jongere schoonzus. Sonja glimlacht maar wat en mompelt iets onverstaanbaars. Ze is juist bezig een jurk van lichtblauwe tule aan te trekken.

Nadat Sjakila is opgemaakt, is het Sonja's beurt voor een schoonheidsbehandeling. Ondertussen helpen de anderen Sjaki-la met haar jurk. Leila heeft haar haar ceintuur geleend, een brede elastische band, die Sjakila's taille goed moet doen uitkomen. De ochtendjurk is gemaakt van een sterk glanzende muntgroene stof, met zomen van synthetische zijde, ruches en gouden randjes. De jurk moet groen zijn, want dat is de kleur van de islam en van het geluk.

Als de jurk goed zit en Sjakila's voeten in torenhoge witte pumps met een gouden gesp geperst zijn, haalt de kapper de krullers uit het haar, dat hij vervolgens strak opbindt en met een haarspeld midden op het hoofd vastzet. Haar pony wordt met grote hoeveelheden haarspray in een krul gedraaid en half over haar voorhoofd gelegd. Dan gaat de muntgroene sluier eroverheen. Als extra versiering wordt op het allerlaatst een tiental glittertjes op het nieuwe kapsel geplakt – hemelsblauwe sterren met een gouden randje. Ook krijgt de bruid nog drie zilveren sterren op elke wang. Ze begint een beetje te lijken op de Bollywood-sterren aan de muur.

'O hemel, je doek, je doek!' roept zus Leila plotseling. 'O hemel!'

'O hemel!' herhaalt Sonja, en ze kijkt naar Sjakila, die geen spier vertrekt.

Leila staat op uit haar stoel en rent naar buiten. Ze is gelukkig niet ver van huis. Stel je toch voor, de doek vergeten, het belangrijkste van alles…

De anderen blijven achter. Leila's paniek heeft ze niet van hun stuk gebracht. Nadat ze allemaal hun haar en wangen met stickertjes beplakt hebben, gaat de boerka eroverheen. Sjakila probeert bij het aantrekken haar kapsel intact te houden. Ze trekt het ding niet strak over haar hoofd, zoals ze normaal doet, maar laat hem losjes boven op het krulhaar rusten. Daardoor zit het draadrooster niet waar het hoort – voor de ogen – maar boven op haar hoofd. Sonja en haar nicht moeten haar als een blinde de trap af voeren. Sjakila valt liever dan dat ze zonder boerka gezien wordt.

De bedekking gaat er pas weer af als ze, met een enigszins platgedrukt kapsel, is aangekomen op de binnenplaats van Mariams huis, waar de bruiloft zal worden gehouden. De gasten storten zich op Sjakila als ze binnenkomt. Wakil is nog niet gearriveerd. Op de binnenplaats krioelt het van de mensen, die al volop pilav, kebab en vleesballen aan het eten zijn. Er zijn honderden verwanten uitgenodigd. Een kok en zijn zoon hebben vanaf de vroege ochtend staan hakken, snijden, koken en roeren. Voor het bruiloftsmaal is een enorme hoeveelheid eten ingeslagen: 150 kilo rijst, 56 kilo schapenvlees, 14 kilo kalfsvlees, 42 kilo aardappelen, 30 kilo uien, 50 kilo spinazie, 35 kilo wortelen, 1 kilo knoflook, 8 kilo rozijnen, 2 kilo noten, 32 liter olie, 14 kilo suiker, 2 kilo meel, 20 eieren, verscheidene soorten kruiden, 2 kilo groene thee, 2 kilo zwarte thee, 14 kilo vruchtenbonbons en 3 kilo karamels.

Na de maaltijd verdwijnen enige tientallen mannen naar het huis van de buren, waar Wakil zich ophoudt. De laatste onderhandelingen vinden plaats. Nu gaat het om het geld en de garanties voor de toekomst. Wakil moet voor een bedrag garant staan, voor het geval hij zonder reden van Sjakila zou scheiden, en hij moet beloven dat hij haar van kleren en eten zal voorzien en haar onderdak zal bieden. Als oudere broer van Sjakila treedt Soeltan als onderhandelaar op, en het contract wordt door de mannen van beide families ondertekend.

Als ze naar tevredenheid tot een akkoord gekomen zijn, komen ze het buurhuis uit. Sjakila zit samen met haar zussen in het huis van Mariam en volgt het geheel van achter de gordijnen. Terwijl de mannen aan het onderhandelen waren, heeft zij zich omgekleed en haar witte jurk aangetrokken. Ze houdt de sluier van Sovjetrussische kant goed voor haar gezicht. Nu zit ze te wachten tot Wakil bij haar wordt binnengebracht, zodat ze samen naar buiten kunnen gaan. Hij komt bijna verlegen binnen.

Ze groeten elkaar met de blik op de grond gericht, zoals het hoort, en gaan naast elkaar naar buiten, schouder aan schouder, zonder elkaar aan te kijken. Als ze stilstaan, moeten ze beiden proberen hun voet op die van de ander te zetten. Degene die daarin slaagt wordt de baas in het huwelijk. Wakila wint, of Sjakila laat hem winnen, zoals het hoort. Het is onbehoorlijk als zij macht verovert waar ze geen recht op heeft.

Op de binnenplaats zijn twee stoelen voor ze klaargezet. Het is belangrijk dat ze daar tegelijk op gaan zitten. Als de bruidegom als eerste gaat zitten, zal de bruid hem bij alle beslissingen overheersen. Geen van tweeën wil gaan zitten, en ten slotte gaat Soeltan achter ze staan en drukt ze rustig op hun stoelen, precies tegelijk. Alle omstanders applaudisseren.

Sjakila's oudste zus, Feroza, legt een kleed half over het bruidspaar en houdt ze een spiegel voor. Daar moeten ze beiden in kijken. Volgens de traditie is dit het eerste ogenblik dat hun ogen elkaar ontmoeten. Wakil en Sjakila kijken strak in de spiegel, zoals het hoort, alsof ze elkaar nooit eerder gezien hebben. Feroza houdt de Koran boven hun hoofd, terwijl een moellah zegeningen opleest. Met gebogen hoofd zitten ze daar, terwijl ze de zegen van Allah ontvangen.

Dan wordt er een schaal voor ze neergezet met een pudding van koekkruimels, suiker en olie, gekruid met kardemom. Ze voeren elkaar met een lepel, terwijl iedereen klapt. Ze moeten ook drank in elkaars mond gieten, om te laten zien dat ze de huwelijkspartner een goed leven gunnen.

Maar niet iedereen raakt ontroerd als ze daar Fanta zitten te slurpen.

'Vroeger dronken ze bij deze ceremonie champagne', fluistert een tante, die liberaler tijden heeft meegemaakt, toen er bij bruiloften vaak wijn en champagne werd geserveerd. 'Maar die tijden zullen wel nooit terugkomen', verzucht ze. De tijden met nylonkousen, westerse jurken, korte mouwen, en vooral de tijden zonder boerka, zijn vage herinneringen.

'Een derderangs bruiloft', fluistert Soeltans oudste zoon Mansoer terug. 'Slecht eten en armzalige kleren: vleesballen en rijst, jassen en sjaals. Als ik ga trouwen, huur ik de balzaal van het hotel, en dan moet iedereen moderne kleren dragen, en laten we het beste eten serveren. Geïmporteerde gerechten', benadrukt hij. 'Ik ga trouwens in het buitenland trouwen', voegt hij eraan toe.

Het feest van Sjakila en Wakil vindt plaats in het lemen huis van Mariam en op de binnenplaats, waar niets groeit. De bruidsfoto's die worden genomen, krijgen een oorlogstintje. De muur achter het paar zit barstensvol kogelgaten en sporen van granaatsplinters. Strak voor zich uitkijkend poseren ze voor de fotografen. Het ontbreken van een glimlach en de kogelgaten achter hen geven het tafereel een tragisch karakter.

Nu staan ze bij de bruidstaart. Ze houden samen het mes vast en snijden met geconcentreerde blik. Ze voeren elkaar met bijna gesloten mond, alsof ze ertegen opzien om hem helemaal open te doen, ze knoeien en laten kruimels op elkaars kleren vallen.

Na de taart is er muziek en dans. Voor veel gasten is dit de eerste bruiloft sinds het vertrek van de Taliban uit Kaboel, dat wil zeggen de eerste bruiloft waar muziek wordt gespeeld en wordt gedanst. De Taliban ontnamen de mensen de helft van het plezier rond bruiloftsfeesten door de muziek te verbieden. Nu stort iedereen zich in de dansende massa, afgezien van bruid en bruidegom, die op hun stoelen blijven toekijken. Het is laat in de middag – vanwege de avondklok zijn de bruiloftsfeesten van de avond naar de middag verplaatst. Iedereen moet om tien uur thuis zijn.

Als de schemering valt, verlaat het bruidspaar het feest, onder luid getoeter en geroep. In een auto die met bloemen en linten is versierd, vertrekken ze naar het huis van Wakil. Wie een plaats in een auto kan veroveren, mag meerijden in het gevolg. Acht mensen persen zich in de auto van Wakil en Sjakila, en in andere auto's zijn het er nog meer. Ze rijden een rondje door de straten van Kaboel. Omdat de *eid* gevierd wordt, zijn de straten leeg, en de auto's rijden met een vaart van honderd kilometer over de rotondes, in een strijd om de voorste plaats in de stoet. Twee auto's botsen. De aanrijding zet een kleine domper op de feestvreugde, maar niemand wordt ernstig gewond. Met kapotte lampen en een gedeukte carrosserie rijden de auto's naar het huis van Wakil. Deze rit is de symbolische overgave, waarbij Sjakila haar eigen familie verlaat om te worden opgenomen in die van haar echtgenoot.

De meest nabije familie mag mee naar Wakils huis, waar zijn zussen ze met thee opwachten. Met deze vrouwen zal Sjakila de binnenplaats achter het huis delen. Hier zullen ze elkaar bij de pomp ontmoeten, hier zullen ze kleren wassen en de kippen voeren. Een paar snotjochies kijken nieuwsgierig naar de vrouw die hun nieuwe moeder wordt. Ze verbergen zich achter de rokken van hun tantes en kijken aandachtig op naar de van goud blinkende bruid. De muziek is ver weg, het gejubel is verstomd. Sjakila treedt waardig haar nieuwe huis binnen, dat heel groot is, met een hoog dak. Net als alle andere huizen in het dorp is het van leem, met zware balken in het dak. De ramen zijn van plastic. Ook Wakil durft nog niet te geloven dat er geen bommen meer komen, en wacht nog voordat hij het plastic door glas vervangt.

Iedereen doet zijn schoenen uit, en ze lopen rustig door het huis. Sjakila's voeten zijn rood en gezwollen na een dag in de nauwe witte pumps. De overgebleven gasten, de nabije familieleden, lopen de slaapkamer in. Een enorm tweepersoonsbed neemt bijna de hele ruimte in beslag. Sjakila kijkt trots naar haar aankoop, de glanzende, gladde, rode sprei met de kussens, en naar de nieuwe rode gordijnen die ze zelf genaaid heeft. Haar zus Mariam is een dag eerder gekomen en heeft de kamer in orde gemaakt, de gordijnen opgehangen, de sprei neergelegd en de bruidsversieringen aangebracht. Zelf is Sjakila nog nooit in het huis geweest dat ze nu de rest van haar leven zal bestieren.

Gedurende het hele bruiloftsfeest heeft niemand het bruidspaar een lachje zien wisselen. Nu, in haar nieuwe huis, kan Sjakila een glimlach niet onderdrukken. 'Wat heb je dat prachtig gedaan', zegt ze tegen Mariam. Voor de eerste keer in haar leven krijgt ze een eigen slaapkamer. Voor de eerste keer van haar leven zal ze in een bed slapen. Ze gaat naast Wakil op de zachte sprei zitten.

Nu moet de laatste ceremoniële handeling nog verricht worden. Een van Wakils zussen reikt Sjakila een grote spijker en een hamer aan. Ze weet wat haar te doen staat en loopt rustig naar de deur van de slaapkamer. Boven de deur slaat ze de spijker in de muur. Als ze hem er helemaal in heeft geslagen, begint iedereen te klappen. De spijker symboliseert dat ze haar lot vast aan het huis verbindt.

De volgende dag, vóór het ontbijt, komt de tante van Wakil bij Bibi Goel, de moeder van Sjakila. In haar tas heeft ze de doek die Leila bijna vergeten had – het belangrijkste van alles. De oude vrouw haalt hem voorzichtig tevoorschijn en geeft hem aan Sjakila's moeder. Hij zit vol bloed. Bibi Goel bedankt haar en glimlacht, terwijl de tranen over haar gezicht stromen. Ze zegt snel een dankgebedje. Alle vrouwen van het huis rennen toe om te kijken, en Bibi Goel toont de doek aan iedereen die hem wil zien. Zelfs de dochtertjes van Mariam mogen het bebloede kledingstuk zien.

Als er geen bloed was geweest, zou Sjakila naar het huis van haar familie teruggestuurd zijn in plaats van de doek.

De matriarch

Een bruiloft is als een klein sterfgeval. In de familie van de bruid wordt de eerste dagen na de bruiloft getreurd als op een begrafenis. Men heeft een dochter verloren, verkocht of weggegeven. Vooral de moeders treuren. Die hebben altijd de volledige controle over hun dochters gehad, ze wisten waar ze heen waren, wie ze ontmoetten, wat ze aanhadden en wat ze gegeten hadden. Ze hebben vrijwel het hele afgelopen etmaal samen doorgebracht, zijn samen opgestaan, hebben samen het huis geveegd en samen het eten klaargemaakt. Na de bruiloft verdwijnt de dochter, ze gaat van de ene familie over naar de andere. Volledig. Ze kan niet zomaar haar oude huis bezoeken – alleen als haar man haar toestemming geeft. Haar familie kan ook niet zonder uitnodiging naar haar nieuwe huis komen.

In een flat in blok 37 van de wijk Mikrorayon zit een moeder te treuren om haar dochter, die nu een uur gaans verwijderd woont. Maar het maakt niet uit of Sjakila nu in het dorp Deh Khoedaidad vlak buiten Kaboel is, of dat ze in een vreemd land duizenden mijlen over zee zit. Zolang ze niet op de matras naast haar thee zit te drinken en suikeramandelen eet, is het even triest.

Bibi Goel kraakt nog een amandel. Ze heeft de amandelen onder haar matras verstopt, zodat Leila ze niet zal vinden. Die heeft tot taak erop te letten dat haar moeder zich niet dood eet. Als een verpleegster in een afslankingskliniek weigert Leila haar moeder suiker en vet te geven, en ze rukt haar het eten uit de handen als ze stiekem probeert iets te pakken wat ze niet mag hebben. Als Leila tijd heeft, kookt ze speciaal eten zonder vet voor haar moeder. Maar als Leila het niet ziet, giet Bibi Goel het vet van de borden van de anderen over haar eigen eten. Ze is dol op de smaak van spijsolie, warm schapenvet en gefrituurde pakora's, en vindt het heerlijk om aan het eind van de maaltijd het merg uit de botten te zuigen. Eten geeft haar een gevoel van geborgenheid. Als ze zich na het avondeten niet verzadigd voelt, staat ze 's nachts vaak op om kommen leeg te likken en pannen uit te schrapen. Ondanks de inspanningen van Leila valt Bibi Goel nooit een gram af. Integendeel, ze neemt elk jaar in omvang toe. Bovendien heeft ze overal haar kleine bergplaatsen, in oude kisten, onder een paar dekens, achter een doos, of in haar tas. Daarin bewaart ze haar roomkaramels – uit Pakistan afkomstige karamels met een vreemde kleur, melig en korrelig, van de goedkoopste soort, flauw van smaak, soms zelfs ranzig. Maar het zijn roomkaramels, er staat een foto van een koe op de verpakking, en niemand kan horen dat ze erop zuigt.

De amandelen moet ze daarentegen in stilte kraken. Bibi Goel heeft medelijden met zichzelf. Ze is alleen in de kamer. Ze zit op haar mat en schommelt heen en weer, terwijl ze de amandelen in haar hand verborgen houdt. Ze staart uitdrukkingsloos voor zich uit. In de keuken staan een paar pannen te rammelen. Binnenkort zijn alle dochters het huis uit. Sjakila is al weg, en Boelboela staat op het punt om te vertrekken. Ze weet niet wat ze moet doen als Leila ook nog verdwijnt. Niemand zal zich meer om haar bekommeren.

'Leila krijgen ze alleen over mijn lijk', zegt ze over haar negentienjarige dochter. Velen hebben al om haar hand gevraagd, maar Bibi Goel heeft altijd nee gezegd. Want niemand zal zich zo over haar ontfermen als Leila.

Zelf voert Bibi Goel geen klap meer uit. Ze zit in haar hoekje thee te drinken en na te denken. Haar arbeidzame leven is voorbij. Als de dochters van een vrouw volwassen zijn, is ze een soort leidster van het huis geworden, die raad geeft, huwelijken arrangeert en de moraal van de familie bewaakt, dat wil zeggen allereerst de moraal van haar dochters. Ze let erop dat ze niet alleen uitgaan, dat ze zich fatsoenlijk bedekken, dat ze geen mannen van buiten de familie ontmoeten, dat ze gehoorzaam en beleefd zijn. Beleefdheid is volgens Bibi Goel de grootste deugd. Na Soeltan is zij degene met de meeste macht in de familie. Opnieuw gaan haar gedachten uit naar Sjakila, die zich nu achter hoge lemen muren bevindt. Vreemde muren. Ze ziet haar voor zich – bezig zware emmers omhoog te trekken uit de put op de binnenplaats, met kippen en tien moederloze kinderen om zich heen. Bibi vreest dat ze een fout heeft gemaakt. Stel dat hij onaardig is. En de flat is zo leeg zonder Sjakila...

Het flatje is eigenlijk nauwelijks leger geworden zonder Sjakila. In plaats van twaalf wonen er nu elf mensen in de vier kamers. In een van de kamers slapen Soeltan, Sonja en hun eenjarige dochtertje. In de tweede kamer slapen Soeltans broer Joenoes en de oudste zoon Mansoer, en in de derde de rest: Bibi Goel, haar twee ongetrouwde dochters Boelboela en Leila, Soeltans twee jongste zoons Ekbal en Aimal, en hun neef – haar kleinkind – Fazil, de zoon van Mariam.

De vierde kamer is een bergplaats voor boeken en ansichtkaarten, rijst en brood en voor winterkleren in de zomer en voor zomerkleren in de winter. De kleren zitten in grote dozen, want in geen enkele kamer staan kasten. Elke dag gaat er veel tijd heen met zoeken. Staand of zittend op dozen taxeren de vrouwen van de familie kledingstukken, schoenen, een scheve tas, een kapot kistje, een strik, een schaar of een doek. Het bestudeerde voorwerp wordt ofwel waardig bevonden om te worden gebruikt, of het wordt alleen maar bekeken en weer weggelegd. Slechts zelden wordt er iets weggegooid, zodat er steeds meer dozen bijkomen. Elke dag wordt de boel in de berging een beetje verplaatst: alles moet van zijn plaats als iemand zoekt naar iets wat helemaal onderaan staat.

Behalve de zware dozen met kleren en oude troep staat er voor ieder familielid ook nog een eigen kist met een slot. De vrouwen dragen de sleutel altijd bij zich, verborgen in hun jurk.

De kist is hun enige privé-bezit, en elke dag kun je ze over hun kist gebogen zien zitten, terwijl ze er een sieraad uithalen, het bekijken, het misschien even aandoen, zich insmeren met een crème waarvan ze vergeten waren dat ze die hadden, of aan een parfum ruiken die iemand ze ooit gegeven heeft. Misschien naar een foto van een neef kijken en wegdromen, of, zoals Bibi Goel, een paar roomkaramels of een weggestopt koekje pakken.

Soeltan heeft een boekenkast met een slot. De kast heeft glazen deuren, zodat je de banden kunt zien. Er staan dichtbundels van Hafez en Roemi in, eeuwenoude reisbeschrijvingen en gerafelde atlassen. Op geheime plekken tussen de bladzijden verbergt hij ook zijn geld. Er is geen betrouwbaar bankwezen in Afghanistan. In deze kast bewaart Soeltan zijn dierbaarste werken, boeken met handgeschreven opdrachten, boeken die hij ooit nog hoopt te kunnen lezen. Maar meestal is Soeltan de hele dag in de boekhandel te vinden. Hij gaat vóór achten van huis en komt om acht uur 's avonds weer terug. Dan is er alleen nog wat tijd over om met Latifa te spelen, te eten en nog wat knopen door te hakken als er in zijn afwezigheid iets in de familie gebeurd is. Maar dat is zelden het geval, want de vrouwen in huis leiden een rustig leven, en Soeltan vindt het beneden zijn waardigheid om hun onderlinge geschillen op te lossen.

In het onderste gedeelte van de kast bewaart Sonja haar spullen. Een paar mooie sjaals, sieraden, wat geld, het speelgoed dat Latifa heeft gekregen maar dat zij als piepjonge vrouw uit een eenvoudiger milieu te mooi vindt om ermee te spelen. De namaakbarbiepop die Latifa op haar eerste verjaardag heeft gekregen, is boven op de kast geplaatst, nog steeds in het gekreukte plastic.

De boekenkast is het enige meubelstuk in de flat; de familie heeft radio noch tv. De enige aankleding van de kale kamers bestaat uit wat dunne matrassen langs de muren, met grote, harde kussens. De matrassen worden 's nachts gebruikt om op te slapen en overdag om op te zitten. Op de kussens rust 's nachts hun hoofd en overdag dienen ze als ruggensteun. Voor het eten wordt er een zeil op de grond gelegd. Daar zitten ze in kleermakerszit omheen, terwijl ze met hun vingers eten. Na de maaltijd wordt het zeil schoongemaakt en weer opgerold.

De kamers hebben koude stenen vloeren, die bedekt zijn met grote tapijten. De muren zitten vol scheuren. De deuren hangen scheef, er zijn er veel die niet dicht kunnen en daarom maar openstaan. Tussen sommige kamers hangt alleen maar een laken. De gaten in de ramen zijn dichtgepropt met oude handdoeken.

In de keuken is een aanrecht, en op de grond staan een primus en een kookplaat. In de vensterbanken liggen diverse groenten en de restjes van de vorige dag. Voor de planken hangt een doek, om het servies tegen het vuil van de primus te beschermen. Maar hoe ze ook proberen om de boel schoon te houden, altijd ligt er op het aanrecht en op alle planken en vensterbanken een vettig laagje, dat bedekt is met het eeuwige zandstof van Kaboel.

De badkamer en het toilet vormen een kleine ruimte die door een muur van de keuken is gescheiden. Het zijn in feite niet meer dan een gat in de cementen vloer en een kraan. In een hoek staat een houtoven, waarop het waswater warm gemaakt kan worden. Er staat ook een grote watertank, die gevuld wordt als er water in de leiding is. Boven de tank is een klein rek bevestigd, waarin een fles shampoo ligt, een stuk zeep dat altijd zwart is, een paar tandenborstels en een tube Chinese tandpasta – een korrelige massa met een ondefinieerbare, chemisch aandoende smaak.

'Ooit was dit een mooie flat', herinnert Soeltan zich. 'We hadden water, stroom, platen aan de muur, alles.'

Maar tijdens de burgeroorlog werd de flat geplunderd en brandde hij uit. Toen de familie terugkwam, was het één grote puinhoop, en ze moesten de gebreken zo goed en zo kwaad als dat ging verhelpen. Het oudste deel van Mikrorayon, waar de familie Khan woont, lag in de frontlijn tussen de strijdkrachten van de moedjahedienheld Massoed en die van de gehate Goelboeddin Hekmatyar. Massoed had grote delen van Kaboel in handen, terwijl Hekmatyar met zijn mannen op een heuvel buiten de stad stond. Ze schoten op elkaar met raketten, waarvan er vele in Mikrorayon landden. Op een andere heuvel bevond zich de Oezbeek Abdoel Rasjid Dostoem, en op een derde hoogte de fundamentalist Abdoel Rasoel Sayyaf. De raketten van hun troepen kwamen in andere wijken terecht. De fronten bewogen zich van straat tot straat. De krijgsheren vochten vier jaar, totdat de Taliban ten slotte Kaboel binnenreden en de krijgsheren op de vlucht sloegen voor de religieuze studenten.

Zes jaar nadat de strijd verstomd is, lijkt Mikrorayon nog steeds op een slagveld. De gebouwen zitten vol gaten van kogels en granaten. Veel huizen hebben plastic ramen in plaats van ramen van glas. In de daken van de flats zitten scheuren en de bovenste etages zijn vaak gapende gaten doordat er raketten op terecht zijn gekomen, die brand hebben veroorzaakt. Een paar van de felste gevechten tijdens de burgeroorlog vonden in Mikrorayon plaats, en de meeste inwoners sloegen op de vlucht. Op de Maranjanheuvel bij Mikrorayon, waar de strijdkrachten van Hekmatyar zich bevonden, is sinds de burgeroorlog nog niets opgeruimd. Raketplatforms, gebombardeerde voertuigen en tanks liggen over het terrein verspreid, op een kwartiertje lopen vanaf het huis van de familie Khan. Dit was ooit een geliefde picknickplaats. Hier bevindt zich de graftombe van Nadir Sjah, de vader van Zahir Sjah, die in 1933 bij een aanslag vermoord werd. Nu is van het grafmonument alleen nog een ruïne over, de koepel zit vol gaten, de zuilen zijn gebroken. Het bescheidener monument van zijn vrouw, de koningin, ligt er vlak naast en is er nog erger aan toe. Op een plateau steekt het als een skelet boven de stad uit. De grafsteen ligt geheel in stukken. Sommigen hebben geprobeerd de fragmenten bijeen te leggen, zodat men kan raden welk Korancitaat er gestaan heeft.

De hele heuvelrug ligt bezaaid met mijnen, maar tussen de kapotte rakethulzen en het schroot is nog iets te vinden dat aan vreedzamer tijden herinnert. Binnen een rij ronde stenen groeien oranje goudsbloemen, het enige op de Maranjanheuvel dat de burgeroorlog, de droogte en de Taliban heeft overleefd.

Vanaf de heuvel, op een flinke afstand, ziet Mikrorayon eruit als een willekeurige plek in de voormalige Sovjet-Unie. De gebouwen zijn dan ook een geschenk van de Russen. In de jaren vijftig en zestig werden er sovjetingenieurs naar Afghanistan gestuurd om de zogenaamde Chroesjtsjov-blokken neer te zetten waarmee de Sovjet-Unie werd volgebouwd en die op precies dezelfde manier in Kaboel verrezen als in Kaliningrad en Kiev. Blokken van vijf verdiepingen, verdeeld in kleine flats van twee, drie of vier kamers.

Als je dichterbij komt, zie je dat de sjofele indruk niet het resultaat is van gewoon sovjetverval, maar van kogels en oorlogsschade. Zelfs de betonnen banken voor de hoofdingangen zijn kapot en liggen als wrakken langs de aarden wegen, die ooit geasfalteerd waren maar nu vol gaten zitten.

In Rusland zitten de baboesjka's op deze banken, oude vrouwtjes met hun stok, behaarde bovenlip en hoofddoekje, die alles en iedereen rondom de huizenblokken in de gaten houden. In Mikrorayon zijn het alleen de oude mannen die voor de flats zitten te praten, terwijl ze de gebedsketens door hun handen laten glijden. Ze zitten onder de weinige bomen die overeind zijn gebleven en die een schamele schaduw geven. De vrouwen haasten zich voorbij, met hun boodschappentassen onder hun boerka. Het komt zelden voor dat je een vrouw stil ziet staan om een praatje met de buren te maken. In Mikrorayon gaan vrouwen bij elkaar op bezoek wanneer ze willen praten, en ze letten er goed op dat geen man van buiten de familie hen ziet.

Ook al zijn de huizen gebouwd volgens het Russische gelijkheidsideaal, toch heeft dat geen gelijkheid gebracht, binnen noch buiten de huismuren. Hoewel de huizenblokken werden gebouwd vanuit de gedachte dat daarmee klasseloze flats in een klasseloze maatschappij geschapen werden, werd Mikrorayon beschouwd als een woonwijk voor de middenklasse. Toen de woningen gebouwd werden, verschafte het een gezin een bepaalde status als het van de lemen huizen in de dorpen rond Kaboel verhuisde naar een flat met stromend water. Er kwamen ingenieurs en leraren wonen, en winkeliers en vrachtwagenchauffeurs. Maar het woord middenklasse betekent niet veel in een land waar de meesten alles verloren hebben en waar bijna alles is verslechterd. Het ooit zo benijdenswaardige stromende water is de laatste jaren een farce. Op de begane grond is er elke ochtend een paar uur lang water in de leidingen. Op de eerste verdieping komt er soms water, maar op de bovenste verdiepingen nooit – de druk is te laag. Buiten zijn putten gegraven, en elke dag loopt een stroom kinderen de trappen op en af met emmers, flessen en ketels.

Ook de elektriciteit, ooit de trots van deze huizenblokken, is grotendeels uitgeschakeld. Vanwege de droogte is de stroom sterk gerantsoeneerd. Om de andere dag hebben de flats vier uur stroom, tussen zes en tien uur 's avonds. Als de ene wijk stroom heeft, zit een andere wijk zonder. Soms heeft niemand stroom. Dan is het een kwestie van olielampen tevoorschijn halen en in het halfduister zitten, terwijl de zurige walm pijn doet aan je ogen en je tranen doet lopen.

In een van de oudste huizenblokken, bij de uitgedroogde Kaboelrivier, woont de familie Khan. Hier zit Bibi Goel, opgesloten tussen gescheurde muren, te somberen over het leven, ver verwijderd van het dorp waar ze is opgegroeid. Bibi Goel is niet meer gelukkig geweest sinds de dood van haar man. Volgens zijn nakomelingen was hij een hardwerkende man, diep religieus, streng maar rechtvaardig.

Na de dood van zijn vader nam Soeltan de troon over. Nu is zíjn woord wet. Wie hem niet gehoorzaamt, wordt gestraft, eerst met een mondelinge afstraffing, dan met een lichamelijke. Hij heerst niet alleen over zijn huisgenoten, maar hij probeert ook de zeggenschap te handhaven over zijn broers en zussen die het huis verlaten hebben. Zijn twee jaar jongere broer kust zijn hand als ze elkaar ontmoeten, en wee zijn gebeente als hij Soeltan durft te weerspreken, of erger nog, als hij eerder dan Soeltan een sigaret opsteekt. De oudste moet in alle opzichten gerespecteerd worden.

Als iemand zich niets aantrekt van een terechtwijzing of een lijfstraf, volgt een andere straf: de afwijzing. Met een van zijn jongere broers, Farid, spreekt Soeltan niet meer, en hij zwijgt hem dood. Sinds Farid heeft geweigerd om in Soeltans boekhandel te werken, en zijn eigen boekhandel en boekbinderij is begonnen, heeft Soeltan geen woord met hem gewisseld. en de andere familieleden mogen dat al evenmin. Farids naam mag niet worden genoemd. Hij is Soeltans broer niet meer.

Farid woont ook in een van de gebombardeerde flats van Mikrorayon, een paar minuten lopen verwijderd. Vaak als Soeltan in zijn winkel is, bezoekt Bibi Goel Farid en zijn familie, zonder dat Soeltan het weet. En zijn broers en zussen doen precies zo. Ondanks het verbod nam Sjakila een uitnodiging van haar broer aan om hem vóór haar bruiloft te bezoeken. Ze bracht een hele avond bij hem door nadat ze tegen Soeltan had gezegd dat ze naar een tante ging. Voordat een meisje trouwt, moeten alle verwanten haar uitnodigen voor een afscheidsmaaltijd. Voor familiefeesten wordt Soeltan uitgenodigd, zijn broer niet. Geen van de neven en nichten en ooms en tantes wil ruzie met Soeltan, want dat is onaangenaam en nadelig. Maar Farid vinden ze veel aardiger.

Niemand weet nog wat er precies gebeurd is tussen Soeltan en Farid, behalve dat Farid kwaad bij zijn broer is weggelopen, terwijl Soeltan hem achternariep dat de banden tussen hen voor eeuwig verbroken waren. Bibi Goel smeekt ze allebei om zich te verzoenen, maar de twee broers halen alleen hun schouders op. Soeltan omdat het altijd aan de jongste is om zijn excuses aan te bieden, en Farid omdat hij vindt dat de fout bij Soeltan ligt.

Bibi Goel heeft dertien kinderen gebaard. Toen ze veertien was, kreeg ze haar eerste dochter, Feroza. Eindelijk kreeg haar leven zin. Ze had zich door de eerste jaren als kindbruid heen gehuild, maar nu werd het leven beter. Er was nooit sprake van geweest dat Feroza als oudste dochter naar school zou gaan. De familie was arm, en Feroza droeg water, maakte schoon en paste op haar kleine broertjes en zusjes. Als vijftienjarige werd ze uitgehuwelijkt aan een man van veertig. Hij was rijk en Bibi Goel dacht dat rijkdom geluk zou brengen. Feroza was een mooi meisje, en ze kregen maar liefst twintigduizend afghani voor haar.

De twee volgende kinderen stierven toen ze heel jong waren. Een kwart van de kinderen in Afghanistan sterft voor het vijfde levensjaar. Het land kent de hoogste kindersterfte ter wereld. De kinderen sterven aan mazelen, de bof, verkoudheid, maar vooral aan diarree. Veel ouders geloven dat ze hun kind niets moeten geven als het diarree heeft, omdat het er toch weer uit komt. Ze denken dat ze de ziekte kunnen uitdrogen, een misverstand dat duizenden kinderlevens heeft gekost. Bibi Goel kan zich niet meer herinneren waaraan de twee gestorven zijn. 'Ze gingen gewoon dood', zegt ze.

Toen kwam Soeltan, haar geliefde Soeltan, de geachte Soeltan. Toen Bibi Goel eindelijk een zoon kreeg die opgroeide, verbeterde dat haar positie binnen haar schoonfamilie aanzienlijk. De waarde van een bruid ligt in haar maagdelijkheid, de waarde van een echtgenote in het aantal zonen dat ze baart.

Als oudste zoon kreeg Soeltan altijd het beste, ook al was de familie nog steeds arm. Het geld dat ze voor Feroza kregen, kwam goed van pas voor Soeltans schoolopleiding. Vanaf zijn vroegste jeugd kreeg hij een toonaangevende rol in de familie en vertrouwde zijn vader hem verantwoordelijke taken toe. Reeds als zevenjarige had hij een volledige baan naast zijn school.

Een paar jaar na Soeltan kwam Farid, een wildebras die altijd in vechtpartijen verwikkeld raakte en met gescheurde kleren en een bloedneus thuiskwam. Hij dronk en rookte, natuurlijk zonder dat zijn ouders het zagen, maar was de vriendelijkheid zelve als hij niet kwaad was. Bibi Goel vond een vrouw voor hem en nu is hij getrouwd en heeft hij twee dochters en een zoon. Maar hij is dus verbannen uit de flat in blok 37 van Mikrorayon. Bibi Goel zucht. Haar hart breekt bijna van de ruzies tussen haar twee oudste zoons. Ze begrijpt niet dat ze maar niet tot rede kunnen komen.

Na Farid kwam Sjakila. De vrolijke, aardige, sterke Sjakila. Bibi Goel plengt een traan. Ze ziet haar dochter voor zich, slepend met zware emmers water.

Toen kwam Nesar Ahmad. Als Bibi Goel aan hem denkt, beginnen de tranen nog harder te stromen. Nesar Ahmad was rustig, vriendelijk en goed op school. Hij ging naar het gymnasium in Kaboel en wilde ingenieur worden, net als Soeltan. Maar op een dag kwam hij niet thuis. Zijn klasgenoten vertelden dat de militaire politie de sterkste jongens uit de klas had meegenomen als gedwongen rekruten voor het leger. Dat was tijdens de bezetting door de sovjets, toen de Afghaanse regeringsstrijdkrachten als steuntroepen van het sovjetleger fungeerden. Ze werden in de voorhoede tegen de moedjahedien ingezet. De moedjahedien hadden betere soldaten, ze kenden het terrein en verschansten zich in de bergen. Daar wachtten ze op het moment dat de Russen en hun Afghaanse handlangers de bergpassen zouden binnenrijden. In een van die bergpassen verdween Nesar Ahmad. Bibi Goel denkt dat hij nog in leven is. Misschien is hij gevangengenomen. Misschien heeft hij zijn geheugen verloren, misschien heeft hij ergens een goed bestaan gevonden. Elke dag bidt ze tot Allah dat hij terugkomt.

Na Nesar Ahmad kwam Boelboela, die ziek werd van verdriet toen haar vader gevangen werd gezet, en die zo'n beetje de hele dag thuiszit, wezenloos voor zich uitstarend.

Meer pit zat er in Mariam, die een paar jaar later werd geboren. Het was een flink kind, ijverig en een kei op school. Ze groeide op tot een mooi meisje en kreeg algauw een massa vrijers achter zich aan. Op haar achttiende werd ze uitgehuwelijkt aan een jongen uit hetzelfde dorp. Die had een winkel, en hij leek Bibi Goel een goede partij. Mariam trok in zijn huis, waar ook zijn broer en moeder woonden. Er was veel te doen omdat de moeder haar handen niet meer kon gebruiken. Die had ze verbrand in een bakkersoven. Een paar vingers waren helemaal verdwenen en andere waren samengesmolten. Ze heeft nog twee halve duimen, zodat ze zelf kan eten en eenvoudig werk kan doen zoals op de kinderen passen en voorwerpen dragen als ze die tegen haar lichaam aanhoudt.

Mariam was gelukkig in haar nieuwe huis. Totdat de burgeroorlog kwam. Toen een van haar nichten zou gaan trouwen in Jalalabad, nam de familie de gelegenheid te baat om daarheen te gaan, ondanks het gevaar op de weg. Haar man, Karimoellah, zou in Kaboel achterblijven om op de winkel te passen. Maar toen hij die op een ochtend wilde opendoen, belandde hij in een kruisvuur. Een kogel trof hem recht in zijn hart en hij was op slag dood.

Mariam huilde drie jaar lang. Uiteindelijk besloten Bibi Goel en de moeder van Karimoellah dat ze uitgehuwelijkt zou worden aan de broer van haar omgekomen man, Hazim. Ze kreeg de zorg voor een nieuw gezin en ze vermande zich omwille van haar man en de twee kinderen. Nu is ze zwanger van haar vijfde kind. De oudste zoon uit haar huwelijk met Karimoellah, Fazil van tien, werkt al. Hij sleept met dozen en verkoopt boeken in een van Soeltans boekwinkels, en woont bij hem, om Mariam te ontlasten.

Na Mariam kwam Joenoes, Bibi Goels lievelingszoon. Hij vertroetelt haar, koopt kleinigheden voor haar, vraagt of ze iets nodig heeft, en hij legt vaak zijn hoofd in haar schoot, na het avondeten thuis, als iedereen wat ligt te soezen op de matras. Joenoes is de enige van wie zijn moeder precies de geboortedatum weet, want hij werd geboren op de dag dat Zahir Sjah ten val werd gebracht bij de staatsgreep van 17 juli 1973.

De andere kinderen hebben geen geboortedatum of geboortejaar. In Soeltans documenten varieert zijn geboortejaar van 1947 tot 1955. Als Soeltan zijn kinderjaren, schooljaren, studiejaren, de eerste oorlog, de tweede oorlog en de derde oorlog bij elkaar optelt, komt hij op een getal ergens voor in de vijftig. Op die manier rekent iedereen zijn of haar leeftijd uit. En omdat niemand het helemaal zeker weet, kun je de leeftijd aannemen die je wilt. Zo kan Sjakila zeggen dat ze dertig is, terwijl ze best vijf of zes jaar ouder kan zijn.

Na Joenoes kwam Basir. Die woont in Canada. Zijn moeder had een huwelijk voor hem gearrangeerd met een familielid daar. Ze heeft hem niet meer gezien of gesproken sinds hij twee jaar geleden trouwde en verhuisde. Bibi Goel plengt opnieuw een traan. Ver van je kinderen verwijderd zijn is voor haar het ergste dat er is. Haar kinderen zijn het enige wat ze heeft, afgezien van de geglaceerde amandelen op de bodem van haar kist.

De laatstgeboren zoon is de oorzaak van Bibi Goels vraatzucht. Een paar dagen na zijn geboorte moest ze hem afstaan aan een kinderloos familielid. Haar melk sijpelde door haar kleren en ze huilde. Een vrouw heeft pas waarde als ze moeder is, het liefst van zoons. Krijg je geen kinderen, dan word je niet naar waarde geschat. Toen het familielid van Bibi Goel vijftien jaar kinderloos was, tot Allah gebeden had, wanhopig geworden was, alle mogelijke medicijnen had geprobeerd en allerlei adviezen had opgevolgd, en Bibi Goel haar tiende kind verwachtte, vroeg zij haar of zij het mocht hebben.

Bibi Goel weigerde. 'Ik kan mijn kind niet weggeven.'

Haar familielid bleef smeken, jammeren en dreigen. 'Heb medelijden met mij, jij hebt al een hele rij kinderen, en ik heb er niet een. Geef deze aan mij. Ik kan niet leven zonder kind', snikte ze.

Ten slotte beloofde Bibi Goel het kind aan haar. Toen haar zoon werd geboren, hield ze hem twintig dagen bij zich. Ze gaf hem de borst, vertroetelde hem en huilde omdat ze hem moest afstaan. Bibi Goel was een belangrijke vrouw geworden vanwege haar kinderen en wilde er het liefst zo veel mogelijk hebben. Behalve haar kinderen had ze niets. Na de afgesproken twintig dagen gaf ze hem aan haar verwante, en hoewel de melk bleef stromen, mocht ze hem niet meer de borst geven. Hij moest geen band krijgen met zijn moeder, die van nu af aan niet meer dan een ver familielid zou zijn. Ze weet dat het goed met hem gaat, maar ze treurt nog steeds over het verlies van haar zoon. Als ze hem tegenkomt, moet ze doen alsof hij haar zoon niet is. Dat heeft ze beloofd toen ze hem afstond.

Bibi Goels jongste dochter is Leila. Flinke, ijverige Leila, die het grootste deel van de huishouding doet. Als de hekkensluiter van negentien jaar staat zij helemaal onder aan de ladder. Ze is de jongste, ongetrouwd, en een meisje.

Toen Bibi Goel zo oud was als zij nu, had ze al vier kinderen gebaard, van wie er twee stierven en twee bleven leven. Maar daar denkt ze nu niet aan. Nu denkt ze eraan dat de thee koud geworden is en zijzelf ook. Ze verstopt de amandelen onder haar matras en ze wil dat iemand haar wollen sjaal haalt.

'Leila!!' roept ze. Leila, die bij haar pannen zit, komt overeind.

Verleidingen

Ze komt samen met het zonlicht naar binnen. Een golf van lieflijkheid stroomt de duistere ruimte binnen. De doezelende Mansoer schiet wakker en scherpt zijn slaperige blik bij het zien van het schepsel dat langs de rekken sluipt.

'Kan ik helpen?'

Hij weet meteen dat hij tegenover een knappe jonge vrouw staat. Hij ziet het aan haar houding, haar voeten, haar handen, de manier waarop ze haar tas draagt. Ze heeft lange, bleke vingers.

'Hebben jullie *Chemie voor gevorderden*?'

Mansoer trekt zijn meest professionele boekhandelaarsgezicht. Hij weet dat hij het boek niet heeft, maar hij nodigt haar uit om achter in de winkel te komen zoeken. Hij staat vlak naast haar en zoekt in de rekken, terwijl haar parfum zijn neus kietelt. Hij strekt en buigt zich, doet alsof hij zoekt. Af en toe draait hij zich naar haar om en probeert een glimp van haar ogen op te vangen. Van het boek heeft hij nooit gehoord.

'Helaas is het uitverkocht, maar ik heb een paar exemplaren thuis. Kun je morgen terugkomen? Dan zal ik ze voor je meenemen.'

De hele volgende dag wacht hij op het wonder, zonder het chemieboek, maar met een plan. Hoe langer hij wacht, des te meer fantaseert hij erop los. Totdat de schemering valt en hij de winkel sluit. Gefrustreerd gooit hij het metalen rooster dat 's nachts de gebarsten winkelruiten beschermt, op zijn plaats.

De volgende dag zit hij achter de toonbank te mokken. Het is halfduister in het lokaal, ze hebben geen elektriciteit. Waar de zonnestralen naar binnen schijnen, zie je de stofjes zweven, wat de ruimte een nog troostelozer aanzien geeft. Als er klanten naar een boek komen vragen, antwoordt Mansoer stuurs dat ze het niet hebben, ook al staat het recht tegenover hem op de plank. Hij vervloekt het feit dat hij aan de boekhandel van zijn vader gebonden is, dat hij zelfs op vrijdag geen vrij heeft, dat zijn vader hem niet laat studeren. Hij haat de stoffige werken op de planken. Eigenlijk haat hij alle boeken, dat heeft hij altijd gedaan – sinds hij van school is, heeft hij niet één boek meer uitgelezen.

Plotseling wordt hij uit zijn sombere humeur gewekt door lichte voetstappen en het ruisen van zware stof. Daar staat ze, net als de vorige keer, midden in een zonnestraal waarin het stof van de boeken rondom haar danst. Mansoer onderdrukt zijn neiging om op te springen en trekt opnieuw zijn boekhandelaarsgezicht.

'Ik heb op je gewacht, gisteren', zegt hij op professionele, welwillende toon. 'Ik heb het boek thuis, maar ik wist niet wat voor uitgave, band of prijsklasse je wilde. Er zijn zoveel oplagen van verschenen, en ik kon ze niet allemaal meenemen. Dus wat zeg je ervan om met me mee te gaan en uit te zoeken wat voor uitgave je wilt hebben?'

De boerka kijkt hem verwonderd aan. Ze friemelt wat onzeker aan haar tas.

'Met jou mee naar huis?'

Ze staan een ogenblik stil. Zwijgen is de beste manier van overtuigen, denkt Mansoer, maar hij trilt van de zenuwen. Het is een gewaagd voorstel dat hij gedaan heeft.

'Je hebt het boek toch nodig, nietwaar?' zegt hij ten slotte.

Wonder boven wonder gaat ze mee. Het meisje gaat op de achterbank zitten, maar zo, dat ze hem in de spiegel kan zien. Mansoer probeert onder het praten haar blik op te vangen.

'Mooie auto', zegt ze. 'Is die van jou?'

'Ja, maar het is niet veel bijzonders', antwoordt Mansoer nonchalant. Zo lijkt de auto nog mooier, en hij nog rijker.

Hij rijdt zomaar wat rond door de straten van Kaboel met een boerka op de achterbank. Hij heeft immers geen boek, en thuis zitten bovendien zijn grootmoeder en al zijn tantes. Dat hij hier zit, met de onbekende zo dichtbij, maakt hem zenuwachtig en opgewonden. In een vlaag van overmoed vraagt hij of hij haar gezicht mag zien. Een paar seconden blijft ze stokstijf zitten, dan licht ze het voorstuk van de boerka op en kijkt hem via de spiegel strak aan. Hij wist het: ze is heel mooi, met prachtige, grote, donkere, opgemaakte ogen, een paar jaar ouder dan hij. Doordat hij het gesprek steeds een nieuwe draai geeft en door zijn overrompelende charme en overredingsvermogen vergeet ze het scheikundeboek totaal. Hij nodigt haar uit voor een etentje in een restaurant. Hij parkeert de auto en sluipt naar buiten, de trap van restaurant Marco Polo op. Daar bestelt hij het hele menu, gegrilde kip op een spies, kebab, mantoe – Afghaanse noedels gevuld met vlees – pilav met zware stukken lamsvlees, en pistachepudding als dessert.

Tijdens de lunch probeert hij haar aan het lachen te maken, haar te laten voelen dat ze een uitverkorene is, haar meer te laten eten. Ze zit met de boerka over haar hoofd en met haar rug naar de andere tafels, in een hoekje van het restaurant. Vork en mes laat ze liggen – net als de meeste Afghanen eet ze met haar vingers. Ze vertelt over haar leven, haar familie, haar studie, maar Mansoer hoort het niet, hij is te opgewonden. Zijn eerste date. Zijn volstrekt onwettige date. Hij geeft de obers een enorme fooi als ze weggaan, de studente zet grote ogen op. Hij ziet aan haar jurk dat ze niet rijk is maar ook niet arm. Mansoer moet zich haasten om op tijd weer in de winkel te zijn. De boerka springt in een taxi, iets wat onder de Taliban tot zweepslagen en gevangenisstraf voor haarzelf en voor de chauffeur had kunnen leiden. De bijeenkomst in het restaurant zou onmogelijk geweest zijn, een man en een vrouw die geen familie van elkaar waren hadden niet samen op straat mogen lopen, en de boerka in de openbaarheid afleggen had nog veel minder gekund. De dingen zijn veranderd. Gelukkig voor Mansoer. Hij belooft haar het boek de volgende dag te zullen brengen.

De hele volgende dag loopt hij te bedenken wat hij zal zeggen als ze terugkomt. Hij moet van tactiek veranderen en niet meer optreden als boekhandelaar maar als verleider. Mansoers enige kennis van de taal der liefde heeft hij opgedaan uit Indiase en Pakistaanse films, waar de ene dramatische uitspraak wordt gevolgd door de andere. De films beginnen met een ontmoeting, gevolgd door scènes vol haat, bedrog en teleurstellingen, en eindigen met rooskleurige woorden over eeuwige liefde – een goede school voor een jonge verleider. Achter de toonbank, naast een stapel boeken en papieren, droomt Mansoer over het verloop van zijn gesprek met de studente: 'Sinds je me gisteren verliet, heb ik elke seconde aan je gedacht. Ik wist dat er iets speciaals met je was, dat je voor mij bestemd bent. Jij bent de uitverkorene!' Dat hoort ze vast graag, en dan moet hij haar indringend in de ogen kijken, haar misschien zelfs bij de pols grijpen. 'Ik wil alleen met je zijn. Ik wil je helemaal zien, ik wil in je ogen verdrinken', zal hij zeggen. Of hij kan zich van een meer bescheiden kant laten zien: 'Ik vraag niet veel, alleen maar dat je hier komt als je niets anders te doen hebt. Ik begrijp het als je dat niet wilt, maar misschien toch één keer in de week?'

Misschien moet hij met beloften komen: 'Als ik achttien word, kunnen we trouwen.'

Hij moet Mansoer met de dure auto zijn, Mansoer met de mooie winkel, Mansoer met de grote fooi, Mansoer met de westerse kleren. Hij moet haar verleiden met het leven dat ze met hem zal krijgen: 'Je krijgt een groot huis met een tuin en een boel bedienden, en we zullen met vakantie naar het buitenland gaan.' En hij moet haar zover zien te krijgen dat ze zich uitverkoren voelt en laten zien hoeveel ze voor hem betekent: 'Ik hou alleen van jou. Ik lijd elke seconde dat ik je niet zie.'

Als ze nog steeds niet op zijn wensen ingaat, moet hij een dramatischer toon aanslaan: 'Als je me verlaat, dood mij dan eerst! Anders zal ik de hele wereld in de as leggen!'

Maar de studente komt de dag na het restaurantbezoek niet terug. En de volgende dag ook niet, noch de dag daarna. Mansoer blijft zijn zinnen oefenen, maar wordt steeds moedelozer. Vond ze hem niet leuk? Hebben haar ouders ontdekt wat ze gedaan heeft? Heeft ze huisarrest gekregen? Heeft iemand ze gezien en over ze gekletst – een buurman, een familielid? Heeft hij iets doms gezegd?

Een oudere man met een stok en een grote tulband onderbreekt zijn gedachtestroom. Hij groet met een grom en vraagt naar een religieus werk. Geërgerd zoekt Mansoer het boek op en slingert het op de toonbank. Hij is niet Mansoer de verleider, alleen maar Mansoer de boekhandelaarszoon met de rooskleurige dromen.

Elke dag wacht hij op haar terugkeer. En elke dag sluit hij het rooster voor de deur zonder dat ze geweest is. De uren in de winkel zijn steeds moeilijker uit te houden.

In de straat waar Soeltans boekwinkel ligt, zijn er verscheidene andere boekhandels en winkels waar je schrijfwaren kunt kopen, boeken kunt laten inbinden of documenten laten kopiëren. In een van de winkeltjes werkt Rahimoellah. Die komt vaak bij Mansoer langs om thee te drinken en te kletsen. Maar vandaag is het Mansoer die bij hém binnenwipt om zijn nood te klagen. Rahimoellah moet alleen maar lachen.

'Je moet het niet bij een studente proberen. Die zijn te preuts. Probeer liever eentje die geld nodig heeft. Bedelaressen zijn het makkelijkst, en een heleboel zijn helemaal niet zo slecht. Of ga naar een plek waar de VN meel en olie uitdeelt. Daar staan heel veel jonge weduwen.'

Mansoers mond valt open. Hij kent de hoek waar ze voedsel uitdelen aan de meest behoeftigen, vooral oorlogsweduwen met kleine kinderen. Ze krijgen een maandrantsoen, en veel vrouwen blijven hangen om een deel van het rantsoen door te verkopen en zo wat geld in handen te krijgen.

'Ga daarheen en zoek er eentje die er jong uitziet. Koop een fles olie en vraag haar om hierheen te komen. "Als je met mij meegaat naar de winkel, zal ik je voortaan helpen", zeg ik altijd. Als ze komen, geef ik ze wat geld en neem ik ze mee naar het achterkamertje. Ze komen in boerka en ze gaan weer in boerka – niemand krijgt argwaan. Ik krijg wat ik wil, en zij krijgen geld voor hun kinderen.'

Mansoer kijkt ongelovig naar Rahimoellah, die de deur van het achterkamertje opent om hem te laten zien hoe het eraan toegaat. De ruimte is maar een paar vierkante meter groot. Over de grond verspreid liggen een paar stukken karton. Ze zien er vuil en vertrapt uit. Er zijn donkere vlekken ingetrokken.

'Ik doe ze de sluier af, trek hun jurk uit, hun schoenen, hun broek, hun ondergoed. Als ze eenmaal binnen zijn, is het te laat om spijt te hebben. Gillen is onmogelijk, als iemand haar komt ontzetten, ligt de schuld sowieso bij haar. Het schandaal zou haar hele leven kapotmaken. Met de weduwen gaat het prima. Maar als het jonge meisjes zijn, maagden, dan doe ik het tussen hun dijen. Ik vraag ze alleen om hun benen tegen elkaar aan te drukken. En anders doe ik het van achteren – je weet wel.'

Mansoer kijkt de verkoper gechoqueerd aan. Is het zo eenvoudig?

Als hij dezelfde middag stilhoudt bij de blauwe massa boerka's, blijkt het toch niet zo eenvoudig. Hij koopt een fles olie. Maar de handen die hem de fles geven, zijn ruw en oud. Hij kijkt rond en ziet alleen maar armoede. Hij gooit de fles op de achterbank en rijdt weg.

Hij is gestopt met filmfrasen in zijn kop te stampen. Maar op een dag bedenkt hij dat hij ze misschien toch kan gebruiken. Een jong meisje komt de winkel binnen en vraagt om een Engels woordenboek. Mansoer trekt zijn vriendelijkste gezicht. Hij krijgt te horen dat ze met een cursus Engels voor beginners is gestart. De galante boekhandelaarszoon biedt aan haar te helpen. 'Er komen hier maar weinig klanten, dus tussendoor kan ik je je huiswerk overhoren.'

De hulp begint op de bank in de winkel en wordt voortgezet achter een boekenrek, met huwelijksgeloften en eeuwige trouw. Op een keer licht hij haar boerka op en kust haar. Ze rukt zich los en komt nooit meer terug.

Een andere keer plukt hij een meisje van de straat, een analfabete die nog nooit een boek heeft gezien. Ze staat bij de bushalte voor de winkel te wachten en hij zegt dat hij haar iets wil laten zien. Ze is mooi – mooi en zacht. Af en toe komt ze de winkel binnen, hij belooft ook haar een rooskleurige toekomst. Soms mag hij haar onder de boerka beetpakken. Maar daardoor begint zijn verlangen des te sterker te branden.

Hij voelt zich smerig. 'Ik ben een smeerlap vanbinnen', vertrouwt hij zijn jongere broer Ekbal toe. Hij weet dat hij niet aan dit soort meisjes moet denken.

'Ik vraag me af waarom ze zo saai zijn', zegt Rahimoellah als Mansoer binnenwipt voor een glas thee.

'Hoezo saai?' vraagt Mansoer.

'De vrouwen hier zijn niet zoals in de film. Ze zijn ontzettend stijf, ze liggen gewoon maar te liggen', verklaart de ervaren Rahimoellah nader.

Hij heeft een paar pornofilms te pakken gekregen en vertelt er Mansoer tot in detail over – wat de vrouwen doen en hoe ze eruitzien.

'Misschien zijn Afghaanse vrouwen anders? Ik probeer ze uit te leggen wat ze moeten doen, maar ze kunnen het gewoon niet', zucht hij. Mansoer zucht mee.

Een klein meisje komt de winkel binnen. Misschien is ze

twaalf jaar, misschien veertien. Ze strekt haar vuile hand uit en kijkt hen smekend aan. Op haar hoofd en schouders draagt ze een smerige witte sjaal met rode bloemen. Ze is nog te klein om een boerka te dragen. Die draag je gewoonlijk pas na je puberteit.

Er komen vaak bedelaars in de winkel. Mansoer wijst ze altijd direct de deur. Maar Rahimoellah blijft staan kijken naar het kinderlijke, hartvormige gezichtje en haalt een stuk of tien bankbiljetten uit zijn zak. Het meisje kijkt met grote ogen naar het geld en grijpt er gretig naar. Maar vlak voordat ze ze beet heeft, trekt Rahimoellah zijn hand weg. Hij maakt een grote cirkel in de lucht, terwijl hij haar strak blijft aankijken.

'Niets is gratis in dit leven', zegt hij.

De hand van het meisje verstijft. Rahimoellah geeft haar twee biljetten.

'Ga naar een hamam, was je en kom dan weer terug, dan krijg je de rest.'

Snel stopt ze het geld in haar jaszak en verbergt haar gezicht half achter de vuile roodgebloemde sjaal. Ze kijkt hem met één oog aan. Haar wang is hier en daar pokdalig van oude verwondingen. De zandvliegen hebben sporen op haar voorhoofd achtergelaten. Ze draait zich om en vertrekt. Haar dunne lijfje verdwijnt in de straten van Kaboel.

Een paar uur later komt ze terug, frisgewassen. Mansoer is opnieuw op bezoek.

'Oké', zegt Rahimoellah tegen zichzelf, ook al heeft ze dezelfde smerige kleren aan.

'Ga maar mee naar de achterkamer, dan krijg je de rest van het geld', zegt hij glimlachend tegen haar. 'Pas jij ondertussen even op de winkel', zegt hij tegen Mansoer.

Het kind en Rahimoellah blijven lang weg. Als de koopman klaargekomen is, kleedt hij zich aan en vraagt het meisje om op de kartons te blijven liggen.

'Ze is voor jou', zegt hij tegen Mansoer.

Mansoer staart hem verstijfd van schrik aan. Hij werpt een blik op de deur van het achterkamertje, draait zich om en stormt de winkel uit.

De roep van Ali

Dagenlang voelt hij zich smerig. Dit is onvergeeflijk, denkt hij. Onvergeeflijk. Hij probeert zich te wassen, maar dat helpt niet. Hij zoekt in de Koran, hij gaat naar de moskee, maar hij voelt zich smerig, smerig. De gedachten die hij de laatste tijd gehad heeft, maken hem tot een slechte moslim. Allah zal mij straffen. Alles wat een mens doet, komt terug, denkt hij. Een kind. Ik heb gezondigd tegen een kind. Ik heb toegelaten dat hij zich aan haar vergreep. Ik heb niets gedaan.

Naarmate het bedelmeisje wat meer op de achtergrond gedrongen wordt, gaat zijn walging over in levensmoeheid. Hij heeft genoeg van het leven, van de routine, het gezeur, en hij is humeurig en nukkig tegen iedereen. Hij is kwaad op zijn vader die hem aan de winkel ketent, terwijl het echte leven zich elders afspeelt.

Ik ben zeventien, denkt hij, en mijn leven is al afgelopen voor het is begonnen.

Hij zit bedrukt achter de stoffige toonbank, met zijn ellebogen op het tafelblad en zijn voorhoofd in zijn handen. Hij tilt zijn hoofd op en kijkt rond, naar de boeken over de islam, over de profeet Mohammed, boeken met beroemde Koraninterpretaties. Hij kijkt naar de Afghaanse sprookjesboeken, naar biografieën van Afghaanse koningen en heersers, standaardwerken over de oorlogen tegen de Britten, prachtige uitgaven over Afghaanse edelstenen, leerboeken over het maken van Afghaans borduurwerk, en gefotokopieerde fragmenten van boeken over Afghaanse zeden en tradities. Hij gluurt ernaar en slaat met zijn vuist op tafel.

Waarom ben ik als Afghaan geboren? Ik haat het om Afghaan te zijn. Al die verstokte gewoontes en tradities maken me langzaam dood. Respect voor dit en respect voor dat, ik heb geen enkele vrijheid. Het enige wat Soeltan interesseert, is tellen hoeveel hij met de verkoop van boeken heeft verdiend, denkt hij. 'Hij kan de boeken in zijn reet steken', zegt hij halfluid. Hij hoopt dat niemand hem gehoord heeft. Na Allah en de profeten staat de vaderfiguur het hoogst op de maatschappelijke ladder van Afghanistan. In opstand komen tegen je vader is onmogelijk, zelfs voor een stijfkop als Mansoer. Hij maakt ruzie met alle anderen: zijn tantes, zijn zussen, zijn moeder, zijn broers, maar nooit, nooit met zijn vader. Ik ben een slaaf, denkt hij. Ik werk me kapot voor kost en inwoning en schone kleren. Het liefst wil Mansoer studeren. Hij mist zijn vrienden en het leven dat hij leidde toen hij in Pakistan woonde. Hier heeft hij geen tijd voor vrienden, en de enige vriend die hij had, Rahimoellah, wil hij niet meer zien.

Het is vlak voor het Afghaanse nieuwjaar, de *nauroz*. In het hele land worden grote feesten voorbereid. De laatste vijf jaar hebben de Taliban de viering verboden. Ze beschouwden het als een heidens feest, als aanbidding van de zon, omdat het een overblijfsel is uit de traditie van Zarathoestra: de vuuraanbidding, die in de zevende eeuw voor onze jaartelling in Perzië is ontstaan. Tegelijkertijd verboden de Taliban de pelgrimsreis die traditioneel met nieuwjaar ondernomen werd naar het graf van Ali in Mazar-i-Sjarif. Eeuwenlang hadden pelgrims een bedevaart naar Ali's graf gemaakt, om zich te reinigen van zonden, om genade af te smeken, om genezing te vinden en om het nieuwe jaar te begroeten, dat volgens de Afghaanse kalender begint op 21 maart, het begin van de lente, wanneer dag en nacht even lang zijn.

Ali was de neef en de schoonzoon van Mohammed, en de vierde kalief. Hij is degene over wie de sjiitische en soennitische moslims strijden. Voor de sjiieten is hij de tweede in de rij van erfopvolging na Mohammed, en voor de soennieten de vierde. Maar ook voor de soennieten, zoals Mansoer en de meeste Afghanen, is hij een van de grote helden van de islam. Een moedige krijger met het zwaard in de hand, zegt de overlevering. Ali werd in het jaar 661 tijdens het bidden in de Koefa-moskee in Irak vermoord en volgens de meeste historici begraven in de Irakese stad Najaf. Maar de Afghanen beweren dat hij weer is opgegraven door zijn aanhangers, die vreesden dat zijn vijanden zich wilden wreken op het lichaam van de kalief en het wilden verminken. Ze bonden het lijk van Ali vast op de rug van een witte vrouwtjeskameel en lieten die lopen zo lang ze maar kon. Waar ze omviel zou Ali begraven worden. Dat was volgens de legende de plek die zich zou ontwikkelen tot Mazar-i-Sjarif, wat 'het graf van de verhevene' betekent. Vijfhonderd jaar lang was er alleen maar een grafsteen, maar in de twaalfde eeuw werd er een kleine grafkamer gebouwd nadat een plaatselijke moellah in een droom bezoek had gehad van Ali. Toen kwam Djengis Khan, die de grafkamer vernielde, en opnieuw lag het graf er honderden jaren onopvallend bij. Pas aan het eind van de vijftiende eeuw werd er een nieuw mausoleum gebouwd over hetgeen de Afghanen beschouwen als het stoffelijk overschot van Ali. Deze grafkamer en de moskee die later naast het graf werd gebouwd, zijn het doel van de pelgrims.

Mansoer is vastbesloten om de pelgrimsreis te maken, om zich te reinigen. Hij denkt er al lang over. Nu moet hij alleen nog toestemming van Soeltan zien te krijgen, want de reis betekent dat hij een aantal dagen niet in de winkel is. En als er iets is wat Soeltan haat, dan is het dat Mansoer er niet is.

Mansoer heeft bovendien gezorgd voor een reisgezel, een Iraanse journalist, die vaak boeken bij hem koopt. Op een dag raakten ze aan de praat over nieuwjaar, en de Iraniër zei dat hij wel plaats in zijn auto had. Ik ben gered, dacht Mansoer. Ali roept mij. Hij wil mij vergeven.

Maar dan krijgt hij geen toestemming. Zijn vader kan hem in de week die de reis kost niet missen in de winkel. Hij zegt dat Mansoer moet catalogiseren, dat hij op de timmerman moet letten die nieuwe boekenrekken maakt. Soeltan vertrouwt niemand anders. Zelfs in zijn aanstaande zwager Rasoel heeft Soeltan geen vertrouwen. Hij moest eens weten hoe vaak Rasoel helemaal alleen in de winkel heeft gestaan. Mansoer kookt van woede. Omdat hij het niet aan zijn vader durfde te vragen, heeft hij het verzoek uitgesteld tot de laatste avond voor zijn vertrek. Er is geen sprake van. Mansoer blijft aandringen. Zijn vader weigert.

'Je bent mijn zoon en je doet wat ik wil', zegt Soeltan. 'Ik heb je in de winkel nodig.'

'Boeken, boeken, geld, geld, jij denkt alleen maar aan geld!' roept Mansoer. 'Hoe kan ik nou boeken over Afghanistan verkopen als ik het land niet eens ken, ik ben nauwelijks buiten Kaboel geweest', zegt hij dwars.

De volgende dag vertrekt de Iraniër. Mansoer is opstandig. Hoe kon zijn vader hem dit weigeren? Hij rijdt Soeltan naar de winkel zonder een woord te zeggen en antwoordt met eenlettergrepige woorden als hem wat gevraagd wordt. Hij kookt van opgekropte woede. Mansoer had maar tien jaar onderwijs gevolgd toen Soeltan hem van school haalde en hem in de boekhandel aan het werk zette. Hij mocht de middelbare school niet afmaken. Alles wat hij vraagt, wordt hem geweigerd. Het enige wat zijn vader hem gegeven heeft, is een auto om hem in rond te rijden – en de verantwoordelijkheid voor een boekwinkel waar hij tussen de boekenrekken zit weg te rotten.

'Zoals je wilt', zegt hij plotseling. 'Ik zal alles doen wat je wilt, maar denk maar niet dat ik het met vreugde doe. Jij laat me nooit doen wat ik wil. Je maakt me kapot.'

'Je kunt volgend jaar gaan.'

'Nee, ik ga nooit, en ik vraag je nooit meer iets.'

Er wordt gezegd dat alleen degenen die door Ali geroepen worden, naar Mazar mogen rijden. Waarom wil Ali niet dat hij komt? Waren zijn daden te onvergeeflijk? Of is het zijn vader die niet hoort dat Ali hem roept?

Soeltan verstart onder Mansoers vijandige houding. Hij wendt zijn blik af van de gedeprimeerde, uit de kluiten gewassen tiener, en wordt bijna bang.

Nadat Mansoer zijn vader naar diens winkel heeft gereden en zijn twee broers naar de hunne, opent hij zijn eigen winkel en gaat achter het stoffige bureau zitten. Hij zit daar neerslachtig voorover met zijn ellebogen op het bureaublad, en hij voelt hoe het leven hem gevangen houdt en hoe het met steeds meer boekenstof gevuld wordt.

Er is een nieuwe lading boeken aangekomen. Voor de schijn moet hij weten waar ze over gaan. Hij kijkt ze met tegenzin in. Er is een bundel gedichten van de mysticus Roemi, een van zijn vaders lievelingsdichters en de bekendste van de soefisten – islamitische mystici – van Afghanistan. Roemi werd in de dertiende eeuw geboren in Balkh, bij Mazar-i-Sjarif. Nog een teken, denkt Mansoer. Hij besluit om naar iets te zoeken wat hem gelijk geeft en zijn vader ongelijk. De gedichten gaan erover hoe je jezelf kunt reinigen en dichter bij Allah kunt komen – dichter bij het volmaakte. Hoe je jezelf, je ego kunt vergeten. Roemi zegt: 'Het ego is een sluier tussen de mens en Allah.' Mansoer leest hoe hij zich tot Allah kan wenden en hoe het leven om Allah moet draaien en niet om jezelf. Mansoer voelt zich opnieuw smerig. Hoe meer hij leest, hoe sterker hij de aandrang voelt om zichzelf te reinigen. Hij blijft hangen bij een van de eenvoudigste gedichten:

Kom hier, zei het water tegen de onreine mens.
De onreine antwoordde: Ik schaam me te veel.
Het water vroeg: Hoe wil je je zonde van je af wassen zonder mij?

Het water, Allah en Roemi lijken Mansoer in de steek te laten. De Iraniër zal nu wel hoog in de besneeuwde bergen van de Hindoe-Koesj zijn, denkt hij. Hij voelt de hele dag woede. Wanneer de schemer invalt, is het tijd om de winkel te sluiten, zijn vader en broers op te halen en ze naar huis te rijden, naar de zoveelste schaal rijst, naar de zoveelste avond met zijn stomme familie.

Terwijl hij het rooster voor de deur plaatst en het met een zwaar hangslot vastmaakt, komt plotseling Akbar, de Iraanse journalist, aanwandelen. Mansoer denkt dat hij spoken ziet.

'Ben je niet gegaan?' vraagt hij verbaasd.

'Jawel, maar de Salangtunnel was vandaag dicht, dus we proberen het morgen weer', zegt de Iraniër. 'Ik kwam je vader een eind verderop in de straat tegen, en hij heeft me gevraagd om je mee te nemen. We vertrekken morgen om vijf uur van mijn huis, zodra het uitgaansverbod is opgeheven.'

'Zei hij dat werkelijk?' Mansoer is sprakeloos. 'Dat moet de roep van Ali zijn, stel je toch voor, dat hij mij zo hard geroepen heeft', mompelt hij.

Mansoer overnacht bij Akbar, zodat hij er zeker van is dat hij op tijd wakker wordt en zodat zijn vader niet van gedachten kan veranderen. De volgende dag vertrekken ze nog voordat het licht is geworden. Mansoer heeft geen andere bagage bij zich dan een plastic zak vol blikjes cola en Fanta en koekjes met banaan- en kiwivulling. Akbar heeft een vriend meegenomen, en de stemming in de auto is zeer opgewekt. Ze draaien Indiase filmmuziek en zingen uit volle borst mee. Mansoer heeft een kleine schat bij zich, een cassette uit het Westen: *Pop from the '80s*. 'Is this love? Baby don't hurt me, don't hurt me, no more!' schalt het naar buiten in de koele ochtendlucht. Voordat ze een halfuur gereden hebben, heeft Mansoer het eerste pak koekjes al opgegeten en twee blikjes cola gedronken. Hij voelt zich vrij! Hij heeft zin om te schreeuwen en steekt zijn hoofd uit het raam: 'Joehoe! Aliii! Ali! Ik kom eraan!'

Ze reizen door streken die hij nooit eerder gezien heeft. Pal ten noorden van Kaboel ligt de Sjomalivlakte, een van de meest door oorlog geteisterde gebieden van Afghanistan. Hier ontploften nog maar een paar maanden geleden de bommen uit de Amerikaanse B52-vliegtuigen. 'Wat mooi is het hier!' roept Mansoer. En van een afstand ís de vlakte ook mooi, met in de verte het machtige, met sneeuw bedekte Hindoe-Koesjgebergte. In deze bergketen zijn duizenden Indiase soldaten doodgevroren tijdens hun krijgstocht naar Kaboel.

Als je op de eigenlijke vlakte aankomt, doemt het oorlogslandschap op. In tegenstelling tot de Indiase soldaten werden de B52's niet gestopt door de Hindoe-Koesj. Veel van de kapotgebombardeerde Taliban-kampen zijn nog niet opgeruimd. Hun hutten zijn grote kraters geworden, of ze liggen in duizend stukken verspreid sinds ze door de neervallende bommen getroffen zijn. Een verwrongen ijzeren bed waarin misschien een Taliban lag te slapen toen hij werd getroffen, lijkt op een skelet, zoals het daar ligt aan de kant van de weg. Een doorboorde matras ligt er vlak naast.

Toch hebben plunderaars het meeste al weggehaald uit deze kampen. Al een paar uur nadat de Taliban waren gevlucht, was de lokale bevolking ter plekke om zich meester te maken van de wasbakken, de gaslampen, de dekens en de matrassen van de soldaten. De armoede maakte het plunderen van de lijken tot iets vanzelfsprekends. Niemand beweende de doden langs de weg of in het zand. Integendeel, verschillende lijken werden geschonden. Ogen werden uitgestoken, de huid werd afgestroopt, lichaamsdelen werden afgesneden of in stukken gehakt. Dat was de wraak voor de terreur die de Taliban jarenlang op de Sjomalivlakte hadden uitgeoefend.

De vlakte was vijf jaar lang de frontlijn tussen de Taliban en de mannen van Massoed, die tot de Noordelijke Alliantie behoorden, en de heerschappij over de streek wisselde zes tot zeven keer.

Omdat het front voortdurend verschoof, moest de plaatselijke bevolking vluchten naar de Pansjirvallei, of naar het zuiden, in de richting van Kaboel. Hier op de vlakte woonden voornamelijk Tadzjieken, en wie er niet in slaagde om te vluchten, kon het slachtoffer worden van de etnische zuiveringen van de Taliban. Voordat de Taliban zich terugtrokken, vergiftigden ze waterputten en bliezen ze waterleidingen en dammen op die van vitaal belang waren op deze droge vlakte, die vóór de burgeroorlog een deel van de landbouwgordel van Kaboel was geweest.

Mansoer kijkt sprakeloos naar de afschuwwekkende dorpen waar hij langsrijdt. De meeste zijn niet meer dan ruïnes en staan als skeletten in het landschap. Veel dorpen zijn systematisch door de Taliban in brand gestoken toen ze probeerden om het laatste deel van het land te veroveren – het tiende deel dat er nog van over was: de Pansjirvallei, de Hindoe-Koesj en het woestijngebied in de richting van Tadzjikistan aan de andere kant. Misschien zouden ze daarin geslaagd zijn als er geen elfde september was geweest, waarna de wereld zich wat van Afghanistan begon aan te trekken.

Overal liggen resten van verwrongen tanks, gebombardeerde militaire voertuigen, en stukken metaal naar de functie waarvan Mansoer alleen maar kan gissen. Eenzaam loopt een man rond met een handploeg. Midden in zijn lapje grond ligt een zware tank. De man loopt moeizaam om het wrak heen, dat te zwaar is om te verplaatsen.

De auto snelt voort over de weg vol gaten. Mansoer probeert het dorp van zijn moeder terug te vinden, waar hij niet meer geweest is sinds hij een jaar of vijf, zes was. Zijn vinger wijst steeds weer naar nieuwe ruïnes. 'Daar, daar!' Maar niets onderscheidt het ene dorp van het andere. Elk van deze puinhopen kan de plek zijn waar hij als klein jongetje de familie van zijn moeder bezocht. Hij herinnert zich nog hoe hij over akkers en paden liep. Nu is de vlakte een van de grootste mijnenvelden ter wereld. Alleen op de wegen is het veilig. Langs de kant van de weg lopen kinderen met hun armen vol hout en vrouwen met emmers water. Ze proberen de greppels te vermijden, want daar kunnen mijnen in liggen. De pelgrimsauto rijdt voorbij groepen mijnenruimers, die de explosieven systematisch tot ontploffing brengen of ze onschadelijk maken. Elke dag wordt een paar meter geruimd.

Waar slachtoffers zijn gevallen, staan de greppels vol wilde, donkerroze tulpen met een korte steel. Maar het zijn bloemen die van een afstand bewonderd moeten worden. Als je ze plukt, kan het je een been of een arm kosten.

Akbar vermaakt zich met een toeristisch gidsje van de Afghaanse toeristenvereniging uit 1967.

'Langs de kant van de weg staan kinderen bossen roze tulpen te verkopen', leest hij. 'In het voorjaar trekken de kersen-, abrikozen-, amandel- en perenbomen beurtelings de aandacht van de reiziger. De hele weg vanaf Kaboel is één bloeiende schaduw.' Ze lachen. Dit voorjaar zien ze alleen maar een enkele rebelse kersenboom die bommen, raketten, drie jaar droogte en vergiftigde waterputten heeft overleefd. Maar het is de vraag of iemand een mijnenvrij pad naar de kersen kan vinden. 'De plaatselijke keramiek behoort tot de fraaiste van Afghanistan. Neemt u gerust een kijkje in de langs de weg gelegen werkplaatsen, waar de ambachtslieden volgens eeuwenoude traditie schalen en vaten maken', leest Akbar.

'Die tradities hebben zo te zien een flinke knauw gekregen', zegt Akbars vriend Said, die de auto bestuurt. Langs de weg die omhoog voert naar de Salangpas is geen pottenbakkershutje te zien. Ze komen steeds hoger. Mansoer trekt het vierde blikje cola open, drinkt het leeg en smijt het blikje met een elegant gebaar het raam uit. Beter een bomkrater vol rotzooi dan een kleverige autobank. De weg kronkelt naar boven naar de hoogste bergtunnel ter wereld en wordt steeds smaller. Aan de ene kant rijst de bergwand recht omhoog, aan de andere kant stroomt water, nu eens in de vorm van een waterval, dan weer als bergbeek. 'De regering heeft forel in deze rivier uitgezet. Over een paar jaar zal hier een aanzienlijk visbestand zijn', leest Akbar verder. Nu zit er geen vis meer in de rivier. In de jaren nadat de toeristengids werd geschreven, heeft de regering andere dingen aan haar hoofd gekregen dan forellenkweek.

Op de meest onwaarschijnlijke plaatsen liggen uitgebrande tanks: beneden in het dal, half in de rivier, balancerend boven een afgrond, op hun kant, op de kop of in duizend stukken verspreid. Mansoer komt al snel tot honderd wanneer hij ze begint te tellen. De meeste stammen uit de tijd van de oorlog tegen de Sovjet-Unie, toen het Rode Leger het land vanuit de Centraal-Aziatische sovjetrepublieken in het noorden binnen kwam rijden en dacht dat het de Afghanen onder controle had. De Russen werden algauw het slachtoffer van de slimme oorlogstactiek van de moedjahedien, die zich in het gebergte als geiten bewogen. Van een verre afstand, vanuit hun uitkijkposten in de bergen, konden ze zien hoe de zware tanks van de Russen zich beneden in het dal als slakken voortbewogen. Zelfs met hun zelfgemaakte wapens waren de guerrillasoldaten bijna onkwetsbaar als ze in hinderlaag lagen. Ze waren overal, verkleed als geitenhoeder, met hun kalasjnikov verborgen onder de buik van een geit. Ze konden elk moment een bliksemaanval op de tanks ontketenen.

'Onder de buik van langharige schapen konden ze zelfs raketwerpers verbergen', vertelt Akbar, die de literatuur over de bloedige oorlog tegen de Sovjet-Unie gespeld heeft.

Ook Alexander de Grote is deze moeizame weg door de bergen gegaan. Nadat hij Kaboel had ingenomen, trok hij over de bergen van de Hindoe-Koesj terug naar Iran, dat toen Perzië heette. Volgens de overlevering heeft Alexander lofzangen op de bergen geschreven, 'die de fantasie zowel tot mysteriën als tot eeuwige rust inspireerden', leest Akbar in de gids van de toeristenvereniging.

'De regering had hier een skicentrum gepland!' roept hij plotseling. Hij kijkt naar de steile bergwand. 'In 1967! Zodra de weg geasfalteerd is, staat hier!'

De weg werd inderdaad geasfalteerd, zoals de toeristenvereniging voorspelde. Maar er is niet veel van het asfalt meer over. En wat het skicentrum betreft, bleef het bij plannen.

'Dat zou een explosieve afdaling worden!' lacht Akbar. 'Of misschien kunnen de mijnen gemarkeerd worden met slalompoortjes. Adventurous Travels! Of: Afghan AdvenTours – voor levensmoede toeristen!'

Ze lachen alledrie. De tragische werkelijkheid lijkt soms een tekenfilm of, misschien nog beter, een gewelddadige thriller. Ze zien kleurrijke snowboarders voor zich, die op de berghelling in stukken worden gereten.

Het toerisme, ooit een van de belangrijkste bronnen van inkomsten in Afghanistan, behoort tot het verleden. De weg waarover ze rijden werd ooit *the hippie trail* genoemd. Progressieve en minder progressieve jongeren trokken hierlangs, op zoek naar een mooie natuur, een wilde levensstijl en 's werelds beste hasj. De meer ervaren reizigers kwamen voor opium. In de jaren zestig en zeventig kwamen er jaarlijks duizenden hippies naar dit hooggelegen land. Ze huurden oude Lada's en trokken de bergen in. Zelfs vrouwen reisden er alleen rond. Destijds konden ze ook worden overvallen door bandieten en struikrovers, maar dat maakte de reis alleen maar sprookjesachtiger. Zelfs de staatsgreep tegen Zahir Sjah in 1973 kon de stroom niet stuiten. Pas de communistische coup van 1978 en de invasie het jaar daarna maakten snel een einde aan de komst van 'hippietrailers'.

De drie jongens hebben een uur of drie gereden als ze de rij pelgrims inhalen. Die is vrijwel geheel tot stilstand gekomen. Het is gaan sneeuwen en de mist wordt steeds dichter. De auto slipt. Said heeft geen sneeuwkettingen. 'Met een vierwielaandrijving heb je geen kettingen nodig', beweert hij.

Steeds meer auto's raken hun grip kwijt op de diepe ijs- en sneeuwsporen. Als er één auto stopt, stoppen ze allemaal. De weg is te smal om elkaar te passeren. Deze dag gaat het verkeer van zuid naar noord, van Kaboel naar Mazar. De volgende dag is het omgekeerd. De bergweg heeft te weinig capaciteit om verkeer uit beide richtingen aan te kunnen. De vierhonderdvijftig kilometer lange reis van Kaboel naar Mazar duurt minstens twaalf uur, soms het dubbele of het vierdubbele.

'Veel auto's die in een sneeuwstorm terechtkomen of onder een lawine worden bedolven, worden pas in de zomer opgegraven. De meeste ongevallen gebeuren nu, in de lente', plaagt Akbar.

Ze passeren de bus die de file veroorzaakt heeft. Hij is helemaal naar de kant van de weg geduwd. De buspassagiers, die ook onderweg zijn naar het graf van Ali, proberen met de voortkruipende auto's mee te liften. Mansoer lacht als hij de namen ziet die op de zijkant van de bus geschilderd zijn: 'Hmbork – Frakfork – Landan – Kabal', leest hij en hij schatert als hij de voorruit ziet: 'Wellcam! Kaing of Road' staat er met verse rode letters. 'Weinig koninklijk, een rit met zo'n bus', lacht hij. Hoewel ze plaats over hebben, nemen ze geen liftende buspassagiers van de 'Kabal-express' mee. Said, Mansoer en Akbar vinden het wel goed zo.

Ze rijden de eerste galerij binnen – dikke betonnen zuilen met een dak dat bescherming moet bieden tegen lawines. Maar ook de galerijen zijn slecht begaanbaar. Omdat ze open zijn, liggen ze vol sneeuw die naar binnen gewaaid en tot ijs bevroren is. De diepe autosporen in de sneeuw zijn een beproeving voor de auto zonder kettingbanden.

De Salangtunnel, vierendertighonderd meter boven zeeniveau, en de galerijen tot op vijfduizend meter hoogte, waren een geschenk van de Sovjet-Unie aan Afghanistan, toen ze het land tot een satellietstaat probeerde te maken. Sovjetingenieurs begonnen in 1956 met de bouw, en in 1964 waren de tunnels klaar. Het waren ook de Russen die in de jaren vijftig de eerste wegen van het land begonnen te asfalteren. In de tijd van Zahir Sjah zagen ze Afghanistan als een bevriende natie. De liberale koning zag zich genoodzaakt om zich tot de Sovjet-Unie te wenden, omdat de Verenigde Staten en Engeland het niet interessant vonden om in het land te investeren. De koning had geld en expertise nodig en had niet in de gaten dat de banden met de communistische grootmacht op deze manier steeds nauwer werden aangehaald.

De tunnel werd van strategisch belang in de strijd tegen de Taliban. Aan het eind van de jaren negentig werd hij opgeblazen door de held van de moedjahedien, Massoed, in een laatste wanhopige poging om de opmars van de Taliban naar het noorden tot staan te brengen. Ze kwamen tot hier en niet verder.

Het is heel donker geworden, of heel grijs. De auto slipt, blijft steken in de wielsporen. De wind raast, er is absoluut niets te zien in de sneeuwvlagen, en Said heeft slechts een vaag vermoeden waar de weg loopt. Ze rijden op louter sneeuw en ijs. Zonder ketting kan alleen Ali hun een veilige reis garanderen. Ik kan niet sterven voordat ik bij zijn graf aankom, denkt Mansoer. Ali heeft mij immers geroepen.

Het wordt een beetje lichter. Ze zijn bij de ingang van de Salangtunnel. Op een bord buiten staat: 'Pas op! Gevaar voor vergiftiging. Als u tot stilstand komt in de tunnel, zet dan de motor af en loop snel naar de dichtstbijzijnde uitgang.' Mansoer kijkt Akbar vragend aan.

'Nog maar een maand geleden zaten hier vijftig mensen ingesloten in de tunnel door een lawine', vertelt de goed geïnformeerde Akbar. 'Het vroor twintig graden en de chauffeurs lieten hun motor lopen om warm te blijven. Na een paar uur, toen de sneeuw was weggegraven, vonden ze tientallen mensen die door de koolmonoxide waren ingeslapen en door vergiftiging waren omgekomen. Dat gebeurt vaak', zegt Akbar, terwijl ze langzaam de tunnel binnenrijden.

De auto stopt, er staat een file.

'Het is waarschijnlijk alleen maar verbeelding', zegt Akbar. 'Maar ik merk echt dat ik hoofdpijn krijg.'

'Ik ook', zegt Mansoer. 'Zullen we bij de volgende uitgang uitstappen?'

'Nee, laten we erop gokken dat de file gauw in beweging komt en de tunnel uitrijdt', zegt Said. 'Stel je voor dat de file begint te rijden en wij niet in de auto zitten. Dan zijn wíj de veroorzakers van de file.'

'Ga je zó dood aan koolmonoxide?' vraagt Mansoer. Ze zitten achter gesloten ramen. Said steekt een sigaret op. Mansoer gilt. 'Ben je gek geworden?!' roept Akbar. Hij rukt de sigaret uit Saids mond en drukt hem uit. 'Wil je ons nog meer vergiftigen?'

Een mengsel van irritatie en paniek vult de auto. Ze staan nog steeds doodstil. Dan gebeurt er iets. De auto's vóór hen komen langzaam in beweging. De drie jongens volgen gedwee, en met een denderende hoofdpijn komen ze de tunnel uit. Als ze eenmaal in de frisse lucht zijn gekomen, verdwijnt de pijn als bij toverslag. Maar ze zien nog steeds niets, want de mist hangt als een grijswitte brij om hen heen. Ze zijn gedwongen om de sneeuwsporen en het schijnsel van de achterlichten vóór hen te volgen. Omkeren is onmogelijk. Net als de andere reizigers zijn ze aan het noodlot overgeleverd. Alle pelgrims volgen dezelfde vastgekoekte, bevroren autosporen. Zelfs Mansoer is opgehouden met koekjes te eten, het is doodstil in de auto. Het is alsof je in het niets rijdt, maar dan wel een niets waarin je plotseling op een afgrond of op mijnen kunt stuiten of waarin je door lawines en andere gevaren kunt worden getroffen.

De mist trekt eindelijk wat op, maar ze rijden nog steeds langs de afgrond. Het is eigenlijk erger, nu je die kunt zien. Ze beginnen aan de afdaling. De auto slingert van de ene kant van de weg naar de andere. Plotseling slipt hij zijdelings over de weg. Said heeft hem niet onder controle en vloekt. Akbar en Mansoer houden zich vast, alsof dat zou helpen als ze naar beneden zouden donderen. Opnieuw hangt er een nerveuze stilte in de auto. Die slipt opnieuw naar opzij, komt weer recht op de weg, slipt opnieuw en zwiebert dan weer verder. Ze rijden langs een bord dat ze de volgende schok bezorgt: 'Pas op! Ernstig mijnengevaar!' Vlak buiten of misschien zelfs wel binnen hun slipzone ligt het dus vol mijnen. Geen sneeuw ter wereld kan hen beschermen tegen antitankmijnen. Dit is gekkenwerk, denkt Mansoer, maar hij zegt niets. Hij wil niet doorgaan voor een lafaard, en bovendien is hij de jongste. Hij kijkt naar de tanks die ook hier overal verspreid liggen, bijna helemaal ondergesneeuwd, samen met autowrakken die hun reis ook niet volbracht hebben. Mansoer zegt een gebed op. Het kan niet de bedoeling zijn dat Ali hem enkel en alleen heeft geroepen om hem van een berghelling te zien storten. Ook al zijn veel van zijn daden niet in overeenstemming met de islam, hij is gekomen om zich te reinigen, zijn zondige gedachten achter zich te laten en een goede moslim te worden. Het laatste deel van de afdaling beleeft hij als in trance.

Het lijkt een eeuwigheid te duren voordat ze eindelijk aankomen op de sneeuwvrije steppen. De laatste uren naar Mazar-i-Sjarif zijn kinderspel.

Op weg naar de stad worden ze ingehaald door pick-ups. In de open laadbak zitten zwaarbewapende, bebaarde soldaten. Hun kalasjnikovs steken alle kanten op. Ze hobbelen bij honderden tegelijk over de weg, die vol gaten zit. Het landschap is een mengeling van woestijn, steppe en rots. Af en toe rijden ze langs kleine groene oases en langs dorpjes met lemen huizen. Vlak voor de stad worden ze aangehouden bij een wachthuisje. Norse mannen wenken hen langs de versperring, die bestaat uit een touw dat tussen twee gebruikte raketten is gespannen.

Uitgeput en verstijfd rijden ze de stad binnen. Tot hun verbazing hebben ze de reis in twaalf uur volbracht. 'Dit was dus een heel normale tocht door de Salangtunnel', zegt Mansoer. 'Denk eens aan die lui die er een paar dagen voor nodig hebben! Joehoeoeoe!!! We zijn er! Ali, here I come!!'

Overal staan soldaten op de daken van de huizen. Er wordt gevreesd voor ongeregeldheden bij de jaarwisseling, en hier in de stad is geen internationale vredesmacht. Integendeel, er zijn twee, drie elkaar bestrijdende krijgsheren. De soldaten op de daken vallen onder de gouverneur, een Hazara. De soldaten in de pick-ups zijn de mannen van de Tadzjiek Atta Mohammed. En aan hun speciale uniform herken je de strijders van de Oezbeek Abdoel Rasjid Dostoem. Allen hebben hun wapen op de straat gericht, waar duizenden pelgrims rondlopen of in groepjes zitten te praten, bij de moskee, in het park, op de trottoirs.

De blauwe moskee is een openbaring, een baken van licht in de duisternis. Het is het mooiste gebouw dat Mansoer ooit gezien heeft. De belichting met schijnwerpers is geschonken door de Amerikaanse ambassade, ter gelegenheid van het nieuwjaarsbezoek van de ambassadeur aan de stad. Rode lantaarns verlichten het park rond de moskee, die nu barstensvol pelgrims is.

Hier moet Mansoer vergiffenis voor zijn zonden vragen. Hier moet hij gereinigd worden. Hij wordt stil bij de aanblik van de grote moskee. En hongerig. Cola en koekjes met banaan- en kiwivulling zijn maar een karig reismenu. Hij heeft zin om weer te jubelen en te schreeuwen. Maar hij zit rustig zijn eten naar binnen te werken, net als de twee anderen. Hij is geen klein kind meer, en hij probeert dezelfde schijn op te houden als Akbar en Said. Cool, relaxed, een man van de wereld.

De volgende dag wordt Mansoer gewekt door de gebedsroep van de moellah. 'Allahoe akbar – Allah is groot', dreunt het, alsof iemand enorme luidsprekers aan zijn oren heeft bevestigd. Hij kijkt uit het raam en ziet recht voor zich de blauwe moskee, die in de ochtendzon staat te stralen. Honderden witte duiven vliegen boven het heilige domein. Ze huizen in twee grote torens buiten de grafkamer, en men zegt dat, als er een grijze duif met de zwerm meevliegt, die in de loop van veertig dagen witte veren krijgt. Bovendien wordt beweerd dat een op de zeven duiven een heilige ziel is.

Samen met Akbar en Said wringt hij zich tegen halfzeven door de toegang tot het terrein naast de moskee. Met behulp van Akbars perskaart komen ze tot helemaal vooraan bij het podium. Veel pelgrims hebben hier de hele nacht geslapen om zo dichtbij mogelijk te komen als de vlag van Ali zal worden gehesen door Hamid Karzai, de nieuwe leider van Afghanistan. Aan de ene kant zitten de vrouwen, sommigen in boerka, anderen met slechts een witte sluier. Aan de andere kant zitten de mannen. Terwijl de vrouwen rustig op de heuvel zitten, is er een enorm gedrang onder de mannen. De bomen buiten zien zwart van de mensen. De politie loopt rond met zwepen, maar desondanks komen er steeds meer mensen binnen de omheining. Ze springen eroverheen en weten aan de zwepen te ontkomen. De veiligheidsmaatregelen zijn zo streng omdat alle ministers verwacht worden.

De regering komt het terrein op, met Hamid Karzai in zijn karakteristieke blauw-groen gestreepte zijden mantel voorop. Hij kleedt zich altijd zodanig dat hij heel Afghanistan vertegenwoordigt: een muts van schapenvacht uit Kandahar in het zuiden, een mantel uit de noordelijke gebieden, en een bloes uit de westelijke provincies langs de grens met Iran.

Mansoer strekt zijn hals en probeert dichterbij te komen. Hij heeft Karzai nog nooit in levenden lijve gezien. De man die erin slaagde om de Taliban te verdrijven uit hun hoofdkwartier Kandahar, en die bijna gedood werd toen een verdwaalde Amerikaanse raket op zijn troepen afkwam. Karzai, een Pasjtoen uit Kandahar, had zelf korte tijd de Taliban gesteund, maar gebruikte later zijn positie als hoofd van de machtige Popolzai-stam om aanhangers te winnen voor zijn strijd tegen de Taliban. Toen de Amerikanen hun bommencampagne begonnen, ondernam hij een suïcidale reis per motorfiets naar de kerngebieden van de Taliban om de Raden van Ouderen ervan te overtuigen dat het met de Taliban gedaan was. Men zegt dat ze meer overtuigd werden door zijn moed dan door zijn argumenten. Terwijl de gevechten rond Kandahar in alle hevigheid doorgingen en Karzai het offensief op de stad leidde, kozen de afgevaardigden op de VN-conferentie in Bonn hem tot de nieuwe leider van het land.

'Ze hebben geprobeerd onze cultuur te vernietigen. Ze hebben geprobeerd onze tradities te vermorzelen. Ze hebben geprobeerd de islam van ons af te nemen!' roept Karzai tot de menigte. 'De Taliban hebben geprobeerd om de islam te bevuilen, om ons allemaal mee te sleuren in de modder en om vijanden te worden met de hele wereld. Maar wij weten wat de islam is, de islam is vrede! Het nieuwe jaar dat vandaag begint, het jaar 1381 van onze jaartelling, is het jaar van de wederopbouw. Het is het jaar waarin het weer veilig zal zijn om in Afghanistan te wonen. Wij zullen de vrede bestendigen en onze samenleving verder uitbouwen! Op dit moment krijgen wij hulp van de hele wereld, en op een dag – op een dag zullen wij een land zijn dat de wereld helpt!' roept hij, en de menigte jubelt.

'Wij?' fluistert Mansoer. 'De wereld helpen?'

Hij vindt het een absurde gedachte. Mansoer heeft zijn hele leven oorlog meegemaakt. Voor hem is Afghanistan een land dat alles van buitenaf krijgt, van voedsel tot wapens.

Na Karzai neemt ex-president Boerhanoeddin Rabbani het

woord, een man die veel gezag uitstraalt maar weinig macht heeft. De theoloog en hoogleraar aan de universiteit van Caïro stichtte de partij Jamiat-i-Islami, die slechts een fractie van de moedjahedien wist te verenigen. Een van zijn medestanders was de militaire strateeg Ahmad Sjah Massoed, die de grote held zou worden in de strijd tegen de Sovjet-Unie, de burgeroorlog en het verzet tegen de Taliban. Massoed was een charismatisch leider, diep religieus maar tegelijk westers georiënteerd. Hij sprak vloeiend Frans en wilde het land moderniseren. Hij werd gedood bij een zelfmoordaanslag door twee Tunesiërs, twee dagen voor de terroristische aanvallen in de Verenigde Staten, en heeft een mythische status gekregen. De Tunesiërs hadden een Belgisch paspoort en stelden zich voor als journalisten. 'Commandant, wat wilt u met Osama bin Laden, als u heel Afghanistan hebt veroverd?' was de laatste vraag die Massoed te horen zou krijgen. Hij glimlachte voor het laatst – en toen lieten de terroristen de bom in hun camera ontploffen.

Rabbani draagt zijn toespraak aan Massoed op, maar de glorietijd van Rabbani was die van de heilige oorlog tegen de Sovjet-Unie. 'Wij hebben de communisten uit ons land verdreven, wij kunnen alle indringers uit ons heilige Afghanistan verdrijven!' roept Rabbani.

De Russische troepen trokken zich terug in het voorjaar van 1989. Een paar maanden later viel de Berlijnse muur, een gebeurtenis waarvoor Rabbani graag de eer opeist, net als voor het uiteenvallen van de Sovjet-Unie.

'Als de jihad er niet was geweest, zou de hele wereld nog steeds in de greep van de communisten zijn. De Berlijnse muur is gevallen als gevolg van de verwondingen die wij de Sovjet-Unie hebben toegebracht, en door de inspiratie die wij alle onderdrukte volkeren hebben gegeven. Wij hebben het volk bevrijd van het communisme. De jihad heeft tot een vrijere wereld geleid! Wij hebben de wereld gered omdat het communisme hier in Afghanistan aan zijn einde gekomen is!'

Mansoer is druk in de weer met zijn camera. Hij heeft zich tot vlak bij het podium gedrongen om van nabij foto's van de sprekers te maken. Vooral Karzai wil hij hebben. Zijn camera klikt en klikt als hij de kleine, magere man op de foto zet. Mooi om straks aan zijn vader te laten zien.

De ene na de andere man komt het podium op om de massa toe te spreken of om te bidden. Een moellah dankt Allah, terwijl de minister van Onderwijs praat over de noodzaak om van Afghanistan een land te maken waar de wapens plaatsmaken voor internet.

'Verruil de geweren voor computers!' roept hij. Hij voegt eraan toe dat de Afghanen moeten ophouden met verschil te maken tussen etnische groepen.

'Kijk naar Amerika, daar woont iedereen samen in één land, en het zijn allemaal Amerikanen. Daar leven ze zonder problemen bij elkaar!'

Onder alle toespraken blijft het zweepslagen regenen op de ruggen van de toeschouwers, maar het helpt nauwelijks. Steeds meer mensen lukt het om over de omheining heen te komen en de heilige grond te bereiken. Er wordt zoveel geroepen en geschreeuwd dat het publiek vrijwel niets meekrijgt van wat de sprekers zeggen. Het geheel is meer een happening dan een religieuze plechtigheid. Op de trappen en op de daken rondom staan bewapende soldaten. Een stuk of tien soldaten van de speciale strijdkrachten van Amerika, met machinegeweer en zwarte zonnebril, hebben posities ingenomen op het platte dak van de moskee om de bleekroze Amerikaanse ambassadeur te beschermen. Andere soldaten staan vóór en naast hem. Voor veel Afghanen is het heiligschennis dat ongelovigen op het dak rondlopen. Een niet-moslim mag niet in de moskee komen. Bewakers zorgen ervoor dat degenen die het toch proberen geen kans krijgen. Maar ze hebben niet veel te doen, want westerse toeristen staan niet bepaald te trappelen om dit eerste voorjaar na de val van de Taliban een pelgrimstocht naar Afghanistan te maken. Slechts een enkele hulpverlener is hier in het nieuwjaarsfeest verdwaald geraakt.

Ook de strijdende krijgsheren van de stad, Atta Mohammed en generaal Abdoer Rasjid Dostoem, hebben een plaats op het podium gekregen. De Tadzjiek Atta Mohammed heerst over de stad, de Oezbeek Dostoem vindt dat hij de heerser had moeten zijn. De twee bittere vijanden staan zij aan zij naar de sprekers te luisteren. Atta Mohammed met een baard als van een Taliban en Dostoem met de uitstraling van een bokser die met vervroegd pensioen is. Ze hebben tijdens het laatste offensief tegen de Taliban met tegenzin samengewerkt. Nu ligt er weer een koufront tussen hen. Dostoem is het meest beruchte lid van de nieuwe regering en is daarin opgenomen om te voorkomen dat hij in de verleiding zou worden gebracht om het bewind te saboteren. De man die nu tegen het zonlicht staat te knipperen, met zijn armen vreedzaam voor zijn grote lijf gekruist, is een van degenen over wie in Afghanistan de meest gruwelijke verhalen de ronde doen. Zo liet hij soldaten als straf voor een overtreding vastbinden aan een tank en gaf daarna opdracht de tank te laten rondrijden tot er nog slechts bloedige brokstukken van ze over waren. Op een gegeven moment werden duizenden Talibansoldaten naar de woestijn gereden en in containers gejaagd, die vervolgens werden gesloten en achtergelaten. Toen ze een paar dagen later werden geopend, waren de gevangenen dood en was hun huid zwart verbrand door de verzengende hitte. Dostoem staat ook bekend als een meester in bedrog, die een hele rij heren heeft gediend en de een na de ander heeft verraden. Hij vocht aan de kant van de Russen toen de Sovjet-Unie het land aanviel, was atheïst en een zware wodkadrinker. Nu staat hij eerbiedig Allah te prijzen en het pacifisme te prediken: 'In 1381 heeft niemand het recht om wapens uit te delen, want dat leidt alleen maar tot gevechten en nog meer conflicten. Dit is een jaar om wapens in te zamelen, niet om nieuwe wapens uit te delen!'

Mansoer lacht. Dostoem staat bekend als functioneel analfabeet. Moeizaam spelt hij de woorden van zijn handgeschreven tekst, die hij hakkelend als een zesjarige opleest. Af en toe stopt hij helemaal, maar dan herneemt hij zich door harder te brullen.

De laatste moellah roept op tot strijd tegen het terrorisme. In het huidige Afghanistan is dat een strijd tegen alles waar men een hekel aan heeft, en dat verschilt van spreker tot spreker. De islam is de enige religie die in zijn heilige boek voorschrijft dat terrorisme moet worden bestreden. Terroristen hebben het gemunt op Afghanistan en het is onze plicht ze te bestrijden. In andere heilige boeken staat dat nergens. Allah zei tegen Mohammed: 'Je mag niet bidden in een moskee die door terroristen is gebouwd.' Echte moslims zijn geen terroristen, want de islam is de meest tolerante van alle godsdiensten. Toen Hitler de joden in Europa vermoordde, waren de joden in de islamitische landen veilig. Terroristen zijn valse moslims.

Na de urenlange toespraken zal eindelijk de vlag worden gehesen. De groene vlag van Ali, de *janda*, is vijf jaar lang niet gehesen. De vlaggenmast ligt plat op de grond, met de top naar de moskee. Onder tromgeroffel en gejubel van de massa richt Karzai de mast op, en daarna wordt de religieuze vlag gehesen. Die zal nu veertig dagen lang wapperen. Er wordt in de lucht geschoten en de versperringen worden weggehaald. De tienduizenden mensen die buiten stonden, drommen het terrein op, naar de moskee, het graf en de vlag.

Mansoer heeft genoeg van het gedrang en de feestelijkheden. Hij wil gaan shoppen. Ali moet maar even wachten. Hij heeft al een tijd geleden bedacht dat hij alle familieleden een cadeau wil geven. Als iedereen op die manier een stukje van zijn reis krijgt, zal dat zijn vader milder stemmen over zijn wensen voor de toekomst.

Eerst koopt hij gebedskleden, hoofddoeken en gebedskettingen. Dan koopt hij suikerklonten – grote klonten suikerkristal, waar je stukken van af kunt bijten voor bij de thee. Hij weet dat zijn grootmoeder Bibi Goel hem vergiffenis zal schenken voor alle zonden die hij heeft begaan of nog zal begaan, als hij thuiskomt met de zware suikerklonten die alleen in Mazar worden gemaakt. Verder koopt hij jurken en sieraden voor zijn tantes, en zonnebrillen voor zijn broers en ooms. Zonnebrillen heeft hij in Kaboel nooit ergens te koop gezien. Bepakt met al zijn aankopen in zware roze plastic tassen met reclame voor 'Pleasure – Special light cigarettes' keert hij terug naar het graf van Ali. De nieuwjaarsgeschenken moeten gezegend worden.

Hij neemt ze mee naar de crypte en loopt naar de moellahs die langs de gouden muur in de grafkamer zitten. Hij legt de cadeaus neer voor een van hen, die een stuk uit de Koran leest en zijn adem over de geschenken blaast. Als het gebed afgelopen is, pakt Mansoer zijn spullen weer in de plastic tassen en haast zich verder.

Bij de gouden muur mag men een wens doen. Geheel in de geest van de patriottische toespraken staat Mansoer met zijn voorhoofd tegen de muur, en hij zegt zijn wensen. Dat hij ooit trots mag zijn dat hij Afghaan is. Dat hij ooit trots op zichzelf en op zijn land zal mogen zijn, en dat Afghanistan een land mag worden dat in de hele wereld gerespecteerd wordt. Hamid Karzai had het niet beter kunnen zeggen.

In de roes van alle indrukken heeft Mansoer vergeten te bidden om reiniging en vergeving – de reden waarvoor hij naar Mazar is gekomen. Hij heeft niet meer gedacht aan zijn bedrog tegenover het bedelende meisje, haar magere kinderlijf, haar grote, lichtbruine ogen, haar vervilte haar. Hij is vergeten dat hij het zware misdrijf van de pennenverkoper niet heeft verhinderd.

Hij verlaat de grafkamer en loopt naar buiten, naar de vlag van Ali. Ook bij de vlaggenmast staan er moellahs die Mansoers plastic tassen aannemen. Maar ze hebben geen tijd om de cadeaus uit de tassen te halen. De rij mensen die hun kleden, kettingen, voedsel en hoofddoeken willen laten zegenen, is gigantisch lang. De moellahs pakken de plastic tassen van Mansoer beet, strijken ze snel langs de mast, zeggen haastig een gebed en geven ze terug. Mansoer werpt ze een paar bankbiljetten toe. Nu zijn de gebedskleden en suikerklonten nogmaals gezegend.

Hij verheugt zich erop de geschenken uit te delen, aan zijn grootmoeder, aan Soeltan, aan zijn tantes en ooms. Mansoer loopt glimlachend rond. Hij voelt zich dolgelukkig. Ontsnapt aan de winkel, ontsnapt aan de greep van zijn vader. Samen met Akbar en Said loopt hij over het trottoir langs de moskee. 'Dit is de mooiste dag van mijn leven! De mooiste dag!' roept hij. Akbar en Said kijken verwonderd en bijna een beetje verlegen naar hem, maar ze vinden het ook ontroerend dat hij zo gelukkig is. 'Ik hou van Mazar, ik hou van Ali, ik hou van de vrijheid! Ik hou van jullie!' roept Mansoer en hij huppelt over de straat. Dit is de eerste reis die hij zelfstandig maakt, de eerste dag in zijn leven dat hij niemand van zijn familie heeft gezien.

Ze besluiten om naar een boezkasjiwedstrijd te gaan. Het noorden van het land staat erom bekend dat het de hardste, ruwste en snelste boezkasjispelers heeft. Van verre afstand zien ze dat de wedstrijd al aan de gang is. Stofwolken hangen boven de vlakte, waar tweehonderd man te paard om een onthoofd kalfskadaver strijden. De paarden bijten en trappen, steigeren en rennen, terwijl de ruiters, met een zweep in hun mond, het kadaver op de grond te pakken proberen te krijgen. Het kalf wisselt zo gauw van bezitter dat het soms lijkt alsof het tussen de ruiters heen en weer wordt gegooid. Het is de bedoeling dat het kalf van de ene kant van de vlakte naar de andere wordt verplaatst en binnen een op de grond getrokken cirkel wordt gedeponeerd.

Soms is een wedstrijd zo hevig dat het hele dier in stukken wordt gereten.

Als je het spel niet kent, lijkt het alsof de paarden alleen maar achter elkaar aan stuiven over de vlakte, met hun ruiter balancerend in het zadel. De ruiters dragen een lange geborduurde mantel, hooggehakte gedecoreerde leren laarzen die tot het midden van hun dij reiken, en een boezkasjihoed, een kleine bolhoed van schapenvacht, met een dikke pelsrand.

'Karzai!' roept Mansoer als hij op het wedstrijdterrein de leider van Afghanistan in het oog krijgt. 'En Dostoem!'

Het stamhoofd en de krijgsheer proberen allebei fanatiek om het kalf te pakken te krijgen. Wie als een sterk leider wil overkomen, moet aan boezkasjiwedstrijden deelnemen, en niet alleen rondjes rijden aan de rand van de chaotische massa deelnemers, maar zich in het heetst van de strijd storten. Alles is echter met geld te regelen: vaak betalen machtige mannen om aan de overwinning te worden geholpen.

Karzai rijdt aan de buitenkant van de strijdende massa en slaagt er niet geheel in om het moordende tempo van de andere ruiters bij te houden. Het stamhoofd uit het zuiden heeft de ruwe regels van het boezkasjispel nooit helemaal onder de knie gekregen. Dit is een wedstrijd van de steppe. De grote zoon van de steppe, generaal Dostoem, is de winnaar of in elk geval degene die de boezkasjispelers laten winnen. Dat kan voordelig zijn. Dostoem zit als een legeraanvoerder te paard en neemt het applaus in ontvangst.

Soms vechten twee teams tegen elkaar, andere keren is het een strijd van allen tegen allen. Boezkasji is een van de wildste spelen ter wereld. Het werd naar Afghanistan gebracht door de mongolen, die het land teisterden onder Djengis Khan. Het is ook een spel om geld: machtige mannen uit het publiek loven iedere keer miljoenen afghani uit. Hoe meer geld, hoe wilder de strijd. En dan heeft boezkasji ook nog grote politieke betekenis. Een plaatselijk leider moet ofwel zelf een goede boezkasjispeler zijn, of-wel een stal met goede paarden en ruiters houden. Overwinnin-gen dwingen respect af.

Sinds de jaren vijftig hebben de autoriteiten in Afghanistan geprobeerd de wedstrijden te formaliseren. De deelnemers knik-ten alleen maar, ze wisten dat het toch niet mogelijk was om de regels te volgen. Zelfs na de invasie door de Sovjet-Unie gingen de toernooien gewoon door, ondanks de chaos in het land en ondanks het feit dat veel deelnemers niet kwamen opdagen om-dat ze de gevechtsterreinen moesten passeren. De communisten, die op allerlei gebieden een eind probeerden te maken aan de hardnekkige tradities van de Afghanen, durfden de boezkasji-wedstrijden niet aan te pakken. Integendeel, ze probeerden po-pulariteit te verwerven door toernooien te organiseren. Na elke bloedige staatsgreep zat er weer een andere communistische dic-tator op de tribune. Maar toch ondermijnden de communisten een groot deel van het fundament onder het boezkasjispel. Toen de collectivisering begon, bleven er maar weinigen over die een stal met goed getrainde paarden konden houden. De boez-kasjipaarden werden over het land verspreid en voor de land-bouw gebruikt. Met de landeigenaars verdwenen ook de wed-strijdpaarden en de ruiters.

De Taliban verboden de gevechten en bestempelden ze als strijdig met de islam. Deze wedstrijd tijdens het nieuwjaarsfeest in Mazar is de eerste grote boezkasjiwedstrijd sinds de val van de Taliban.

Mansoer heeft een plaatsje helemaal vooraan gevonden. Af en toe moet hij snel achteruit lopen om niet door de hoeven te wor-den getroffen wanneer de paarden vlak voor het publiek steige-ren. Hij schiet een paar filmpjes vol – van de buik van de paarden als ze over hem heen lijken te stormen, van het opstuivende stof, van het toegetakelde kalf, van de kleine Karzai in de verte, van de zegevierende Dostoem. Na de wedstrijd neemt hij een foto van zichzelf naast een van de boezkasjispelers.

De zon gaat bijna onder en zendt rode stralen over de stoffige vlakte. Ook de pelgrims zijn met stof bedekt. Buiten de arena zoeken de drie uitgeputte reizigers een eetgelegenheid op. Ze zitten tegenover elkaar op dunne matten en eten in stilte. Soep, rijst, schapenvlees en rauwe ui. Mansoer schrokt het eten naar binnen en bestelt nog een portie. Ze knikken naar een paar mannen die naast hen in een kring aan het armworstelen zijn. Als de thee geserveerd is, knopen ze een praatje aan.

'Komen jullie uit Kaboel?'

Mansoer knikt. 'En jullie? Zijn jullie op pelgrimsreis?'

De mannen aarzelen met hun antwoord. 'Mja, eigenlijk reizen wij rond met kwartels', antwoordt een oude, bijna tandeloze man. 'We komen uit Herat. We hebben een grote reis gemaakt, over Kandahar, Kaboel en nu hierheen. Hier worden de beste kwartelwedstrijden gehouden.'

Voorzichtig haalt de man een kleine stoffen zak uit zijn jas. Er trippelt een verfomfaaid kwarteltje uit. 'Deze heeft alle wedstrijden gewonnen waaraan we hem hebben laten meedoen', zegt hij. 'We hebben er een smak geld mee verdiend. Nu is hij een paar duizend dollar waard', voegt hij pochend toe. Met zijn verweerde, kromme roofvogelvingers voedt hij de kwartel. Die schudt zijn veertjes en leeft op. Hij is zo klein dat hij in de grote ruwe hand van de man past. Het zijn arbeiders, die vrij genomen hebben. Na vijf jaar van voor de Taliban geheim gehouden kwartelgevechten kunnen ze nu hun passie uitleven – kijken naar twee vogels die elkaar doodpikken. Of liever gezegd, juichen als hun eigen kwarteltje een ander doodt.

'Kom morgenochtend om halfzeven. Dan beginnen we', zegt de oude man. Als ze vertrekken, steekt hij ze een groot stuk hasj toe. 'De beste van de hele wereld', zegt hij. 'Uit Herat.'

In het hotel proberen ze de hasj uit. Ze rollen de ene joint na de andere. Dan slapen ze twaalf uur lang als een blok.

Mansoer wordt met een schok wakker van de tweede gebedsoproep van de moellah. Het is half een. In de moskee buiten begint het gebed. Het vrijdagsgebed. Hij voelt plotseling dat hij niet verder kan leven zonder het vrijdagsgebed. Hij moet erheen. En op tijd. Hij heeft zijn *sjalwar kamiez* in Kaboel laten liggen, het lange hemd met de wijde broek. Hij kan niet in westerse kleren naar het vrijdagsgebed. Hij is wanhopig: waar kan hij echte gebedskledij kopen? Alle winkels zijn gesloten. Hij vloekt en tiert.

'Het kan Allah niet schelen wat je aan hebt', bromt Akbar slaapdronken, in de hoop van Mansoer verlost te zijn.

'Ik moet me wassen, en het hotel heeft het water afgesloten', dreint Mansoer. Maar er is geen Leila om de huid vol te schelden, en Akbar wijst hem de deur als hij begint te jammeren. Maar het water! Een moslim kan niet bidden zonder zijn gezicht, handen en voeten te hebben gewassen. Mansoer blijft doorzeuren. 'Ik haal het niet.'

'Er is water bij de moskee', zegt Akbar alvorens zijn ogen weer te sluiten.

Mansoer rent naar buiten, in zijn vuile reiskleren. Hoe kon hij zijn gebedshemd nu vergeten op zijn pelgrimsreis? En zijn gebedsmuts? Hij vervloekt zijn onbedachtzaamheid terwijl hij naar de blauwe moskee rent om op tijd te zijn voor het gebed. Bij de ingang ziet hij een bedelaar met een klompvoet. Het stijve been ligt gezwollen, verkleurd en zwaar ontstoken op het gangpad. Mansoer rukt hem de gebedsmuts van het hoofd.

'Je krijgt hem terug!' roept hij, terwijl hij verder rent met de grijswitte muts, die een dikke geelbruine zweetrand heeft.

Hij zet zijn schoenen bij de ingang neer en loopt blootsvoets over de marmeren tegels, die glad geslepen zijn door de duizenden blote voeten. Hij wast zijn handen en voeten, drukt de muts stevig op zijn hoofd en loopt waardig naar de rijen mannen die met hun gezicht naar Mekka gekeerd liggen. Hij heeft het gehaald. In tientallen rijen van minstens honderd man liggen ze voorovergebogen op het grote plein. Mansoer gaat achteraan zitten en volgt de gebeden. Na een tijdje bevindt hij zich midden in de menigte, er zijn alweer een paar nieuwe rijen bij gekomen. Hij is de enige in westerse kleren, maar hij buigt net als de anderen, met zijn voorhoofd op de grond en zijn onderrug omhoog, vijftien maal. Hij reciteert de gebeden die hij kent en luistert naar de vrijdagstoespraak van Rabbani, die een herhaling is van zijn rede van de vorige dag.

Het gebed vindt plaats naast een omheind terrein bij de moskee, waar de ongeneeslijk zieken zitten, hopend op genezing. Ze zitten achter een hoge omheining, opdat ze de gezonde mensen niet besmetten. Met geelbleke wangen zitten tuberculeuze mannen te bidden dat Ali ze kracht zal geven. Er zitten ook geestelijk gehandicapten tussen. Een tienerjongen klapt koortsachtig in zijn handen, terwijl een oudere broer hem probeert te kalmeren. Maar de meesten zitten met een matte gelaatsuitdrukking door de tralies te kijken. Nog nooit heeft Mansoer zoveel doodzieke mensen bij elkaar gezien. De hele groep ruikt naar ziekte en dood. Alleen de allerzieksten mogen hier zitten om de hulp van Ali af te smeken. Ze zitten dicht opeen tegen de muur van de grafkamer – hoe dichter bij de blauwe mozaïekwand, des te dichter bij de genezing.

Over twee weken zijn ze allemaal dood, denkt Mansoer. Hij vangt de blik op van een man met indringende zwarte ogen en diepe rode littekens. Zijn lange knokige armen zijn bedekt met uitslag en wonden, die tot bloedens toe zijn opengekrabd, en hetzelfde geldt voor de benen die onder zijn lange hemd uitsteken. Maar hij heeft mooie, dunne bleekroze lippen. Lippen als de kroonbladeren van een van de abrikozenbloemen van dit voorjaar.

Mansoer huivert en draait zich om. Zijn blik valt op de volgende omheining. Daarachter zitten de zieke vrouwen en kinderen. Verschoten blauwe boerka's met zieke kinderen op schoot. Een moeder is in slaap gevallen, terwijl haar kind, een mongooltje, haar iets probeert te vertellen. Maar het kan net zo goed praten tegen een standbeeld met een blauw kleed erover. Misschien heeft de moeder dagenlang gelopen, blootsvoets, om met nieuwjaar bij de moskee en het graf van Ali te komen. Misschien heeft ze het kind in haar armen hierheen gedragen – om het te laten genezen. Geen arts kan haar helpen, misschien kan Ali het.

Een ander kind rust met zijn hoofd op zijn handen en beweegt het ritmisch heen en weer. Sommige vrouwen zitten apathisch voor zich uit te staren, andere slapen, weer andere zijn zelf kreupel, of blind. Maar verreweg de meesten zijn met hun kinderen gekomen. Ze wachten op de wonderen van Ali.

De rillingen lopen Mansoer over de rug. Door sterke gevoelens overmeesterd besluit hij om een nieuw mens te worden. Hij zal een goed mens en een vrome moslim worden. Hij zal de gebedstijden respecteren, hij zal aalmoezen geven, hij zal vasten, hij zal naar de moskee gaan, hij zal niet naar een meisje kijken voor hij trouwt, hij zal een baard laten staan en hij zal naar Mekka reizen.

Op het moment dat het gebed afgelopen is en Mansoer zijn belofte heeft afgelegd, komt de regen. Zonneregen. Het glinstert in de heilige gebouwen en op de gladgeslepen tegels. Het schijnt in de regendruppels. Het giet. Mansoer springt op, zoekt zijn schoenen en de bedelaar wiens muts hij heeft gebruikt. Hij werpt de bedelaar een paar bankbiljetten toe en rent over het plein, in de verkoelende regen. 'Ik ben gezegend', roept hij. 'Ik heb vergeving gekregen! Ik ben gereinigd!'

Kom hier, zei het water tegen de onreine mens.
De onreine antwoordde: Ik schaam me te veel.
Het water vroeg: Hoe wil je je zonde van je af wassen zonder mij?

De geur van stof

Damp stijgt op van de naakte lichamen. Handen bewegen snel en ritmisch. Zonnestralen dringen door twee ramen in het dak naar binnen en werpen een schilderachtig licht over billen, borsten en dijen. De lichamen in de warme ruimte zijn eerst nauwelijks te ontwaren in de stoom, totdat je ogen wennen aan het magische licht. De gezichten zijn geconcentreerd. Dit is geen kwestie van genieten, maar van hard werken.

In twee grote hallen liggen, zitten of staan vrouwen te schrobben. Ze schrobben zichzelf, elkaar of hun kinderen. Sommigen zijn dik als Rubensfiguren, anderen zijn zo mager als een bonenstaak, met uitstekende ribben. Met grote zelfgemaakte washanden van hennep schrobben ze elkaars rug, armen en benen. Ze schrapen met puimsteen het eelt onder hun voeten weg. Moeders schrobben hun huwbare dochters, terwijl ze hun lichamen nauwkeurig bestuderen. De meisjes met hun vogelborstjes worden heel gauw zogende moeders. De huid van sommige magere tieners is uitgerekt als gevolg van bevallingen waar hun lichaam nog niet klaar voor was. Bij bijna alle vrouwen vertoont de buikhuid striemen als gevolg van de vele bevallingen.

De kinderen schreeuwen of gieren, van angst of van plezier. Als ze geschrobd en afgespoeld zijn, spelen ze met de wastobbes. Anderen gillen van de pijn en spartelen als vissen in een net. Hier krijgt niemand een lapje voor de ogen om te voorkomen dat er zeep in komt. De moeders schrobben ze met hun washand totdat de vuile, donkerbruine kinderlijven roze zijn geworden. Baden en wassen is een strijd die de kinderen gedoemd zijn te verliezen, in de stevige greep van hun moeder.

Leila boent het vuil en de oude huid in rolletjes van haar lichaam. Zwarte strepen worden eraf gewreven, in de washand of op de grond. Het is verscheidene weken geleden dat Leila zichzelf fatsoenlijk gewassen heeft en maanden geleden dat ze voor het laatst in de hamam is geweest. Thuis is er zelden water, en Leila ziet niet in waarom ze zich vaak zou wassen – je wordt immers toch meteen weer vies.

Maar vandaag is ze met haar moeder en haar nichten meegegaan naar de hamam. Als ongehuwde meisjes generen zij en haar nichtjes zich enorm. Ze hebben hun slipje en bh aangehouden. De washand gaat buiten deze plekken om. Maar de armen, dijen, benen, de rug en de nek worden stevig aangepakt. Parelend zweet en waterdruppels vermengen zich op hun gezicht. Hoe harder ze schrobben en schrapen, des te schoner worden ze.

Leila's moeder, de zeventig jaar oude Bibi Goel, zit naakt op de bodem van een ondiep bassin. Over haar rug golft haar lange, grijze haar, dat anders altijd verborgen is onder een lichtblauwe sjaal. Alleen in de hamam laat ze het loshangen. Het is zo lang dat de pieken in het water van het bassin hangen. Ze zit in trance met gesloten ogen van de warmte te genieten. Af en toe doet ze wat flauwe pogingen om zich te wassen. Ze dompelt een washand in de schaal die Leila voor haar heeft neergezet. Maar ze geeft algauw op, ze kan haar hele buik niet bereiken en haar armen voelen te zwaar aan om op te tillen. Haar borsten rusten zwaar op haar grote buik. Ze blijft in trance zitten, verstijfd, als een grote, grauwe sculptuur.

Leila werpt af en toe een blik op haar moeder om zich ervan te verzekeren dat die zich goed voelt. Ondertussen schrobt ze zichzelf en kletst ze met haar nichten. Als negentienjarige heeft ze nog het lichaam van een kind, tussen meisje en vrouw in. De hele familie Khan is aan de mollige kant, in elk geval voor Afghaanse begrippen. Het vet en de olie die ze rijkelijk over hun eten gieten hebben hun weerslag op hun lichaam. Gefrituurde pannenkoeken, stukjes aardappel die druipen van het vet, schapenvlees in een saus van gekruide olie. Leila's huid is bleek en gaaf, zacht als van babybilletjes. Haar gelaatskleur wisselt van wit tot geel en grauwbleek. Het leven dat ze leidt, weerspiegelt zich in de kinderhuid die nooit zon krijgt, en in haar handen, die ruw en oud zijn als die van een bejaarde vrouw. Leila had zich lange tijd duizelig en zwak gevoeld, voordat ze eindelijk naar de dokter ging. Die zei dat ze zon nodig had, vitamine D.

Paradoxaal genoeg is Kaboel een van de meest zonnige steden ter wereld. De brandende zon schijnt bijna elke dag van het jaar op de stad, die achttienhonderd meter boven de zeespiegel ligt. Hij maakt barsten in de droge aarde, hij droogt het landschap uit dat ooit uit groene tuinen bestond, hij verbrandt de huid van de kinderen. Maar Leila ziet geen zon. In de flat op de eerste etage van het blok in Mikrorayon schijnt hij nooit, en evenmin onder haar boerka. Geen enkel gezondheid brengend straaltje komt door het rooster voor haar gezicht heen. Alleen als ze op bezoek is bij haar oudere zus Mariam, die een achtertuin bij haar huis in het dorp heeft, laat ze de zon haar huid verwarmen. Maar ze heeft zelden tijd om daarheen te gaan.

Van alle familieleden staat Leila als eerste op en gaat ze als laatste naar bed. Met dunne houtjes maakt ze de kachel in de woonkamer aan, terwijl degenen die daar slapen nog liggen te snurken. Daarna steekt ze de houtoven in de badkamer aan en zet ze water op voor het eten, de was en de afwas. Terwijl het nog donker is, vult ze flessen, ketels en vaten met water. Er is nooit stroom op dit uur van de dag en Leila is eraan gewend geraakt om haar weg op de tast te vinden. Af en toe heeft ze een lantaarn bij zich. Dan zet ze thee. Die moet klaar zijn als de bewoners van het huis om een uur of halfzeven wakker worden, anders komt er herrie. Zolang er water is, vult ze permanent de vaten die ze ter beschikking heeft, want je weet nooit wanneer de toevoer wordt afgesloten, soms na één uur, soms na twee.

Elke morgen gilt de veertienjarige Ekbal als een speenvarken. Het gaat haar door merg en been. Hij ligt uitgestrekt of juist ineengekrompen op zijn mat en weigert op te staan. Hij verzint elke dag nieuwe ziektes om aan de twaalf uur in de winkel te ontkomen. Maar er is geen genade. Elke dag staat het joch uiteindelijk op, maar de volgende dag hoor je hetzelfde hartverscheurende gegil.

'Stomme teef! Lui wijf! Er zitten gaten in mijn sokken!' roept hij, terwijl hij ze naar Leila gooit. Hij wreekt zich op wie hij maar kan.

'Leila, het water is koud geworden! Er is niet genoeg warm water! Waar zijn mijn kleren, waar zijn mijn sokken? Haal thee! Breng mijn ontbijt! Poets mijn schoenen! Waarom ben je zo laat opgestaan?'

Er wordt met deuren gesmeten en er wordt op muren gebonsd. Het lijkt wel alsof er een oorlog woedt in de paar slaapkamers, de gang en de badkamer. Soeltans zoons ruziën, brullen en zaniken. Soeltan zit onverstoorbaar met Sonja thee te drinken en te ontbijten. Sonja zorgt voor hem, Leila doet de rest. Ze vult de wasbekkens, legt kleren klaar, schenkt thee in, bakt eieren, haalt brood en poetst schoenen. De vijf mannen van het huis moeten naar hun werk.

Met grote tegenzin helpt ze haar drie neven Mansoer, Ekbal en Aimal op gang. Nooit krijgt ze een bedankje, nooit een helpende hand. 'Stelletje onopgevoede lummels', fluistert Leila kwaad bij zichzelf als de drie jongens, die maar een paar jaar jonger zijn dan zijzelf, haar commanderen.

'Hebben we geen melk? Ik zei toch dat je melk moest kopen!' sist Mansoer. 'Luie teef!' voegt hij eraan toe. Als ze moppert, heeft hij altijd dezelfde dodelijke reactie: 'Hou je bek, wijf.' Daarbij slaat hij meestal zijn arm uit, zodat hij haar in haar buik of op haar rug treft. 'Dit is jouw huis niet, dit is mijn huis!' zegt hij hard. Leila voelt het ook niet als haar huis. Het is het huis van

Soeltan – van Soeltan, zijn zoons en zijn tweede vrouw. Zij, Boelboela, Bibi Goel en Joenoes voelen zich geen van allen welkom in de familie. Maar verhuizen is geen alternatief. Als een familie uiteenvalt, is dat een schandaal. Bovendien zijn ze goede bedienden. In elk geval Leila.

Af en toe is Leila bitter over het feit dat zij niet net als haar oudere broer weggegeven is bij haar geboorte. 'Dan had ik van jongs af aan computerles en cursussen Engels gevolgd, en dan zat ik nu op de universiteit', droomt ze. 'Dan had ik mooie kleren aan gehad en zou ik me niet hoeven af te sloven.'

Leila houdt van haar moeder, daar gaat het niet om, maar ze voelt dat eigenlijk niemand om háár geeft. Ze heeft zich altijd de laatste in de rij gevoeld. En dat is ze ook geworden. Na haar heeft Bibi Goel geen kinderen meer gekregen.

Na de ochtendchaos, als Soeltan en zijn zoons vertrokken zijn, kan Leila uitblazen, thee drinken en ontbijten. Dan zijn de kamers aan hun eerste veegbeurt van de dag toe. Ze loopt rond met een strobezempje en veegt, veegt, veegt, kamer voor kamer. Het meeste stof dwarrelt op, zweeft rond en daalt achter haar weer neer. De geur van stof verlaat de flat nooit. Zij raakt het stof nooit kwijt, het is neergedaald op haar bewegingen, haar lichaam, haar gedachten. Maar ze verwijdert in elk geval de broodkruimels, de papiertroep en het afval. Verscheidene keren per dag veegt ze de kamers aan. Omdat alles op de vloer gebeurt, wordt de boel gauw vuil.

Dat is het stof dat aan haar lijf blijft kleven en dat ze nu van haar lichaam probeert te schrobben. Het komt er in dikke rolletjes van af.

'Stel je toch voor dat ik een huis had dat ik maar één keer per dag hoefde schoon te maken en een hele dag netjes bleef en pas de volgende dag opnieuw hoefde te worden aangeveegd', verzucht Leila tegen haar nichten. Die knikken. Als jongste leden van de familie leven ze net zo'n leven als zij.

Leila heeft wat ondergoed meegenomen dat ze in de hamam wil wassen. Gewoonlijk vindt het wassen van kleren plaats in het halfduister op een bank naast de latrine in de badruimte. Daar heeft ze een paar grote wasbekkens voor zich staan: een met zeep, een zonder zeep, een voor lichte kleren en een voor donkere kleren. Daarin worden de lakens, dekens, handdoeken en kleren van de familie gewassen. Ze worden geschrobd, gewrongen en daarna te drogen gehangen. Het drogen gaat moeizaam, vooral 's winters. Buiten, naast de huizenblokken, zijn drooglijnen gespannen, maar daar worden de kleren vaak gestolen, dus daar wil ze ze niet ophangen, tenzij een van de kinderen erover blijft waken tot ze droog zijn. Anders hangen ze dicht opeen aan waslijnen op het balkonnetje. Dat is maar een paar vierkante meter groot en staat vol etenswaren en rommel: een kist aardappelen, een mand uien, een mand met knoflook, een zware zak rijst, kartonnen dozen, oude schoenen, wat doeken en andere dingen die niemand durft weg te gooien omdat iemand ze misschien ooit kan gebruiken.

Thuis loopt Leila rond in oude, pluizige en gerafelde truien, bloezen vol vlekken en rokken die over de grond slepen. De rokken verzamelen het stof dat ze niet opgeveegd krijgt. Aan haar voeten draagt ze versleten plastic sandalen, en om haar hoofd een hoofddoekje. Het enige wat schittert aan haar lijf zijn de grote goudkleurige oorbellen en haar gladde plastic armbanden.

'Leila!'

Zwak klinkt een wat versleten stem tussen het gegil en het geroep van de jongeren door. De kreet is zowaar te horen boven het gekletter van het water uit de emmers die de vrouwen over elkaar heen gooien.

'Leila!!!'

Bibi Goel is ontwaakt uit haar trance. Ze zit daar met een wasdoek in haar hand en kijkt hulpeloos naar Leila. Die komt met een washand, zeep, shampoo en een teil naar haar grote, naakte moeder toe.

'Ga eens op je rug liggen', zegt ze. Bibi Goel manoeuvreert haar rug op de grond. Leila wrijft en kneedt haar, zodat ze ervan trilt. Haar beide borsten hangen naar opzij. Haar buik, die zo groot is dat hij haar geslacht bedekt als ze staat of zit, ligt daar als een witte, vormeloze massa. Bibi Goel lacht; ook zij ziet het komische van de situatie in. De kleine, lieftallige dochter en de zware, oude moeder. Het leeftijdsverschil is zo'n vijftig jaar. Als zij lachen, kunnen de anderen ook glimlachen. Plotseling lachen ze allemaal om het geschrob daar op de vloer.

'Je bent zo dik, mama, straks ga je er nog aan dood', moppert Leila terwijl ze met de washand over alle plekken gaat waar haar moeder zelf niet bij kan. Na een tijdje rolt ze haar op haar buik en krijgt ze hulp van haar nichten, die elk een van de enorme lichaamsdelen van Bibi Goel onder handen nemen. Ten slotte wordt het lange, zachte haar gewassen. De roze shampoo uit China wordt over het hoofd gegoten. Leila masseert voorzichtig, het is alsof ze bang is dat het weinige dat van het dunne haar is overgebleven ook nog zal verdwijnen. De shampoofles begint leeg te raken. Die stamt nog uit de tijd van de Taliban. De dame op de fles is onzichtbaar gemaakt met dikke strepen onuitwisbare vilstift. Net zoals de religieuze politie de boeken van Soeltan verminkte, ging ze ook de verpakkingen te lijf. Als er een vrouwengezicht op de shampoofles of een babygezichtje op de babyzeep te zien was, werden ze stuk voor stuk weggestreept. Levende wezens mochten niet worden afgebeeld.

Het water begint af te koelen. De kinderen die nog niet gewassen zijn, gillen harder dan ooit. Het duurt niet lang meer of er is alleen nog koud water in de hamam. De vrouwen verlaten het bad en naarmate er meer verdwijnen, zie je het vuil beter. In de hoeken liggen eierschalen en een paar rotte appels. Plassen vuil water blijven op de vloer achter. De vrouwen dragen hier dezelfde plastic sandalen als op straat, op hun latrine en op de binnenplaats van hun huis.

Bibi Goel sleept zich de badruimte uit, met Leila en de nichtjes achter zich aan. Dan moeten ze zich in hun kleren hijsen. Niemand heeft schone kleren meegenomen, ze trekken dezelfde kleren aan als waarin ze gekomen zijn. Tot slot worden de boerka's over de frisgewassen hoofden getrokken. De boerka met zijn eigen lucht. Omdat er weinig lucht in doordringt of uit ontsnapt, heeft elke boerka zijn eigen specifieke geur. Bibi Goels boerka heeft altijd een indringende, ondefinieerbare geur – oude adem vermengd met een zoete bloemengeur en iets zurigs. Die van Leila ruikt naar jong zweet en eten. Eigenlijk stinken alle boerka's van de familie Khan naar eten, doordat ze aan een spijker vlak buiten de keuken hangen. Nu zijn de vrouwen brandschoon onder hun boerka en hun kleren, maar de groene zeep en de roze shampoo leveren een vergeefse strijd. Weldra hult de boerka de vrouwen weer in hun eigen geur. De geur van een oude slavin, de geur van een jonge slavin.

Bibi Goel loopt voorop, de drie jonge meisjes zijn dit keer de traagsten van het stel. Giechelend blijven ze bij elkaar lopen. In een straatje waar niemand anders loopt, wippen ze hun boerka over het hoofd. Hier lopen toch alleen maar kleine jongetjes en honden. De verkoelende wind voelt weldadig aan op hun huid, die nog steeds zweet. Maar fris is de lucht niet. In de achterafstraatjes en stegen van Kaboel stinkt het naar afval en open riolen. Een smerige goot volgt de aarden weg tussen de lemen huizen. Maar de meisjes merken niets van de stank uit de goot, en ook niet van het stof dat zachtjes aan hun huid blijft kleven en hun poriën verstopt. Ze voelen de zon op hun huid en ze lachen. Plotseling duikt er een fietser op.

'Bedek je, meisjes, bedek je!' roept hij terwijl hij ze voorbij suist. Ze kijken elkaar aan en lachen om de grappige uitdrukking op zijn gezicht, maar als hij opnieuw op ze af komt fietsen, bedekken ze zich.

'Als de koning terugkomt, gebruik ik mijn boerka nooit meer', zegt Leila opeens ernstig. 'Dan is het eindelijk vrede in ons land.'

'Die komt vast nooit terug', werpt haar toegedekte nicht tegen.

'Ze zeggen dat hij dit voorjaar terugkomt', zegt Leila.

Maar voorlopig doen de drie meisjes er het beste aan om zich te bedekken, want ze zijn ook nog alleen.

Helemaal alleen lopen doet Leila nooit. Het is niet goed voor een jonge vrouw om zonder begeleiding te lopen. Wie weet waar ze wel niet heen gaat? Misschien om iemand te ontmoeten, misschien om te zondigen. Zelfs naar de groentemarkt, een paar minuten lopen van de flat, gaat Leila niet alleen. Ze neemt op zijn minst een buurjongen mee. Of ze vraagt hem de boodschap voor haar te doen. 'Alleen' is een onbekend begrip voor Leila. Ze is nog nooit ergens alleen geweest. Ze is nooit alleen in de flat geweest, nooit ergens alleen heen gegaan, ze heeft nooit alleen geslapen. Elke nacht heeft ze naast haar moeder op de mat doorgebracht. Leila weet niet wat het is om alleen te zijn en ze mist het ook niet. Het enige wat ze graag zou willen, is dat ze wat meer rust kreeg en wat minder te doen had.

Als ze thuiskomt, heerst daar een complete chaos. Overal staan dozen, reistassen en koffers.

'Sjarifa is thuisgekomen! Sjarifa!' wijst Boelboela, overgelukkig dat Leila er weer is en de rol van gastvrouw kan overnemen. De jongste dochter van Soeltan en Sjarifa, Sjabnam, rent als een dartel veulen rond. Ze omarmt Leila, die op haar beurt Sjarifa omhelst. Midden in de chaos staat Soeltans tweede vrouw te glimlachen, met Latifa op haar arm. Tot ieders grote verrassing heeft Soeltan Sjarifa en Sjabnam vanuit Pakistan mee naar huis genomen.

'Voor de zomer', zegt Soeltan. 'Voor altijd', fluistert Sjarifa. Soeltan is al naar de boekhandel vertrokken, alleen de vrouwen zijn er nog. Ze gaan in een kring op de grond zitten. Sjarifa deelt geschenken uit. Een jurk voor Leila, een sjaal voor Sonja, een tas voor Boelboela, een gebreid vest voor Bibi Goel, en kleren en plastic sieraden voor de rest van de familie. Voor haar zoons heeft ze verscheidene kostuums meegebracht, die ze in Pakistan op de markt gekocht heeft – kleren die je in Kaboel niet vindt. En ze heeft haar eigen dierbare spullen meegenomen. 'Nooit meer terug', zegt ze. 'Ik haat Pakistan.'

Maar ze weet dat haar lot in Soeltans handen ligt. Als Soeltan wil dat ze teruggaat, moet ze dat doen.

De twee vrouwen van Soeltan zitten als oude vriendinnen te babbelen. Ze bekijken stoffen, passen bloezen en sieraden. Sonja streelt de dingen die ze voor zichzelf en haar dochtertje gekregen heeft. Soeltan neemt zelden cadeaus voor zijn jonge vrouw mee, dus de thuiskomst van Sjarifa is een heerlijke onderbreking van haar monotone bestaan. Ze dost Latifa uit als een kleine pop in de uitwaaierende roze jurk die ze heeft gekregen.

Ze wisselen nieuwtjes uit. De vrouwen hebben elkaar meer dan een jaar niet gezien. Er is geen telefoon in de flat, dus ze hebben ook niet met elkaar gesproken. Het belangrijkste wat de vrouwen in Kaboel is overkomen, is de bruiloft van Sjakila, die tot in de kleinste details besproken wordt: de geschenken die ze heeft gekregen, de jurken die ze aanhadden. Ook de kinderen, verlovingen, huwelijken en dood van andere familieleden passeren de revue.

Sjarifa vertelt over het vluchtelingenbestaan. Wie terugverhuisd is en wie gebleven zijn. 'Salika heeft zich verloofd', vertelt ze. 'Dat kon niet anders, ook al was de familie ertegen. De jongen bezit immers helemaal niets, en hij is ook nog lui, hij deugt nergens voor', zegt ze. Allen knikken. Ze herinneren zich Salika allemaal als een behaagziek kind, maar ze hebben toch medelijden met haar omdat ze met een arme jongen moet trouwen.

'Nadat ze elkaar in het park ontmoet hadden, kreeg ze een maand huisarrest', vertelt Sjarifa. Toen kwamen op een dag de moeder en de tante van de jongen naar haar vragen. Haar ouders gingen akkoord, ze hadden geen keus, het kwaad was al geschied. En toen kwam het verlovingsfeest! Een schandaal!'

De vrouwen luisteren met wijdopen oren. Vooral Sonja. Dit zijn verhalen waarbij ze zich betrokken voelt. Sjarifa's verhalen zijn haar soap-opera's.

'Een schandaal', herhaalt Sjarifa, om het feit nog eens te benadrukken. Het is de gewoonte dat, als een paar zich verlooft, de familie van de aanstaande bruidegom de kosten van het feest, de jurk en de sieraden betaalt.

'Toen ze het feest zouden organiseren, gaf de vader van de jongen een paar duizend roepie aan Salika's vader, die uit Europa naar huis was gekomen om de familietragedie op te lossen. Toen hij het geld zag, gooide hij het verachtelijk op de grond. Denk je dat je een verlovingsfeest kunt houden voor zo'n paar duiten?' riep hij. Sjarifa zat op te trap te luisteren toen het gebeurde, dus het is absoluut waar. 'Hou ze maar, wij zorgen wel voor het feest!' zei hij.

De vader van Salika had ook niet veel geld, hij wachtte op asiel in België om daarna zijn familie op te halen. Zijn asielaanvraag in Nederland was al afgewezen en hij leefde nu van geld dat hij van de Belgische staat kreeg. Maar een verlovingsfeest is een belangrijke symbolische handeling, en een verloving is bijna onverbreekbaar. Als een verloving verbroken wordt, krijgt het meisje grote problemen om alsnog te trouwen, ongeacht de reden voor de breuk. Het verlovingsfeest is ook een teken aan de buitenwereld hoe de familie ervoor staat. Wat voor sieraden dragen ze en wat kosten die? Wat voor eten wordt er geserveerd en wat kost dat? Wat voor jurk heeft ze aan en wat kost die? Wat voor orkest speelt er en wat kost dat? Uit het feest moet blijken hoe de familie het aankomende familielid op prijs stelt. Als het een armoedig feest is, betekent dat dat ze geen prijs stellen op de bruid en dus ook niet op haar hele familie. Dat haar vader zich in de schulden moest steken voor een verloving waarmee eigenlijk niemand behalve Salika en haar geliefde zelf gelukkig was, betekende niets vergeleken bij de schande die het zou zijn om een goedkoop feest te houden.

'Ze heeft er al spijt van', verklapt Sjarifa. 'Omdat hij geen geld heeft. Al heel gauw zag ze wat voor nietsnut hij is. Maar nu is het te laat. Als ze de verloving verbreekt, wil niemand haar meer hebben. Ze loopt te rammelen met zes armbanden die ze van hem gekregen heeft. Ze zegt dat die van goud zijn, maar ze weet net zo goed als ik dat het stalen armbanden met een goudkleurig laagje zijn. Voor het nieuwjaarsfeest heeft ze niet eens een nieuwe jurk gekregen. Hebben jullie ooit gehoord van een meisje dat van haar verloofde geen nieuwe jurk voor het nieuwjaarsfeest kreeg?'

Sjarifa blaast uit en gaat verder. 'Hij zit de hele dag bij ze thuis, veel te vaak. Haar moeder heeft hun gedrag niet onder controle. Vreselijk, vreselijk, wat een schande, ik heb het tegen haar gezegd', zucht Sjarifa.

De drie anderen in de kring bombarderen haar met nieuwe vragen. Over die en die en die. Er zijn nog steeds een boel van hun familieleden in Pakistan: tantes, ooms, neven en nichten, die de situatie nog niet veilig genoeg vinden om terug te keren, of die niets hebben om naar terug te keren, omdat hun huis is gebombardeerd, hun grond vol mijnen ligt of hun winkel in de as gelegd is. Maar ze verlangen allemaal naar hun eigen land, net als Sjarifa. Het is bijna een jaar geleden dat ze haar zoons voor het laatst gezien heeft.

Leila moet naar de keuken om het avondeten klaar te maken. Ze is blij dat Sjarifa terug is. Dat is absoluut een feit. Maar ze ziet op tegen de ruzies die ze altijd veroorzaakt, de ruzies met haar zoons, haar schoonzussen, haar moeder. Ze herinnert zich hoe Sjarifa hun allemaal verzocht om op te hoepelen.

'Neem je dochters mee en vertrek', zei ze tegen haar schoonmoeder Bibi Goel. 'We hebben hier geen plaats voor jullie. Wij willen op onszelf wonen!' schreeuwde ze als Soeltan niet thuis was. Dat was in de tijd dat Sjarifa zowel over Soeltans huis als over diens hart regeerde. Pas de laatste jaren, nadat Soeltan een nieuwe vrouw had genomen, had Sjarifa een mildere toon tegenover Soeltans familieleden aangeslagen.

'Nu krijgen we nog minder plaats', zucht Leila. Ze zijn niet langer met zijn elven, maar met zijn dertienen in de kleine kamertjes. Ze pelt uien, en er stromen bittere uientranen. Echte tranen huilt ze zelden, ze heeft haar wensen, verlangens en teleurstellingen verdrongen. De frisse zeepgeur uit de hamam is allang verdwenen. De olie in de pan spat in haar haar en geeft het een bittere vetgeur. Haar ruwe handen doen pijn van het chilisap dat in de dun geworden huid dringt.

Ze maakt een eenvoudige maaltijd, niets extra's, zelfs al is Sjarifa thuisgekomen. Bij de familie Khan is het geen gewoonte de vrouwen te fêteren. Bovendien moet ze maken waar Soeltan van houdt. Vlees, rijst, spinazie en bonen. In schapenvet. Vaak is er alleen vlees voor Soeltan en zijn zoons, en misschien een hapje voor Bibi Goel, terwijl de anderen alleen rijst en bonen eten.

'Jullie hebben het eten niet verdiend. Jullie leven van mijn geld', zegt Soeltan.

Iedere avond komt hij thuis met stapels geld van zijn winkels. Iedere avond stopt hij het in de kluis. Vaak heeft hij grote zakken bij zich met sappige granaatappels, zoete bananen, mandarijnen en appels. Maar al dat fruit gaat in een kast. Alleen Soeltan en Sonja mogen ervan eten. Alleen zij hebben de sleutel. Fruit is duur, vooral buiten het seizoen.

Leila kijkt naar een paar kleine, harde sinaasappels die in de vensterbank liggen. Het vruchtvlees is aan het uitdrogen en

Sonja heeft ze in de keuken neergelegd – voor de rest van de familie. Maar het zou niet in Leila opkomen om ze te proeven. Als zij gedoemd is om bonen te eten, dan eet zij bonen. De sinaasappels moeten blijven liggen tot ze verrotten of uitdrogen. Leila werpt haar hoofd in de nek en zet de grote rijstketel op de primus. Ze doet de gehakte ui in de pan, die halfvol olie is, en doet er tomaten, kruiden en aardappelen bij. Leila is goed in eten koken. Ze is goed in de meeste dingen. Daarom krijgt zij ook het meeste te doen. Tijdens de maaltijden zit ze meestal in het hoekje bij de deur, om op te springen als iemand iets nodig heeft of om de schalen te vullen. Pas als ze ziet dat iedereen voorzien is, vult ze haar eigen bord met wat er is overgebleven. Wat rijst met olie en gekookte bonen.

Ze is opgevoed om anderen te dienen, en ze is een dienares geworden, die ieders bevelen opvolgt. En hoe meer bevelen ze opvolgt, des te minder respect ze krijgt. Als iemand een slecht humeur heeft, wordt dat op Leila afgereageerd. Een vlek op een trui die niet verdwenen is, vlees dat verkeerd gebakken is, er is van alles te bedenken als je je woede op iemand wilt koelen.

Als er familieleden worden uitgenodigd voor een feest, is Leila degene die 's morgens vroeg, na het maken van ontbijt voor haar eigen familie, klaarstaat om aardappelen te schillen, bouillon te maken en groente te snijden. Als de gasten komen, trekt ze haastig schone kleren aan, om vervolgens op te dienen, en ten slotte brengt ze de rest van het feest in de keuken door, waar ze de afwas doet. Ze is net Assepoester, met dat verschil dat er in haar wereld geen prins is.

Soeltan komt thuis met Mansoer, Ekbal en Aimal. Hij kust Sonja op de gang en begroet Sjarifa vluchtig in de woonkamer. Ze hebben de hele dag samen in de auto gezeten, van Pesjawar tot Kaboel, en hebben geen behoefte meer om met elkaar te praten. Soeltan en zijn zoons gaan zitten. Leila komt met een tinnen wasbekken en een kan. Ze zet het bekken om de beurt voor een van hen neer, zodat ze hun handen kunnen wassen, en geeft ze daarna een handdoek. Het plastic zeil is op de grond gelegd en de maaltijd kan worden opgediend.

Joenoes, de jongere broer van Soeltan, is thuisgekomen en groet Sjarifa hartelijk. Hij vraagt haar naar het laatste nieuws over de familieleden en vervalt daarna in zijn gebruikelijke stilzwijgen. Hij zegt zelden iets tijdens de maaltijden. Hij is rustig en bezonnen en neemt zelden deel aan de gesprekken van de familie. Het is alsof het hem niet interesseert en alsof hij zijn ongelukkige stemming voor zichzelf houdt. De achtentwintigjarige is diep ongelukkig met zijn leven.

'Een hondenleven', zegt hij. Hij moet werken van de vroege ochtend tot de late avond en krijgt 's avonds wat brokken toegeworpen aan de tafel van zijn broer.

Joenoes is de enige voor wie Leila altijd klaarstaat. Hij is de enige broer die ze echt graag mag. Soms neemt hij cadeautjes voor haar mee, nu eens een plastic haarspeld, dan weer een kam.

Vanavond is er iets waar Joenoes heel nieuwsgierig naar is. Maar hij wil wachten met ernaar te vragen. Sjarifa is hem voor en flapt het eruit.

'Het is een hele toestand met Belkisa', zegt ze. 'Haar vader wil haar wel uithuwelijken, maar haar moeder niet. Eerst wilde zij ook, maar toen praatte ze met iemand uit haar familie die ook een zoon had, een jongere zoon, die met Belkisa wilde trouwen. Ze boden geld, en toen begon de moeder te twijfelen. En dat familielid heeft bovendien allerlei roddels over onze familie verspreid. Dus ik kan je geen antwoord geven.'

Joenoes bloost en kijkt zwijgend om zich heen. De situatie is uiterst pijnlijk. Mansoer grijnst. 'Het kleinkind wil niet met opa trouwen', mompelt hij zachtjes, zodat Joenoes het kan horen maar Soeltan niet. Joenoes' laatste hoop lijkt de bodem ingeslagen. Hij voelt zich kapotgemaakt, kapot van het wachten, kapot van het zoeken, kapot van het wonen in een hok.

'Thee!' commandeert hij ter onderbreking van Sjalika's woordenstroom over de motieven van Belkisa's familie om hun dochter niet aan hem uit te huwelijken. Leila staat op. Ze is teleurgesteld dat Joenoes' huwelijk nog wel even op zich zal laten wachten. Ze had gehoopt dat als Joenoes trouwde, hij haar en haar moeder met zich mee zou nemen. Dan konden ze bij elkaar wonen, en zij zou heel lief voor hem zijn, heel lief. Ze zou Belkisa lesgeven, ze zou het zwaarste werk doen. Belkisa mocht zelfs naar school gaan als ze dat wilde. Ze zouden het heel fijn hebben. Alles wil ze doen om weg te komen uit het huis van Soeltan, waar niemand haar waardeert. Soeltan klaagt erover dat ze het eten niet klaarmaakt zoals hij dat wil, dat ze te veel eet, dat ze niet alles doet wat Sonja vraagt. Mansoer zit haar altijd en eeuwig op de huid. Vaak vraagt hij haar regelrecht op te hoepelen. 'Ik geef niet om iemand die niet van belang is voor mijn toekomst', zegt hij. 'En jij, jij betekent niets voor mij. Je leeft op de zak van mijn vader, weg met jou', lacht hij honend, wel wetende dat ze geen plek heeft om heen te gaan.

Leila komt met de thee. Slappe, groene thee. Ze vraagt Joenoes of ze zijn broek zal strijken voor de volgende dag. Ze heeft hem net gewassen en Joenoes heeft maar twee broeken, dus ze moet weten of hij van plan is om de pas gewassen broek aan te doen. Joenoes knikt zwijgend.

'Mijn tante is zo dom', zegt Mansoer tegen iedereen. 'Altijd als ze iets zegt, weet ik al wat ze gaat zeggen. Ze is het saaiste mens dat ik ken', zegt hij spottend. Hij is samen met zijn drie jaar oudere tante opgegroeid, niet als een broer, maar als haar baas.

Leila zegt dingen altijd twee keer, omdat ze denkt dat er niet naar haar geluisterd wordt. Ze praat eigenlijk alleen over huishoudelijke dingen, omdat dat haar universum is. Maar ze kan ook uitbundig lachen met haar nichten en zussen en hun kinderen. Leila kan de anderen verrassen met een leuk verhaal. Ze kan lachen dat haar hele gezicht ervan vertrekt. Maar niet tijdens het avondeten met de familie. Dan zwijgt ze bijna altijd. Af en toe moet ook zij lachen om de ruwe grappen van haar neven, maar zoals ze tegen haar nichten zegt: 'Ik lach met mijn mond, niet met mijn hart.'

Na het teleurstellende verhaal over Belkisa zegt niemand nog veel tijdens het eerste avondmaal van Sjarifa. Aimal speelt met Latifa, Sjabnam speelt met haar poppen, Ekbal maakt ruzie met Mansoer en Soeltan flirt met Sonja. De anderen eten zwijgend. Daarna gaan ze naar bed. Sjarifa en Sjabnam worden ondergebracht in de kamer waar Bibi Goel, Leila, Ekbal, Aimal en Fazil al liggen. Soeltan en Sonja houden hun slaapkamer. Tegen middernacht ligt iedereen op zijn mat, op één na.

Leila staat bij het schijnsel van een kaars eten klaar te maken. Soeltan wil eten van thuis mee als hij naar zijn werk gaat. Ze bakt kip in olie, kookt rijst, maakt groentesaus. Terwijl het eten opstaat, wast ze af. De vlam van de kaars verlicht haar gezicht. Ze heeft grote, donkere wallen onder haar ogen. Als het eten klaar is, neemt ze de pannen van het vuur, wikkelt er grote doeken omheen en maakt er een harde knoop in, zodat het deksel er niet afvalt als Soeltan en zijn zoons ze de volgende ochtend meenemen. Ze wast de olie van haar vingers en gaat slapen, in dezelfde kleren die ze de hele dag heeft aangehad. Ze rolt haar mat uit, spreidt een deken over zich heen en slaapt in, totdat de moellah haar een paar uur later wekt en ze een nieuwe dag begint, begeleid door 'Allahoe akbar – Allah is groot.'

Een nieuwe dag, die ruikt en smaakt als alle andere dagen. Naar stof.

Pogingen

Op een middag trekt Leila de boerka over haar hoofd, doet haar hooggehakte wandelschoenen aan en sluipt de flat uit. Door de hoofddeur met zijn piepende scharnieren, langs de wasbekkens, naar de binnenplaats. Ze pikt een buurjongetje op dat haar kan begeleiden. Ze passeren de brug over de uitgedroogde Kaboelrivier en verdwijnen onder de bomen die langs een van de weinige lanen van de stad staan. Ze lopen langs schoenpoetsers, meloenverkopers en broodbakkers. En langs mannen die maar wat rondhangen – het soort dat Leila vreest, mannen die tijd hebben – en ook nemen – om te *kijken*.

De bladeren aan de bomen zijn voor het eerst sinds jaren groen. De drie afgelopen jaren is er in Kaboel nauwelijks een druppel regen gevallen, en de knoppen werden bruin van de zon voordat ze zich tot bladeren konden ontwikkelen. Deze lente, de eerste lente na de vlucht van de Taliban, heeft het veel geregend, een heerlijke, gezegende regen. Niet genoeg om de rivier weer tot de oevers te vullen, maar wel om de weinige bomen die de oorlog hebben overleefd te doen uitlopen. Genoeg om het stof af en toe te doen verdwijnen. Het stof, het fijne zandstof, de vloek van Kaboel. Als het regent, wordt het tot leem, maar als het droog is stuift het op, verstopt het je neus, brandt het in je ogen, verstikt het je keel en wordt het tot slib in je longen. Deze ochtend heeft het geregend en is het heerlijk fris. Maar de frisse lucht dringt niet door tot onder de boerka. Leila merkt alleen de lucht van haar eigen nerveuze ademhaling en voelt het kloppen van het bloed in haar slapen.

Aan een betonnen huizenblok, Mikrorayon nummer 4, hangt een groot bord met het woord: 'Cursussen' erop. Buiten staan lange rijen. Hier worden alfabetiseringscursussen, computercursussen en schrijfcursussen gegeven. Leila wil zich opgeven voor een cursus Engels. Voor de ingang zitten twee mannen aan een tafel de deelnemers in te schrijven. Leila betaalt het cursusgeld en gaat naar binnen, samen met honderden anderen die op zoek zijn naar hun leslokaal. Ze gaan een trap af en komen een ruimte binnen die eruitziet als een schuilkelder. Kogelgaten vormen patronen op de muur. Tijdens de burgeroorlog was dit een wapenopslagplaats, pal onder de woonhuizen. De verschillende 'klaslokalen' zijn door schotten van elkaar gescheiden. Iedere afgeschoten ruimte is voorzien van een bord, een aanwijsstok en een paar banken. In sommige ruimtes staat ook nog een katheder. Er klinkt geroezemoes, de warmte begint zich door de ruimte te verspreiden.

Leila vindt haar lesruimte. Engels voor iets gevorderden. Ze is ruim op tijd, net als een paar opgeschoten jongens.

Is het echt waar? Jongens in de klas? Ze heeft zin om zich om te draaien en te vertrekken, maar ze vermant zich. Ze gaat helemaal achteraan zitten. Twee meisjes zitten stilletjes in de andere hoek. De stemmen uit de andere ruimtes vermengen zich tot één groot gezoem. Hier en daar klinken er scherpe lerarenstemmen doorheen. Het duurt even voordat hun leraar komt. De jongens beginnen op het bord te kriebelen. 'Pussy', schrijven ze. 'Dick', 'Fuck'. Leila kijkt ongeïnteresseerd naar de woorden. Ze heeft een Engels-Perzisch woordenboek bij zich en zoekt de betekenis op, onder het blad van de schoolbank, zodat de jongens het niet zien. Maar de woorden staan er niet in. Ze wordt opeens vervuld van afschuw. Hier zit ze alleen, of bijna alleen, met een stel jongens van haar eigen leeftijd, sommigen zelfs ouder dan zij. Ze had nooit moeten gaan, ze heeft reuze spijt. Stel je voor dat een van de jongens tegen haar begint te praten. Wat een schande. En ze heeft haar boerka nog wel uitgedaan. Je zit natuurlijk niet met een boerka aan in de klas, had ze bedacht. En nu heeft ze zich al vertoond.

De leraar komt en de jongens vegen snel de woorden uit die ze hebben opgeschreven. Het wordt een lijdensuur. Iedereen moet zich voorstellen, zeggen hoe oud hij of zij is en iets in het Engels vertellen. De leraar, een magere jongeman, wijst met zijn aanwijsstok naar haar en vraagt haar om wat te zeggen. Ze voelt hoe haar ziel zich in bochten wringt in het front van deze jongens. Ze voelt hoe ze zichzelf bevuild heeft, zich heeft blootgegeven en haar eer te grabbel heeft gegooid. Wat had ze zich voorgesteld toen ze naar deze cursus wilde? Ze had nooit gedacht dat er jongens en meisjes in dezelfde klas zouden zitten. Nooit. Dat was haar schuld niet.

Ze durft niet weg te lopen. De leraar zou haar wel eens naar de reden kunnen vragen. Maar als de les voorbij is, stormt ze naar buiten. Ze gooit haar boerka over zich heen en rent naar buiten.

Eenmaal veilig thuis hangt ze haar boerka aan de spijker in de gang.

'Afschuwelijk! Er waren jongens in de klas!'

De anderen staren haar met open mond aan. 'Dat is niet goed', zegt haar moeder. 'Daar moet je niet meer heen gaan.'

Leila dacht er ook niet over om er weer heen te gaan. Ook al waren de Taliban weg, ze zaten nog steeds in haar hoofd. En in het hoofd van Bibi Goel en Sjarifa en Sonja. De vrouwen in Mikrorayon waren blij dat de tijd van de Taliban voorbij was. Ze konden muziek spelen, ze konden dansen, ze konden hun teennagels lakken – zolang niemand ze zag en ze onder hun veilige boerka verborgen konden blijven. Leila was een echt kind van de burgeroorlog, het moellahbewind en de Taliban. Een kind van de angst. Ze huilde vanbinnen. Haar poging om uit te breken, om zelfstandig iets te doen, iets te leren, was mislukt. Vijf jaar lang was het verboden geweest voor meisjes om iets te leren. Nu mocht het, maar nu verbood ze het zichzelf. Had Soeltan haar maar naar een gewone school laten gaan, dan was er geen probleem geweest. Daar had je klassen met alleen maar meisjes.

Ze ging op de keukenvloer zitten om uien en aardappelen te snijden. Naast haar zat Sonja gebakken eieren te eten, terwijl ze Latifa de borst gaf. Leila had geen zin om met haar te praten. Dat stomme kind, dat het alfabet niet eens kende. Die het zelfs niet geprobeerd had. Soeltan had een privé-leraar voor haar besteld om haar te leren lezen en schrijven. Maar er bleef niets van de les bij haar hangen, elk uur waren ze weer even ver als het eerste, dus nadat ze in een paar maanden vijf letters had geleerd, gaf ze het op en smeekte ze Soeltan om ermee te mogen stoppen. Mansoer had al vanaf het begin honend gelachen om Sonja's particuliere alfabetiseringscursus. 'Als een man alles heeft en niet meer weet wat hij zal doen, leert hij zijn ezel praten!' schaterde hij. Zelfs Leila, die eigenlijk een hekel had aan alles wat Mansoer zei, moest om zijn grap lachen.

Leila probeerde Sonja zo veel mogelijk haar plaats te wijzen. Ze wees haar terecht als ze iets doms zei of wanneer iets haar niet lukte, maar alleen als Soeltan er niet was. Voor Leila was Sonja het arme dorpsmeisje dat tot hun relatieve rijkdom was verheven om de enkele reden dat ze er mooi uitzag. Ze had een hekel aan haar vanwege alle privileges die Soeltan haar gaf, en omdat de werklast zo ongelijk over haar en haar leeftijdgenote was verdeeld. Maar eigenlijk had ze niets persoonlijks tegen Sonja, die meestal niets anders deed dan met een milde, afwezige uitdrukking naar de dingen om haar heen kijken. In feite was ze ook niet lui, ze had goed aangepakt toen ze nog voor haar ouders in het dorp zorgde. Het was Soeltan die haar verbood te werken. Als hij niet thuis was, wilde ze best meehelpen. Maar toch ergerde ze Leila. Ze zat de hele dag op Soeltan te wachten, en ze sprong op als hij thuiskwam. Als hij op zakenreis was, liep ze er ongewassen en onverzorgd bij. Als hij thuis was, poederde ze haar donkere huid wit, bracht ze ogenschaduw aan en stiftte ze haar lippen.

Sonja was op haar zestiende in één keer van een kind in een echtgenote veranderd. Vóór de bruiloft had ze gehuild, maar als welopgevoed meisje had ze zich gauw met de gedachte verzoend. Ze was zonder verwachtingen opgegroeid, en Soeltan had de twee maanden lange verlovingstijd goed gebruikt. Hij had haar ouders omgekocht, zodat hij al vóór de bruiloft tijd met Sonja alleen kon doorbrengen. Eigenlijk mogen verloofden elkaar tussen de verlovingsdag en de bruiloft niet zien – een regel waar zelden de hand aan wordt gehouden. Maar dat ze samen huisraad kochten, was één ding. Dat ze de nachten samen doorbrachten, was iets heel anders, dat was volstrekt ongehoord. Sonja's oudere broer wilde haar eer met een mes verdedigen toen hij hoorde dat Soeltan de ouders geld had betaald om vóór de huwelijksnacht samen met Sonja te kunnen overnachten. Maar zelfs de woede van de broer werd met klinkende munt tot zwijgen gebracht, en Soeltan kreeg zijn zin. In zijn ogen bewees hij haar een dienst.

'Ze moet op de huwelijksnacht worden voorbereid, ze is nog ontzettend jong en ik ben een ervaren man', zei hij tegen de ouders. 'Als wij nu samen tijd doorbrengen, wordt de huwelijksnacht niet zo'n schok voor haar. Maar ik beloof dat ik me niet aan haar zal vergrijpen.' Stap voor stap bereidde hij de zestienjarige op de grote nacht voor.

Twee jaar later is Sonja tevreden met haar eentonige leven. Ze wil niets anders dan thuis zitten, soms wat familieleden bezoeken of op bezoek krijgen, af en toe een nieuwe jurk krijgen en om de vijf jaar een gouden armband.

Op een keer had Soeltan haar meegenomen op zakenreis naar Teheran. Ze waren een maand weg, en de andere vrouwen in Mikrorayon waren nieuwsgierig wat ze in het buitenland had beleefd. Maar toen ze terugkwamen, had Sonja niets te vertellen. Ze hadden bij familie gelogeerd, en ze had net als altijd met Latifa op de vloer gespeeld. Ze had nauwelijks iets van Teheran gezien en had niet de wens gehad om de stad nader te leren kennen. Het enige wat ze wist te zeggen, was dat ze in Teheran mooiere spullen in de bazaar hadden dan in Kaboel.

Het belangrijkste dat er in Sonja's hoofd omgaat, is haar wens om meer kinderen te krijgen, of liever gezegd, zoons. Nu is ze opnieuw zwanger en doodsbenauwd dat ze weer een dochter zal krijgen. Als Latifa aan haar sjaal trekt of ermee begint te spelen, geeft Sonja haar een tik en maakt ze de sjaal weer vast. Want als het laatstgeboren kind met de sjaal van de moeder speelt, is dat een teken dat het volgende kind een meisje wordt.

'Als ik een dochter krijg, neemt Soeltan een derde vrouw', zegt ze tegen haar schoonzus, nadat ze een tijd zwijgend naast elkaar hebben gezeten op de keukenvloer.

'Heeft hij dat gezegd?' vraagt Leila verbaasd.

'Ja, gisteren.'

'Dat zegt hij alleen maar om je bang te maken.'

Sonja luistert niet. 'Ik mag geen dochter krijgen, ik mag geen dochter krijgen', mompelt ze terwijl de eenjarige aan haar borst langzaam inslaapt door het eentonige stemgeluid van haar moeder.

'Domme koe', denkt Leila over haar even oude schoonzus. Ze is niet in de stemming om te praten. Ze moet hier weg, beseft ze. Ze weet dat ze het niet langer uithoudt om hier de hele dag met Sonja, Sjarifa, Boelboela en haar moeder te zitten. Ik word gek, ik kan er niet meer tegen, denkt ze bij zichzelf. Ik hoor hier niet thuis.

Ze denkt aan Fazil en aan de manier waarop Soeltan hem behandeld heeft. Daardoor heeft ze ingezien dat het tijd werd om op eigen benen te staan en naar die cursus Engels te gaan.

De elf jaar oude Fazil had elke dag in de boekhandel geholpen met dozen sjouwen, elke avond samen met ze gegeten en elke nacht in foetushouding op zijn mat naast Leila geslapen. Fazil is de oudste zoon van Mariam, en een neefje van Soeltan en Leila.

Mariam en haar man hadden niet genoeg geld om al hun kinderen te voeden, en toen Soeltan hulp nodig had in de winkel, namen ze zijn aanbod om hun zoon kost en logies te geven met vreugde aan. De betaling bestond erin dat Fazil zich twaalf uur per dag afbeulde. Alleen vrijdags had hij vrij om naar zijn vader en moeder in het dorp te gaan.

Fazil had het naar zijn zin. Overdag maakte hij de boekwinkel schoon en sleepte hij met boekendozen, en 's avonds speelde en stoeide hij met Aimal. De enige die hij niet leuk vond, was Mansoer, die hem een tik op het hoofd verkocht of hem in de rug stompte als hij een fout maakte. Maar Mansoer kon ook aardig zijn – hij kon hem plotseling meenemen naar een winkel en nieuwe kleren voor hem kopen, of naar een restaurant om te lunchen. Alles bijeengenomen vond Fazil het een fijn leven, ver van de modderige straten in zijn dorp.

Maar op een avond zei Soeltan: 'Ik heb genoeg van jou. Ga maar naar huis. Ik wil je niet meer in de winkel zien.'

De hele familie was sprakeloos. Hij had Mariam toch beloofd om een jaar lang voor de jongen te zorgen? Niemand zei iets. Ook Fazil niet. Pas toen hij op zijn mat lag, huilde hij. Leila probeerde hem te troosten, maar er viel niet veel te zeggen, Soeltans woord was wet.

De volgende ochtend pakte ze zijn weinige bezittingen bijeen en stuurde hem naar huis. Hij moest zelf aan zijn moeder uitleggen waarom hij naar huis was gestuurd. Soeltan had genoeg van hem.

Leila kookte van woede. Hoe kon Soeltan hem zo behandelen? Zij kon zomaar de volgende zijn die hij verstootte. Ze moest iets bedenken.

Leila dacht een nieuw plan uit. Op een morgen, toen Soeltan en zijn zoons vertrokken waren, trok ze haar boerka weer aan en ging ze de deur uit. Opnieuw kreeg ze een jongetje zover dat hij haar wilde vergezellen. Dit keer nam ze een andere weg, ze liep Mikrorayon helemaal uit, weg uit de gebombardeerde steenwoestijn. Aan de rand van de stad waren de huizen zo kapot dat je er niet meer kon wonen. Toch hadden een paar families hun intrek genomen in de ruïnes. Ze hielden zich in leven door te bedelen bij hun buren, die bijna even arm waren, maar tenminste een dak boven hun hoofd hadden. Leila stak een veldje over, waar een kudde geiten aan de verspreide graspollen graasde, terwijl de geitenhoeder lag te doezelen onder de enige boom die was overgebleven en die een beetje schaduw gaf. Dit was de grens tussen stad en platteland. Aan de andere kant van het veld begon het dorp Deh Khoedaidad. Allereerst liep ze naar het huis van haar oudere zus Sjakila.

De poort werd opengedaan door Said. Dat was de oudste zoon van Wakil, de man met wie Sjakila kort geleden was getrouwd. Said miste drie vingers aan zijn hand. Die had hij verloren door de ontploffing van een accu die hij aan het repareren was. Maar hij zei tegen iedereen dat hij op een mijn gelopen was. Het gaf je meer aanzien als je het slachtoffer van een mijn was, het was bijna alsof hij in een oorlog gevochten had. Leila mocht hem niet, ze vond hem simpel en grof. Hij kon niet lezen en schrijven en hij praatte als een boer. Net als Wakil. Ze huiverde onder haar boerka toen ze hem zag. Hij trok een scheve lach en raakte haar boerka even aan toen ze langs hem liep. Ze huiverde opnieuw. Ze huiverde uit angst dat ze met hem opgescheept zou worden. Er waren velen in de familie die probeerden hen te koppelen. Zowel Sjakila als Wakil waren bij Bibi Goel geweest om naar haar te vragen.

'Te vroeg', had Bibi Goel geantwoord, ook al werd het tijd om Leila uit te huwelijken.

'Op tijd', had Soeltan gezegd. Niemand vroeg Leila iets, en Leila zou ook niet geantwoord hebben. Een welopgevoed meisje antwoordt niet op de vraag of ze deze of gene aardig vindt.

Maar ze hoopte innig dat ze aan Said zou ontsnappen.

Schommelend kwam Sjakila aanlopen. Glimlachend, stralend. Wat haar huwelijk met Wakil betrof, was alle angst overbodig gebleken. Ze mocht blijven werken als lerares biologie. Zijn kinderen verafgoodden haar, ze snoot hun neuzen en waste hun kleren. Ze kreeg haar man zover dat hij het huis opknapte en haar geld voor nieuwe gordijnen en kussens gaf. En ze stuurde zijn kinderen naar school, iets waar Wakil en zijn eerdere vrouw niet zo nauwkeurig mee geweest waren. Toen de oudste zoons tegensputterden omdat ze het pijnlijk vonden om in hetzelfde lokaal te zitten als de kleintjes, zei ze alleen maar: 'Als jullie nu niet gaan, wordt het later nog pijnlijker.'

Sjakila was dolgelukkig dat ze eindelijk haar eigen man had. Haar ogen schitterden en glansden zoals ze nog nooit gedaan hadden. Ze zag er verliefd uit. De voormalige oude vrijster van vijfendertig voelde zich in haar element als huisvrouw.

De zussen kusten elkaar op beide wangen. Ze trokken hun boerka over zich heen en liepen de poort uit, Leila in haar zwarte hooggehakte wandelschoenen, Sjakila op haar torenhoge witte pumps met gouden gespen – haar bruidsschoenen. Schoenen zijn belangrijk als je noch je lijf of kleren, noch je haar of gezicht kunt laten zien.

Ze trippelden door regenplassen, liepen langs de rand van hard geworden leem en diepe autosporen, terwijl het gruis krassen maakte op hun dunne zolen. De weg die ze volgden was de weg naar de school. Leila zou een baan als lerares proberen te krijgen. Dat was haar geheime plan.

Sjakila had geïnformeerd op de dorpsschool waar ze werkte. Daar hadden ze geen lerares Engels. Hoewel Leila maar negen jaar op school gezeten had, dacht ze dat ze wel les kon geven aan beginners. Toen ze in Pakistan woonde, had ze 's avonds extra les Engels gevolgd.

De school ligt achter een lemen muur, die zo hoog is dat je er niet overheen kunt kijken. Bij de ingang zit een oude bewaker. Hij let erop dat er geen onbevoegden naar binnen komen, speciaal mannen niet, want dit is een meisjesschool, met alleen maar leraressen. De binnenplaats was ooit een grasveld. Nu worden er aardappels verbouwd. Rondom het aardappelveld zijn lesruimtes gemaakt. Elke ruimte heeft drie muren: de buitenmuur en twee zijwanden, terwijl er een opening is naar de binnenplaats. Zo kan de directrice de hele tijd zien wat er in alle lokalen gebeurt. De afgeschoten ruimtes bieden plaats aan een paar banken en tafels en een schoolbord. Alleen de oudste meisjes zitten op banken en aan tafels, de anderen zitten op de grond en lezen wat er op het bord staat. Veel leerlingen hebben geen geld voor schriften, maar schrijven op een lei of op een stuk papier dat ze ergens hebben gevonden.

Er heerst grote verwarring. Dagelijks komen er nieuwe leerlingen opduiken die op school willen beginnen. De klassen worden steeds groter. De schoolcampagne van de overheid is niet onopgemerkt gebleven. In het hele land zijn grote plakkaten opgehangen met foto's van gelukkige kinderen met boeken onder hun arm. 'Terug naar school' luidt de enige tekst. De rest blijkt uit de afbeeldingen.

Als Sjakila en Leila aankomen, is de directrice bezig met een jonge vrouw die zich als leerling wil laten inschrijven. Ze zegt dat ze al drie jaar school heeft gevolgd en dat ze in de vierde klas wil beginnen.

'Ik kan je niet in onze lijsten vinden', zegt de directrice, terwijl ze in de leerlingencartotheek kijkt, die gedurende het hele Taliban-regime bij toeval in een kast is blijven liggen. De vrouw zegt niets.

'Kun je lezen en schrijven?' vraagt de directrice dan.

De vrouw aarzelt met haar antwoord. Ten slotte geeft ze toe dat ze nooit eerder naar school geweest is.

'Maar het zou zo fijn geweest zijn om in de vierde klas te beginnen', fluistert ze. 'In de eerste zijn ze zo klein, het is zo'n schande om daarbij te zitten.'

De directrice zegt dat, als ze wat wil leren, ze bij het begin moet beginnen, in de eerste klas. Een klas die bestaat uit kinderen in de leeftijd van vijf jaar tot tegen de twintig. De vrouw zou de oudste zijn. Ze bedankt en vertrekt.

Dan is Leila aan de beurt. De directrice herinnert zich haar nog uit de tijd van voor de Taliban. Leila was toen leerling van deze school, en de directrice wil haar graag als lerares hebben.

'Maar eerst moet je je laten registreren', zegt ze. 'Je moet met je papieren naar het ministerie van Onderwijs gaan en om toestemming vragen om hier te werken.

'Maar jullie hebben immers geen lerares Engels. Kunnen jullie dat verzoek niet voor mij indienen? Of kan ik niet nu alvast beginnen en mij later laten registreren?' vraagt Leila.

'Nee, eerst moet je persoonlijk toestemming van de autoriteiten hebben. Zo zijn de regels.'

Het luide gegil van jonge leerlingen dringt het open kantoor binnen. Een lerares slaat ze met een tak om ze stil te krijgen, en ze tuimelen over elkaar terwijl ze hun eigen klaslokaal opzoeken.

Bedrukt loopt Leila de schoolpoort uit. Het geluid van de opgewonden schoolmeisjes verdwijnt. Ze sjokt naar huis en vergeet helemaal dat ze in haar eentje op haar hooggehakte schoenen rondloopt. Hoe moet ze ooit naar het ministerie van Onderwijs gaan zonder dat iemand dat merkt? Haar plan was om eerst de baan te veroveren en het daarna aan Soeltan te vertellen. Als hij het van tevoren hoort, zal hij het haar verbieden, maar als ze de baan al heeft, staat hij haar misschien wel toe om ermee door te gaan. De lessen zouden toch maar een paar uur per dag in beslag nemen; ze zou gewoon nog eerder opstaan en nog harder werken.

Haar getuigschriften liggen in Pakistan. Ze heeft de neiging om op te geven. Maar dan denkt ze weer aan de donkere flat en de stoffige vloeren in Mikrorayon, en ze loopt naar het telefoonkantoor in de buurt. Ze belt naar een paar familieleden in Pesjawar en vraagt ze om haar papieren te verzamelen. Ze beloven haar te helpen en de papieren mee te zullen geven met iemand die naar Kaboel reist. De Afghaanse posterijen functioneren niet, dus de meeste post wordt met reizigers meegestuurd.

Na een paar weken komen de documenten. De volgende stap is de gang naar het ministerie van Onderwijs. Maar hoe kan ze daar komen? Ze kan onmogelijk in haar eentje gaan. Ze vraagt Joenoes om hulp, maar die vindt dat ze niet moet gaan werken. 'Je weet nooit wat voor baan je krijgt', zegt hij. 'Blijf toch gewoon thuis en zorg voor je oude moeder.'

Haar lievelingsbroer biedt geen uitkomst. En haar neef Mansoer snuift alleen maar als ze hem om hulp vraagt. Ze komt geen stap verder. Het schooljaar is allang begonnen. 'Het is te laat', zegt haar moeder. 'Wacht tot volgend jaar.'

Leila is wanhopig. 'Misschien wil ik eigenlijk helemaal niet lesgeven', praat ze zichzelf aan om het zichzelf makkelijker te maken van het plan af te zien. 'Misschien heb ik er wel helemaal geen zin meer in.'

Ze stampt opeens van woede. Ze stampt in het slijk van de samenleving en in het stof van de traditie. Ze stampt op het systeem dat in de loop der eeuwen is ontstaan en dat de helft van de bevolking verlamt. Het ministerie van Onderwijs is een halfuur met de bus verwijderd. Een onoverkomelijk halfuur. Leila is het niet gewend om voor iets te vechten, integendeel, ze is gewend om op te geven. Maar er moet een uitweg zijn. Ze moet hem alleen zien te vinden.

Kan Allah doodgaan?

De verschrikkelijke saaiheid van het strafwerk krijgt Fazil langzaam in zijn greep. Hij heeft zin om op te springen en te gaan gillen, maar hij vermant zich, zoals een jongen zijn straf moet dragen als hij elf jaar is en zijn les niet heeft geleerd. Zijn hand gaat op de bekende schokkerige manier over het vel papier. Hij schrijft met kleine letters om niet te veel ruimte in beslag te nemen. Schriften zijn duur. Het licht van de gaslantaarn geeft het vel een roodachtige glans. Het is alsof ik op vlammen schrijf, denkt hij.

In de hoek van de kamer zit zijn grootmoeder met één oog naar hem te kijken. Haar andere oog is verbrand toen ze in een aardoven viel die in de vloer gemetseld was. Zijn moeder, Mariam, geeft de twee jaar oude Osip de borst. Hoe vermoeider Fazil wordt, des te bezetener schrijft hij. Hij moet het afkrijgen, al moet hij ook de hele nacht opblijven. Hij kan er niet meer tegen als de leraar hem nog eens met zijn aanwijsstok een tik op zijn vingers geeft. In elk geval kan hij niet tegen de schande.

Hij moet tien keer opschrijven wat Allah is: Allah is de schepper, Allah is eeuwig, Allah is almachtig, Allah is goed, Allah is kennis, Allah is het leven, Allah ziet alles, Allah hoort alles, Allah weet alles, Allah bestiert alles, Allah oordeelt over alles, Allah…

De reden dat hij strafwerk heeft, is dat hij fout geantwoord heeft in de islamles. 'Ik geef altijd het verkeerde antwoord', klaagt hij tegen zijn moeder. 'Want als ik de leraar zie, word ik zo bang dat ik alles vergeet. Hij is altijd kwaad, en als je maar één foutje maakt, haat hij je al.'

Het was van het begin tot het eind verkeerd gegaan toen Fazil voor het bord werd gehaald om overhoord te worden over Allah. Hij had zijn les geleerd, maar toen hij naar voren kwam, was het alsof hij tijdens het leren aan iets anders had gedacht. Hij kon zich niets meer herinneren. De islamleraar, met zijn lange baard, zijn tulband, lange hemd en wijde broek, had hem met zijn zwarte, stekende ogen aangekeken en gevraagd: 'Kan Allah doodgaan?'

'Nee', antwoordde Fazil, terwijl hij beefde voor de blik van de leraar. Hij was bang dat wat hij ook zou zeggen, het toch fout zou zijn.

'Waarom niet?'

Fazil was met stomheid geslagen. Waarom kon Allah niet doodgaan? Konden messen niet door hem heen? Konden kogels hem niet verwonden? De gedachten raasden door zijn hoofd.

'Nou?' zei de leraar. Fazil bloosde en stamelde wat, maar hij durfde geen woord te zeggen. Een andere jongen mocht antwoorden. 'Omdat hij eeuwig is', zei hij.

'Goed. Kan Allah spreken?' ging de leraar verder.

'Nee', antwoordde Fazil. 'Of ja, toch wel.'

'En als hij volgens jou kan spreken, hoe spreekt hij dan?'

Fazil was opnieuw stil. Hoe hij sprak? Met donderende stem? Met zachte stem? Fluisterend? Opnieuw wist hij geen antwoord te geven.

'Nou, je zegt dat hij kan spreken. Heeft hij een tong?' vroeg de leraar.

'Of Allah een tong heeft?'

Fazil brak zich het hoofd over het juiste antwoord. Hij dacht dat Allah geen tong had, maar durfde niets te zeggen. Het was beter om niets te zeggen dan iets verkeerds te zeggen en je belachelijk te maken voor de hele klas. Opnieuw kreeg een andere, jongere jongen het woord.

'Hij spreekt via de Koran tot ons', zei de jongen. 'De Koran is zijn tong.'

'Juist. Kan Allah zien?'

Fazil zag hoe de leraar met de aanwijsstok stond te draaien en zichzelf lichtjes tegen zijn handpalm sloeg, alsof hij oefende voor de slagen die hij weldra over Fazils vingers zou laten neerdalen.

'Ja', antwoordde Fazil.

'Hoe ziet hij? Heeft hij ogen?'

Fazil bleef stokstijf staan en zei: 'Ik heb Allah nooit gezien, hoe moet ik dat weten?'

De leraar sloeg hem zo hard met de stok op zijn vingers dat de tranen hem in de ogen sprongen. Hij voelde zich de domste van de klas, de pijn in zijn vingers was niets vergeleken met de schande om daar zo te staan. Tot slot kreeg hij dit strafwerk.

De leraar deed hem denken aan een Taliban. Nog geen half-jaar geleden liep iedereen zo rond als hij. 'Als je dit niet leert, kun je niet in deze klas blijven', zei hij ten slotte. Misschien was de leraar wel echt een Taliban, dacht Fazil. Hij wist dat de Taliban streng waren.

Nadat hij tien keer heeft opgeschreven wat Allah is, moet hij de tekst van buiten leren. Hij mompelt voor zich uit, en herhaalt het luid voor zijn moeder. Uiteindelijk zit het in zijn hoofd. Zijn oma heeft medelijden met haar kleinkind. Zelf is ze nooit naar school gegaan en ze denkt dat het huiswerk te zwaar is voor het kleine joch. Ze houdt een theeglas tussen de stompjes van haar handen en slurpt de inhoud naar binnen.

'Als de profeet Mohammed dronk, maakte hij nooit geluid', zegt Fazil streng. 'Iedere keer dat hij een slok nam, haalde hij het glas drie keer van zijn lippen om Allah te danken.'

Zijn grootmoeder kijkt hem met haar ene oog aan. 'Echt waar? Nu ja, als jij het zegt…'

Het volgende deel van het huiswerk gaat over de profeet Mohammed. Fazil is aangekomen bij het hoofdstuk over Moham-meds gewoonten en leest hardop, terwijl hij met zijn wijsvinger langs de letters gaat, van rechts naar links.

'De profeet Mohammed, vrede zij met hem, zat altijd op de

grond. Hij had geen meubels in zijn huis, omdat hij vond dat een man als een reiziger door het leven moest gaan, die slechts even uitrust in de schaduw en dan weer verder gaat. Een huis moest niets anders zijn dan een rustplaats, een plek die beschutting biedt tegen kou, hitte en wilde dieren, en een plek waar men zich met zijn familie kon terugtrekken.

Mohammed, vrede zij met hem, rustte altijd uit terwijl hij op zijn linkerarm lag. Als hij diep wilde nadenken, vond hij het prettig om met een spade of een stok in de grond te graven, of om zijn armen om zijn opgetrokken knieën te slaan. Als hij sliep, deed hij dat op zijn rechterzij, terwijl hij zijn rechterhandpalm onder zijn gezicht hield. Soms sliep hij op zijn rug, soms legde hij zijn ene been over het andere, maar hij lette er altijd op dat ieder deel van het lichaam bedekt was. Hij hield er niet van om met zijn gezicht naar beneden te liggen en verbood ook anderen om dat te doen. Hij hield er ook niet van om in een donkere kamer of op een open dak te slapen. Hij waste zich altijd voordat hij ging slapen en zei gebeden op totdat hij insliep. Hij snurkte zachtjes als hij sliep. Als hij midden in de nacht opstond om te urineren, waste hij zijn handen en zijn gezicht als hij terugkwam. In bed droeg hij een lendendoek, maar zijn hemd deed hij meestal uit. Omdat er in zijn tijd geen latrines in de huizen waren, liep de profeet meestal een paar kilometer de stad uit, zodat hij uit het zicht zou zijn, en hij koos zachte aarde uit, zodat de urine niet tegen zijn lichaam spatte. Hij zorgde er ook heel nauwgezet voor dat hij zich achter een steen of een heuvel verborg. Hij baadde altijd achter een kleed, of hij gebruikte een lendendoek als hij in de regen baadde. Wanneer hij zijn neus snoot, hield hij altijd een doek voor zijn gezicht.

Fazil ging verder met lezen over de eetgewoonten van de profeet. Dat hij van dadels hield, het liefst vermengd met melk of boter. Dat hij bij voorkeur de nek en de lende van dieren at, maar dat hij nooit ui of knoflook at, omdat hij niet van een slechte adem hield. Voordat hij ging zitten om te eten, trok hij altijd zijn schoenen uit en waste hij zijn handen. Hij gebruikte alleen zijn rechterhand bij het eten, en hij at alleen zijn deel van het opgediende eten, hij greep nooit midden in de schaal. Hij gebruikte nooit bestek en at met slechts drie vingers. Voor elke hap eten die hij in zijn mond stak, dankte hij Allah. En wat Fazil al wist: als hij dronk, maakte hij geen geluid.

Hij slaat het boek dicht.

'Nu moet je gaan slapen, Fazil.'

Mariam heeft schone lakens op zijn mat neergelegd, in dezelfde kamer als waar ze hebben zitten eten. Rondom hem snurken de drie andere jongens al. Maar Fazil moet zijn gebeden nog opzeggen, in het Arabisch. Hij zwoegt op de onverstaanbare woorden uit de Koran en stort dan neer op zijn mat, met al zijn kleren nog aan. Om zeven uur de volgende ochtend moet hij op school zijn. Hij huivert. Het eerste uur is de islamles. Hij valt uitgeput in slaap, woelt heen en weer en droomt dat hij opnieuw wordt overhoord en dat hij nergens een goed antwoord op weet te geven. Hij kent de antwoorden, maar ze komen er niet uit.

Hoog boven hem trekken grote en zware wolken naar het dorp. Nadat hij is ingeslapen, spoelt de regen neer. Het water doordrenkt het lemen dak en klettert tegen de bepleistering van de buitenmuren. De druppels blijven hangen aan het plastic dat de raamopeningen bedekt. Er trekt een koele luchtstroom door de kamer, de grootmoeder wordt wakker en draait zich om. 'Allah zij geloofd en geprezen', zegt ze als ze de regen ziet. Ze laat de stompjes van haar hand over haar gezicht glijden, alsof ze in gebed verzonken is. Ze draait zich opnieuw om en slaapt verder. De vier kinderen om haar heen ademen rustig door.

Als Fazil de volgende morgen om halfzes gewekt wordt, is de regen opgehouden en zendt de zon zijn eerste stralen over de heuvels rondom Kaboel. Als hij zich wast in het water dat zijn moeder heeft klaargezet, zich aankleedt en zijn schoolzak inpakt, zijn de plassen die de nachtelijke regen heeft achtergelaten alweer aan het opdrogen in het zonlicht. Fazil drinkt thee en eet haastig zijn ontbijt. Hij is uit zijn humeur, en boos op zijn moeder. Hij wordt kwaad als ze niet snel genoeg doet wat hij haar vraagt. Hij moet de hele tijd aan de islamleraar denken.

Mariam weet niet goed wat ze voor haar oudste zoon moet doen. Van de vier kinderen krijgt hij het beste eten en de meeste aandacht. Ze is altijd bezorgd dat ze Fazil niet genoeg eten geeft dat goed is voor zijn hersens. Fazil is de enige voor wie ze nieuwe kleren koopt als ze een doodenkele keer wat extra geld heeft. Ze heeft grote verwachtingen van hem. Ze weet nog hoe blij ze elf jaar geleden was. Ze was dolgelukkig in haar huwelijk met Karimoellah. Ze herinnert zich de geboorte en haar blijdschap dat het een jongen was. Er werd een groot feest gehouden. Zij en haar zoontje kregen mooie cadeaus. Ze kreeg een heleboel bezoek en verzorging. Twee jaar later kreeg ze een dochter. Toen was er geen feest en kreeg ze geen cadeaus.

Er waren haar maar een paar jaar met Karimoellah vergund. Toen Fazil drie jaar was, werd zijn vader in een vuurgevecht gedood. Mariam werd weduwe en dacht dat het leven voorbij was. Haar eenogige schoonmoeder en haar eigen moeder, Bibi Goel, besloten dat ze aan Karimoellahs jongere broer Hazim zou worden uitgehuwelijkt. Maar die was anders dan zijn oudere broer, niet zo aardig en niet zo sterk. De burgeroorlog had niets overgelaten van Karimoellahs winkel, en ze moesten zich redden met wat Hazim verdiende als douanebeambte.

Maar Fazil gaat studeren en wordt beroemd, hoopt ze. Eerst had ze bedacht dat hij in de winkel van haar broer Soeltan zou gaan werken. Ze dacht dat een boekwinkel een goede omgeving voor zijn ontwikkeling zou zijn. Soeltan had de verantwoordelijkheid op zich genomen om hem kost en logies te geven, en Fazil had veel beter te eten gekregen dan thuis bij haar. De dag dat Fazil door Soeltan werd weggestuurd, had ze aan één stuk door gehuild. Ze was bang dat hij iets verkeerds gedaan had, maar ze kende Soeltans buien, en na een tijdje begreep ze dat hij gewoon geen dozensjouwer meer nodig had.

Op dat moment kwam haar jongere broer Joenoes met het aanbod dat hij zou proberen om Fazil ingeschreven te krijgen op Esteklal, een van de beste scholen van Kaboel. Fazil had geluk en mocht in de vierde klas beginnen. Eigenlijk was alles heel goed afgelopen, bedacht Mariam. Ze dacht met afschuw aan Fazils even oude neef Aimal, de zoon van Soeltan, die nauwelijks een straaltje zon zag maar van de vroege ochtend tot de late avond in een van Soeltans winkels werkte.

Ze geeft Fazil een paar klapjes op zijn hoofd terwijl hij naar buiten rent, de modderige weg op. Hij probeert de plassen te vermijden en springt van de ene modderhoop op de andere. Fazil moet het hele dorp door om bij de bushalte te komen. Hij stapt vooraan in, waar de mannen zitten, en hobbelt naar Kaboel.

Hij is als een van de eersten in het klaslokaal en gaat op zijn plaats in de derde rij zitten. Een voor een komen de jongens binnen. De meesten zijn mager en slecht gekleed. De meesten lopen in te grote kleren, die ze waarschijnlijk van oudere broers geërfd hebben. Het is een curieus mengsel van kledingstijlen. Sommigen lopen nog steeds in de dracht waarin alle jongens en mannen van de Taliban moesten lopen. Onder aan hun broekspijpen is vaak een extra stuk stof genaaid omdat ze ondertussen zijn gegroeid. Anderen hebben broeken en truien uit de jaren zeventig uit de kelder en van zolder gehaald, kleren die hun oudere broers droegen voordat de Taliban aan de macht kwamen. Eén jongen heeft een spijkerbroek die eruitziet als een ballon en die strak om zijn middel is vastgemaakt met een riem, een ander draagt een flodderbroek. Eentje draagt veel te kleine kleren en heeft de bovenrand van zijn onderbroek over zijn korte trui heen getrokken. Een paar jongens lopen met hun gulp open. Ze hebben sinds ze klein waren rondgelopen in een lang hemd en dus vergeten ze het nieuwe, vreemde sluitmechanisme. Iemand heeft dezelfde versleten, geruite katoenen bloes als waarin jongens uit Russische kindertehuizen vaak rondlopen. Het is alsof ze ook dezelfde uitgehongerde, enigszins wilde blik hebben. Eentje draagt een te groot, tot op de draad versleten colbert, waarvan hij de mouwen tot over de ellebogen heeft opgerold.

De jongens spelen, roepen en gooien van alles door het lokaal en verslepen de schoolbanken met luid geschraap. Als de bel gaat en de leraar binnenkomt, zitten al de vijftig leerlingen op hun plaats. Ze zitten op hoge houten banken met een vast tafelblad. Die zijn bedoeld voor twee schoolkinderen, maar aan veel banken zitten er drie, zodat iedereen een plaatsje heeft.

'Salam alaikoem. Vrede zij met u.'

De leraar loopt zachtjes langs de rijen banken en controleert of iedereen de juiste boeken bij zich heeft en zijn huiswerk gedaan heeft. Hij gaat ook na of iedereen schone nagels, kleren en schoenen heeft. Ze zijn misschien niet helemaal schoon, maar ze mogen in elk geval niet heel vies zijn. Als ze dat wel zijn, moet de drager linea recta naar huis.

Dan overhoort de leraar ze, en vanochtend kennen degenen die worden overhoord inderdaad hun les.

'Dan gaan we verder', zegt de leraar. *'Haram!'* zegt hij luid en hij schrijft het woord op het bord. 'Is er iemand die weet wat dat betekent?'

Een jongen steekt zijn hand op. 'Een slechte daad is haram.'

Hij heeft gelijk. 'Een slechte daad, die een moslim niet mag plegen, is haram', zegt de leraar. 'Bijvoorbeeld een moord plegen zonder reden. Of zomaar straf uitdelen. Alcohol drinken is haram, drugs gebruiken is haram, zondigen is haram. Varkensvlees eten is haram. De ongelovigen trekken zich er niets van aan dat iets haram is. Veel van de dingen die haram zijn voor moslims, vinden zij juist goed. Dat is heel slecht.'

De leraar kijkt naar zijn klas. Op het bord schrijft hij een groot schematisch overzicht van de drie begrippen haram, halal en moebah. Haram is datgene wat slecht en verboden is, halal is wat goed en toegestaan is, en moebah, dat zijn de twijfelgevallen.

'Moebah is datgene wat niet goed is maar geen zonde. Bijvoorbeeld varkensvlees eten als het alternatief is dat je van honger omkomt. Of jagen – moorden om te overleven.'

De jongens schrijven zich uit de naad. Ten slotte stelt de leraar zijn gebruikelijke vragen om te kijken of ze hem hebben begrepen.

'Als iemand vindt dat haram goed is, wat is hij dan?'

Niemand kan een antwoord bedanken.

'Een ongelovige', moet de islamleraar ten slotte zelf antwoorden.

'En is haram goed of slecht?'

Nu gaan bijna alle handen omhoog. Fazil durft zijn hand niet op te steken, hij is doodsbenauwd om een verkeerd antwoord te geven. Hij maakt zich zo klein mogelijk op de derde rij. De leraar wijst een van de jongens aan, die rechtop naast zijn bank gaat staan en antwoordt: 'Slecht!'

Dat had Fazil ook willen antwoorden. Een ongelovige is slecht.

Het trieste kamertje

Aimal is de jongste zoon van Soeltan. Hij is twaalf jaar en werkt twaalf uur per dag. Elke dag, zeven dagen in de week, wordt hij vroeg in de ochtend gewekt. Hij rolt zich nog eens behaaglijk op, voordat Leila of zijn moeder hem dwingt om op te staan. Hij wast zijn bleke gezicht, kleedt zich aan, eet een ei door met zijn vingers stukjes brood in de gele dooier te dopen, en drinkt thee.

Om acht uur opent Aimal de deur van een klein winkeltje in de donkere lobby van een van de hotels in Kaboel. Hier verkoopt hij chocolade, koeken, frisdrank en kauwgom. Hij telt het geld en verveelt zich. Bij zichzelf noemt hij de ruimte 'het trieste kamertje'. Iedere keer dat hij de deur opent, voelt hij een steek in zijn hart en zijn maag. Hier moet hij blijven zitten tot hij om acht uur 's avonds weer opgehaald wordt. Dan is het al donker en gaat hij rechtstreeks naar huis om zijn avondmaal te eten en te gaan slapen.

Vlak voor zijn deur staan drie grote teilen. De receptionist probeert vergeefs het water op te vangen dat van het plafond drupt. Hoeveel teilen hij ook klaarzet, er liggen altijd grote plassen voor Aimals deur, en de hotelgasten lopen om de plassen en het winkeltje heen. De lobby is vaak onverlicht. Overdag worden de zware gordijnen voor de ramen opengetrokken, maar het daglicht dringt niet tot de donkere hoeken door. 's Avonds gaan de lampen aan, als er tenminste stroom is. Is die er niet, dan worden er grote gaslantaarns op de balie van de receptie geplaatst.

Toen het hotel in de jaren zestig werd gebouwd, was het het modernste van heel Kaboel. Destijds was de foyer gevuld met mannen in elegante kostuums en vrouwen in korte rokken en met moderne kapsels. Er werden alcoholische dranken geserveerd en er werd westerse muziek gespeeld. Zelfs de koning kwam hier vaak om aan bijeenkomsten deel te nemen of om te dineren.

In de jaren zestig en zeventig beleefde Kaboel de liberaalste regimes uit zijn geschiedenis. Eerst onder de levensgenieter Zahir Sjah, toen onder diens neef Daoed, die in politiek opzicht een strenger beleid voerde en de gevangenissen met politieke gevangenen vulde, maar die het leven aan de oppervlakte feestelijk, westers en modern hield. Het hotelgebouw bevatte diverse bars en nachtclubs. Maar daarna ging het net als met het hele land bergafwaarts met het hotel. Tijdens de burgeroorlog werd het totaal verwoest. De kamers aan de kant van de stad werden doorboord met kogels, granaten landden op de balkons en raketten explodeerden op het dak.

Na de burgeroorlog, toen de Taliban de macht overnamen, werd er vrijwel niets aan herstel gedaan. Er waren toch nauwelijks gasten en er was geen behoefte aan de verwoeste hotelkamers. De moellahs die aan de macht waren, waren niet geïnteresseerd in uitbreiding van het toerisme. Integendeel, ze wilden zo min mogelijk buitenlanders in het land hebben. De daken stortten in en de gangmuren kwamen scheef te staan door het verzakken van de zwaar beschadigde bouwconstructie.

Nu het volgende regime zijn stempel op Kaboel wil drukken, zijn arbeiders begonnen met het dichten van gaten in de muren en het vervangen van de kapotte ramen. Aimal staat vaak te kijken naar hun pogingen om het dak te repareren, of hij loopt een eindje mee met de elektriciens, die een wanhopige strijd leveren om de generator aan de praat te krijgen als er een belangrijke bijeenkomst zal plaatsvinden waar ze microfoons en luidsprekers nodig hebben. De lobby is Aimals speelplaats, waar hij door de plassen kan roetsjen en waar hij kan rondlopen. Maar dat is dan ook alles. Verder is het doodsaai. Doodeenzaam.

Af en toe praat hij met de anderen in deze hal van triestheid. Met de schoonmakers, de receptionisten, de portiers, de bewakers, een enkele hotelgast, en de verkopers in de andere winkeltjes. Die hebben zelden een klant. Een verkoper staat achter een toonbank met traditionele Afghaanse sieraden. Ook hij staat zich vrijwel de hele dag te vervelen. Er is geen grote vraag naar sieraden onder de hotelgasten. Een ander verkoopt souvenirs, voor prijzen die zo hoog zijn dat niemand iets koopt of nog eens terugkomt.

Veel winkelruiten zijn stoffig. Vaak hangt er een gordijn achter of is er karton tegen geplakt. 'Ariana Airlines' staat er op een kapot bord. De nationale luchtvaartmaatschappij van Afghanistan had ooit een grote luchtvloot. Vlotte stewardessen serveerden de passagiers whisky en cognac. Maar veel vliegtuigen stortten neer tijdens de burgeroorlog en de rest werd kapotgebombardeerd door de Amerikanen in hun jacht op Osama bin Laden en moellah Omar. Eén vliegtuig ontsnapte aan de bommen – het stond op 11 september in New Delhi. Dat is het vliegtuig dat Ariana moet redden. Het vliegt nog steeds op en neer tussen Kaboel en New Delhi. Maar dat is niet genoeg om het Arianakantoor in het hotel te heropenen.

Aan het eind van de foyer ligt het restaurant, dat het slechtste eten van Kaboel serveert maar de aardigste kelners van de stad heeft. Het is alsof hun goede humeur de smakeloze rijst, de droge kip en de waterige worteltjes moet compenseren.

Midden in de lobby is met schotten een ruimte van een paar vierkante meter gecreëerd. Een lage houten omheining is de grens tussen de houten vloer erbuiten en het groene tapijt erbinnen. Hier zie je gasten, ministers, bewakers en kelners broederlijk naast elkaar, op kleedjes die boven op het tapijt liggen. In het gebed is iedereen gelijk. Er is ook een grotere gebedsruimte in de kelderetage, maar de meesten volstaan met een paar minuten op het tapijt tussen de bankstellen.

Op een gammele tafel troont een televisie, die onafgebroken aanstaat. Hoewel het ding vlak voor Aimals chocoladewinkeltje staat, kijkt hij er zelden naar. Kabul TV, de enige zender van Afghanistan, heeft zelden iets interessants te melden. Er zijn een heleboel religieuze programma's, een paar lange discussieprogramma's, wat nieuwsuitzendingen en veel traditionele muziek, als begeleiding van stilstaande beelden van Afghaanse landschappen. Het kanaal heeft vrouwelijke nieuwslezers aangesteld, maar vertoont geen zangeressen of danseressen. 'Daar zijn de mensen nog niet klaar voor', zegt de leiding. Af en toe worden er Poolse en Tsjechische tekenfilms uitgezonden. Dan rent Aimal erop af. Maar vaak wordt hij teleurgesteld, want de meeste heeft hij al gezien.

Buiten bevindt zich het restant van wat ooit de trots van het hotel was – het zwembad. Het werd met veel bombarie geopend op een mooie zomerdag, en alle inwoners van Kaboel, in elk geval de mannelijke, werden de eerste zomer uitgenodigd. Maar het zwembad vond een triest einde. Het water werd algauw bruin; niemand had eraan gedacht om een zuiveringsinstallatie aan te brengen. Toen het water steeds vuiler werd, sloot men het bad. De mensen dachten dat ze etterende uitslag en andere huidziekten van het baden hadden gekregen. Het gerucht deed de ronde dat verscheidene mensen er zelfs aan gestorven waren. Het bad werd leeggepompt en nooit meer gevuld.

Nu bedekt een dikke laag stof de lichtblauwe bodem, terwijl verdroogde rozenstruiken langs de omheining een ijdele poging doen om het nutteloze gat te verbergen. Direct naast het bassin ligt een tennisbaan, die evenmin wordt gebruikt. Het hotel heeft de tennisleraar nog steeds op de telefoonlijst staan. Maar hij heeft geluk gehad, hij heeft een andere baan gevonden, want zijn diensten zijn niet erg in trek deze lente – de lente waarin alles van voren af aan moet beginnen.

De dagen van Aimal gaan heen met rusteloos heen en weer geloop tussen zijn winkeltje, het restaurant en de versleten lobbystoelen. Hij heeft een groot verantwoordelijkheidsgevoel en houdt in de gaten of er een klant voor het winkeltje komt. Eén keer was het hier druk en werden de artikelen van de planken gerukt. Toen de Taliban de stad uit gevlucht waren, krioelde het in de hotelgangen van de journalisten. Journalisten die maandenlang samen met de soldaten van de Noordelijke Alliantie geleefd hadden op een dieet van verrotte rijst en groene thee, en die nu hun maag vulden met de uit Pakistan gesmokkelde Snickers en Bounty's van Aimal. Ze kochten frisdrank voor vier dollar per fles, ronde smeerkaasjes voor twaalf dollar per doosje en potten olijven voor een vermogen per olijf.

De journalisten maakten zich niet druk om de prijzen, want nu hadden ze Kaboel veroverd en de Taliban verslagen. Ze waren vuil en droegen een baard, net als guerrillasoldaten. De vrouwen waren net zo gekleed als de mannen en droegen grote, smerige laarzen. Veel van hen hadden blond haar en een roze huid.

Af en toe sloop Aimal naar het dak, waar de verslaggevers met een microfoon stonden te praten, met hun gezicht naar grote camera's gewend. Daar zagen ze er niet langer uit als guerrillasoldaten, maar hadden ze zich gewassen en opgeknapt. De hall stond vol grappige types, die geintjes uithaalden en een praatje met hem maakten. Aimal had wat Engels geleerd in Pakistan, waar hij het grootste deel van zijn leven als vluchteling had gewoond.

Destijds was er ook niemand die hem vroeg waarom hij niet op school zat. Er waren toch geen scholen die normaal functioneerden. Hij telde de dollars, rekende de bedragen na op zijn rekenmachine en droomde ervan een groot zakenman te worden. Hij was er samen met Fazil, en samen keken ze met grote ogen naar het merkwaardige gezelschap dat het hotel had ingenomen en zijn kassa met geld vulde. Maar na een paar weken verdwenen de journalisten uit het hotel, waar de meesten een kamer zonder water, stroom of vensterglas hadden gekregen. De oorlog was voorbij, er was een leider aangesteld, en Afghanistan was niet langer interessant.

Toen de journalisten verdwenen, trokken de nieuwe Afghaanse ministers, hun secretarissen en medewerkers in het hotel. Donkere Pasjtoen uit Kandahar met een tulband, teruggekeerde Afghanen in op maat gesneden kostuums, en frisgeschoren krijgsheren uit de steppen vulden de zitbanken in de lobby. Het hotel was het verblijf geworden van de nieuwe landsbestuurders die geen woning in Kaboel hadden. Geen van hen interesseerde zich voor Aimal of kocht iets in zijn winkeltje. Een Bounty hadden ze nooit gegeten, en water dronken ze uit de kraan. Ze dachten er niet over om hun geld te verspillen aan Aimals importwaar. Italiaanse olijven, Weetabix en de Franse Kiri-smeerkaasjes waarvan de houdbaarheidsdatum was verstreken, trokken hen niet.

Een doodenkele keer kwam een of andere journalist terug naar Afghanistan, het hotel en het winkeltje.

'Ben jij hier nog steeds? Waarom zit je niet op school?' vroegen ze meestal.

'Daar ga ik 's middags heen', antwoordde Aimal als ze 's ochtends kwamen.

'Daar ga ik 's ochtends heen', antwoordde hij als het middag was.

Hij durfde niet toe te geven dat hij net als een of andere straatjongen niet naar school ging. Want Aimal is rijk. Zijn vader is een rijke boekhandelaar, een vader die alleen maar leeft voor woorden en verhalen, een vader die grote dromen en plannen heeft voor zijn boekenimperium. Maar ook een vader die alleen zijn eigen zoons vertrouwt aan het hoofd van zijn boekwinkels. Een vader die er niets voor voelde om zijn zoons als leerling in te schrijven toen de scholen in Kaboel na het Afghaanse nieuwjaarsfeest weer opengingen. Aimal zeurde hem voortdurend aan het hoofd, maar Soeltan prentte hem in: 'Jij wordt later zakenman en dat leer je het best in de winkel.'

Met de dag voelde Aimal zich ongelukkiger en ontevredener. Zijn huid werd steeds bleker en valer. 'Het trieste joch' werd hij genoemd. Als hij thuiskwam, vocht en ruziede hij met zijn broers, omdat dat de enige manier was waarop hij zijn energie kwijt kon. Aimal keek jaloers naar zijn neef Fazil, die toegelaten was op Esteklal, een school die door de Franse staat werd gesubsidieerd. Fazil kwam thuis met kladpapier, een pen, een liniaal, een passer, een puntenslijper, modderige broekspijpen en een heleboel leuke verhalen.

'Fazil heeft geen vader en hij is arm, maar hij mag wel naar school', klaagde Aimal tegen zijn oudste broer Mansoer. 'Maar ik, met een vader die alle boeken van de hele wereld gelezen heeft, ik moet twaalf uur per dag werken. Dit zijn de jaren dat ik had moeten voetballen en lol had moeten hebben met vrienden.'

Mansoer was het met hem eens, hij vond het maar niets dat Aimal de hele dag in het donkere winkeltje moest staan. Ook hij vroeg Soeltan om zijn jongste zoon naar school te sturen.

'Later' was het antwoord. 'Later, nu moeten we er samen hard aan trekken. Nu leggen we het fundament voor ons imperium.'

Wat kan Aimal doen? Ervandoor gaan? Weigeren om 's ochtends op te staan?

Als zijn vader de stad uit is, waagt hij zich naar buiten. Hij sluit de winkel en slentert over de parkeerplaats, in de hoop iemand te treffen met wie hij kan praten, of voetballen, met een steen als bal. Op een dag ontmoette hij hier een Britse hulpmedewerker. Die vond plotseling zijn auto terug, die onder het Taliban-bewind was gestolen. Hij ging naar binnen en zocht de zaak uit. De auto was nu het eigendom van een minister, die bezwoer dat hij hem op legale wijze gekocht had. De Brit, die er een zaak van maakte, kwam af en toe in Aimals winkeltje. Aimal vroeg hem altijd hoe het met zijn auto stond.

'Ja, wat denk je, die ben ik natuurlijk voor eeuwig kwijt', antwoordde de Brit. 'Nieuwe rovers nemen de plaats van de oude in!'

Een doodenkele keer gebeurde er iets dat de monotonie doorbrak. Dan was de lobby vol mensen, zodat de echo van zijn stappen niet langer te horen was als hij naar de wc sloop. Zoals die keer dat de minister van Luchtvaart werd vermoord. Net als andere ministers van buiten de stad logeerde Abdoer Rahman in het hotel. Tijdens de vn-conferentie in Bonn, waar de nieuwe regering van Afghanistan na de val van de Taliban in alle haast zou worden aangewezen, had hij genoeg medestanders verzameld om tot minister te worden benoemd. 'Een playboy en een charlatan', zeiden zijn tegenstanders over hem.

Het drama vond plaats toen duizenden hadji's – pelgrims op weg naar Mekka – op het vliegveld van Kaboel strandden, nadat ze waren bedrogen door een reisorganisatie. Die had tickets verkocht zonder dat er vliegtuigen waren. Ariana had een vliegtuig gecharterd dat heen en weer vloog tussen Kaboel en Mekka, maar dat was bij lange na niet genoeg.

De pelgrims zagen plotseling een vliegtuig van Ariana over het platform rijden, en stormden eropaf om een plaatsje te veroveren. Maar het grote vliegtuig ging niet naar Mekka. Het ging naar New Delhi, met de minister van Luchtvaart. De hadji's in hun witte dracht mochten er niet in. Razend sloegen ze de stewards neer. Ze renden de vliegtuigtrap op en stormden naar binnen. Daar vonden ze de minister, die zich met een paar medewerkers had geïnstalleerd. Ze sleurden hem het gangpad op en sloegen hem dood.

Aimal was een van de eersten die over het gebeurde hoorde. In de hotellobby was iedereen in opperste opwinding. Men wilde details. 'Een minister die doodgeslagen wordt door pelgrims? Wie zit daarachter?'

De ene complottheorie na de andere kwam Aimal ter ore. 'Is dit het begin van een gewapende opstand? Is het een etnische opstand? Zijn het de Tadzjieken die de Pasjtoen willen vermoorden? Is het een persoonlijke wraakactie? Of zijn het alleen maar wanhopige pelgrims?'

Plotseling werd de lobby nog afstotelijker. Het geroezemoes, ernstige gezichten, opgewonden gezichten – Aimal kon wel huilen.

Hij liep terug naar het trieste kamertje, ging achter de toonbank zitten en at een Snickers. Het duurde nog vier uur voor hij naar huis kon.

De schoonmaker kwam de vloer vegen en de prullenbak legen.

'Wat zie je er triest uit, Aimal.'

'Jigar khoon', zei Aimal. Mijn hart bloedt, betekent dat in het Perzisch. Het is een uitdrukking van diep verdriet.

'Kende je hem?' vroeg de schoonmaker.

'Wie?'

'De minister.'

'Nee', antwoordde Aimal. 'Of toch wel, een beetje.'

Het was een beter gevoel dat zijn hart voor de minister bloedde dan voor zijn eigen verspilde jeugd.

De timmerman

Mansoer komt buiten adem de winkel van zijn vader binnen. Hij heeft een pakje in zijn hand.

'Tweehonderd ansichten!' hijgt hij. 'Hij probeerde tweehonderd ansichten te stelen!'

De zweetdruppels staan Mansoer op het gezicht. Hij heeft het laatste stuk gerend.

'Wie?' vraagt zijn vader. Hij schuift de rekenmachine op de toonbank van zich af, schrijft een getal in het kasboek en kijkt zijn zoon aan.

'De timmerman!'

'De timmerman?' vraagt zijn vader verwonderd. 'Weet je het zeker?'

Trots, alsof hij zijn vaders winkel uit de handen van een gevaarlijke maffiabende gered heeft, overhandigt de zoon hem de bruine envelop. 'Tweehonderd ansichten', zegt hij nogmaals. 'Toen hij weg zou gaan, vond ik dat hij vreemd uit zijn ogen keek. Maar het was zijn laatste dag, dus ik dacht dat het daarvan kwam. Hij vroeg of er nog iets was wat gedaan moest worden. Hij zei dat hij nieuw werk zocht. Ik zei dat ik het aan jou zou vragen. De boekenkasten waren immers klaar. Toen zag ik vaag iets in zijn vestzak. "Wat is dat?" vroeg ik. "Wat bedoel je?" vroeg hij en hij keek heel verward. "In je vestzak" zei ik. "Dat is iets wat ik bij me had", antwoordde hij. "Laat me dat eens zien", zei ik. Dat weigerde hij. Ten slotte trok ik het pakje zelf uit zijn vestzak. Hier is het! Hij probeerde ansichten van ons te stelen! Maar dat lukt hem niet, daar let ik wel op!'

Mansoer heeft het verhaal wat aangedikt. Hij zat zoals gewoonlijk te dutten toen Jalaloeddin, de timmerman, wilde vertrekken. Het was het hulpje Abdoer die de timmerman betrapte.

Abdoer had hem de ansichten zien pakken. 'Moet je Mansoer niet laten zien wat je in je zak hebt?' had hij gevraagd. Maar Jalaloeddin was gewoon doorgelopen.

Het hulpje was een arme Hazara, de etnische groep die helemaal onder aan de maatschappelijke ladder staat. Hij zei zelden iets. 'Laat Mansoer je zakken zien!' riep hij de timmerman achterna. Pas toen had Mansoer gereageerd en de kaarten uit Jalaloeddins vestzak getrokken. Nu staat hij hier, ongeduldig wachtend op zijn vaders erkentelijkheid.

Maar Soeltan bladert rustig de stapel door en zegt: 'Hm. Waar is hij nu?'

'Ik heb hem naar huis gestuurd, maar ik heb gezegd dat hij hier niet makkelijk van afkomt!'

Soeltan zegt niets. Hij herinnert zich de keer dat de timmerman bij hem in de winkel kwam. Ze kwamen uit hetzelfde dorp en waren bijna buren geweest. Jalaloeddin was niets veranderd sinds hun jongensjaren, hij was mager als een lat, met grote, bange, uitpuilende ogen. Misschien was hij nog iets dunner dan toen. Hij liep met een gebogen rug, al was hij pas veertig jaar. Hij kwam uit een arme maar gerespecteerde familie. Zijn vader was ook timmerman geweest, totdat hij een paar jaar geleden een oogbeschadiging had opgelopen en niet langer kon werken.

Soeltan was blij geweest dat hij hem werk had kunnen geven. Jalaloeddin was handig en Soeltan had nieuwe boekenkasten nodig. Tot nu toe had hij gewone kasten in zijn winkels gehad, waar de boeken rechtop in stonden, zodat je de titels op de rug kon lezen. De kasten bedekten de muren, en daarnaast stonden er nog boekenrekken in het midden van de winkel. Maar hij had behoefte aan kasten waarin hij de boeken kon uitstallen. Nu hij zoveel titels had laten drukken, wilde hij schuine planken, met een richel onderaan, zodat je de hele voorkant van het boek kon zien. Dan zou hij een winkel hebben zoals je ze in de westerse wereld ziet. Ze werden het eens over een beloning van vier dollar per dag, en de volgende dag kwam Jalaloeddin terug met een hamer, zaag, duimstok, spijkers en de eerste planken.

De magazijnruimte achter in de winkel kreeg een nieuwe bestemming als timmermanswerkplaats. Elke dag had Jalaloeddin gezaagd en getimmerd, omgeven door kasten vol ansichtkaarten. De kaarten waren een van Soeltans grootste bronnen van inkomsten. Hij liet ze goedkoop drukken in Pakistan en verkocht ze met grote winst. In de regel koos hij afbeeldingen die hij mooi vond, zonder ook maar te overwegen of hij de fotograaf of de tekenaar zou betalen. Hij vond een afbeelding, nam die mee naar Pakistan en liet er kaarten van drukken. Sommige fotografen hadden hem ook foto's gegeven zonder er geld voor te vragen. En de kaarten verkochten goed. De grootste groep kopers waren soldaten van de internationale vredesmacht. Als ze op patrouille in Kaboel waren, stopten ze vaak bij de winkel van Soeltan om kaarten te kopen. Kaarten met vrouwen in boerka, kinderen die op tanks aan het spelen waren, koninginnen uit vervlogen tijden met gewaagde jurken, de boeddha's van Bamian voordat ze door de Taliban waren opgeblazen en erna, boezkasjipaarden, kinderen in klederdracht, woeste landschappen, Kaboel vroeger en nu. Soeltan had een goede neus voor de juiste afbeeldingen, en de soldaten gingen meestal met een stuk of tien kaarten per persoon de winkel uit.

Het dagloon van Jalaloeddin was precies negen kaarten waard. In het magazijn lagen ze in stapels van honderden stuks per afbeelding, in zakken en uitgepakt, al dan niet met een strik eromheen, op planken, in grote en in kleine dozen.

'Tweehonderd, zei je.' Soeltan peinsde. 'Denk je dat het de eerste keer was?'

'Dat weet ik niet, hij zei dat hij van plan was ze te betalen, maar dat hij dat vergeten had.'

'Ja, laat hij dat een ander wijsmaken.'

'Er moet iemand geweest zijn die hem gevraagd heeft om ze te stelen', bedacht Mansoer. 'Hij is niet slim genoeg om ze zelf door te kunnen verkopen. En hij heeft ze vast niet gestolen om ze aan de muur te hangen. Niemand wordt zo makkelijk nagewezen als een betrapte dief.'

Soeltan vloekte. Voor dit soort dingen had hij geen tijd. Binnen een paar dagen zou hij naar Iran vertrekken, voor het eerst sinds jaren. Hij had nog van alles te regelen, maar eerst moest hij dit afhandelen. Niemand moest denken dat hij ongestraft van hem kon stelen.

'Pas jij op de winkel, dan ga ik naar hem toe. Dit moet ik tot op de bodem uitzoeken', zei hij. Hij nam Rasoel met zich mee. Die kende de timmerman goed. Ze reden naar het dorp Deh Khoedaidad.

Een stofwolk volgde de auto door het hele dorp, tot ze stopten aan het begin van het pad dat naar Jalaloeddins huis leidde. 'Denk erom, niemand mag hiervan weten, het is niet nodig dat de hele familie de schande voelt', zei Soeltan tegen Rasoel.

Bij de dorpswinkel op de hoek, waar het pad begon, stond een groepje mannen, onder wie de vader van Jalaloeddin, Faiz. Hij glimlachte, drukte Soeltan de hand en omarmde hem. 'Kom mee theedrinken', zei hij hartelijk. Hij wist duidelijk niets van de gestolen ansichtkaarten. De andere mannen wilden ook graag een paar woorden wisselen met Soeltan, hun dorpsgenoot die een groot man geworden was.

'We willen alleen even met je zoon praten', zei Soeltan. 'Kun je hem ophalen?'

De oude man vertrok en kwam terug met zijn zoon, die twee stappen achter hem liep. Jalaloeddin keek Soeltan bevend aan.

'We hebben je nodig in de winkel, rijd je met ons mee?' vroeg Soeltan. Jalaloeddin knikte.

'Dan moeten jullie nog een keer terugkomen voor de thee!' riep de vader achter hen aan.

'Je weet waar het om gaat', zegt Soeltan, terwijl ze beiden op de achterbank van de auto zitten en Rasoel het dorp uit rijdt. Ze zijn onderweg naar de broer van Wakil, die politieagent is.

'Ik wilde ze alleen maar bekijken, ik zou ze terugleggen, ik wilde ze mijn kinderen laten zien. Ze waren zo mooi.'

De timmerman zit ineengedoken op de bank, met gebogen schouders, alsof hij probeert zo weinig mogelijk plaats in te nemen. Hij houdt zijn handen tussen zijn benen geklemd. Af en toe boort hij zijn nagels in de botten. Tijdens het praten werpt hij steeds een zenuwachtige blik op Soeltan. Hij doet denken aan een bange, verwaaide kip. Soeltan leunt kalm achterover en ondervraagt hem rustig.

'Ik moet weten hoeveel kaarten je hebt meegenomen.'

'Alleen de kaarten die jullie gezien hebben...'

'Dat geloof ik niet.'

'Het is echt waar.'

'Als je niet toegeeft dat je er meer hebt weggenomen, geef ik je aan bij de politie.'

De timmerman grijpt Soeltans hand in de lucht en overstelpt hem met kussen. Soeltan rukt de hand uit zijn vuist.

'Hou op met dat gedoe, gedraag je niet als een idioot!'

'Bij Allah, ik zweer naar eer en geweten dat ik er niet meer meegenomen heb. Stop me niet in de gevangenis, alsjeblieft, ik zal je terugbetalen, ik ben een eerlijk man, vergeef me, ik was dom, vergeef me. Ik heb zeven kleine kinderen, twee van mijn dochtertjes hebben polio. Mijn vrouw is weer in verwachting en we hebben niets te eten. Mijn kinderen kwijnen weg, mijn vrouw huilt iedere dag omdat mijn inkomen niet voldoende is om ons allemaal te onderhouden. We eten aardappelen en gekookte groente, we kunnen ons zelfs geen rijst veroorloven. Mijn moeder gaat naar ziekenhuizen en restaurants om restjes te kopen. Af en toe hebben ze gekookte rijst over. Soms verkopen ze de resten op de markt. De laatste paar dagen hebben we niet eens brood gehad. Bovendien zorg ik ook voor de vijf kinderen van mijn zus, want haar man is werkloos. En dan wonen mijn oude moeder en vader en mijn grootmoeder ook nog bij ons in.'

'De keus is aan jou. Als je toegeeft dat je meer kaarten hebt meegenomen, kom je niet in de gevangenis', zegt Soeltan.

Het gesprek draait in een kringetje. De timmerman klaagt erover hoe arm hij is en Soeltan eist dat hij erkent dat hij nog meer gestolen heeft en dat hij vertelt aan wie hij de kaarten verkocht heeft.

Ze hebben heel Kaboel doorkruist en zijn weer op het platteland. Rasoel rijdt ze door modderige straten en langs mensen die zich haasten om voor het invallen van de duisternis thuis te zijn. Een paar loslopende honden vechten om een bot. Jongens lopen rond in korte broek. Een man balanceert op een fiets met zijn in boerka geklede vrouw schrijlings op de bagagedrager. Een oude man op sandalen duwt moeizaam een kar met sinaasappels, zijn voeten zinken weg in de diepe sporen die de auto's na de stortbuien van de laatste dagen in de modder hebben achtergelaten. De eerder zo keihard geworden aarden weg is veranderd in een poel van vuil, etensresten en mest, die de regen vanuit zijstraatjes en vanaf de berm heeft meegevoerd.

Rasoel stopt voor een poort. Soeltan vraagt hem om aan te kloppen. Mirdzjan komt naar buiten, groet iedereen en vraagt ze om naar boven te komen.

Terwijl de mannen met zware stappen de trap op lopen, zien ze schimmen van lichtgekleurde jurken. De vrouwen in huis verstoppen zich. Een paar staan er achter een halfgesloten deur, anderen achter een gordijn. Een jong meisje gluurt door een kier van de deur om te zien wie er zo laat nog komt. Mannen van buiten de familie mogen hen niet zien. De thee die de meisjes met hun moeder hebben gezet, wordt door de oudste jongens geserveerd.

'En?' zegt Mirdzjan. Hij zit in kleermakerszit, in zijn traditionele lange hemd met bijbehorende wijde broek, de kleren die de Taliban verplicht stelden voor alle mannen. Mirdzjan houdt van deze dracht, hij is klein en dik en voelt zich prettig in de wijde gewaden. Nu is hij echter gedwongen om rond te lopen in kleding waar hij helemaal niet van houdt – het oude Afghaanse politie-uniform, dat de politie in de tijd vóór de Taliban gebruikte. Het is heel krap geworden in de vijf jaar dat het in de kast gehangen heeft. Bovendien is het warm; alleen het zware loden winteruniform heeft de opslag overleefd. De uniformen zijn gemaakt naar Russisch model en passen beter in Siberië dan in Kaboel. Dus sleept Mirdzjan zich zwetend door het voorjaar, waarin het vaak twintig tot dertig graden wordt.

Soeltan legt in het kort uit wat er is gebeurd. Alsof hij een verhoor afneemt, laat Mirdzjan ze om de beurt aan het woord. Soeltan zit naast hem en Jalaloeddin recht tegenover hem. Hij knikt begrijpend bij alles wat er gezegd wordt en spreekt rustig en vriendelijk. Soeltan en Jalaloeddin krijgen thee en roomkaramels aangeboden en praten langs elkaar heen.

'Het is in je eigen belang dat we de zaak hier oplossen in plaats van ermee naar de echte politie te gaan', zegt Mirdzjan.

Jalaloeddin kijkt omlaag, wringt zijn handen en stamelt ten slotte een bekentenis, niet aan Soeltan, maar aan Mirdzjan: 'Ik heb er misschien vijfhonderd meegenomen. Maar ik heb ze allemaal thuis, jullie krijgen ze terug. Ik heb er niet aangezeten.'

'Nou, kijk eens', zegt de politieman.

Maar voor Soeltan is de bekentenis van de timmerman niet genoeg. 'Ik ben er zeker van dat je er veel meer hebt gepikt. Kom op! Aan wie heb je ze verkocht?'

'Het is beter dat je nu alles bekent', zegt Mirdzjan. 'Als je door de politie wordt verhoord, gaat dat heel anders dan hier, zonder thee en roomkaramels', zegt hij cryptisch, terwijl hij Jalaloeddin strak aankijkt.

'Maar het is echt waar, ik heb ze niet doorverkocht. Bij Allah, ik beloof het je', zegt hij, van de een naar de ander kijkend. Soeltan blijft aandringen, ze vervallen in herhaling. Het wordt tijd om te gaan, de avondklok van tien uur nadert en Soeltan moet de timmerman nog thuis afleveren voordat hij zelf naar huis rijdt. Wie na de avondklok rondrijdt, wordt gearresteerd. Sommigen zijn zelfs vermoord omdat de soldaten zich door de passerende auto's bedreigd voelden.

Ze gaan zwijgend in de auto zitten. Rasoel vraagt de timmerman nog eens dringend om de hele waarheid te vertellen. 'Anders komt er nooit een eind aan deze zaak, Jalaloeddin', zegt hij. Als ze zijn aangekomen, gaat de timmerman naar binnen om de ansichten te halen. Hij komt algauw weer naar buiten met een bundeltje. De kaarten zijn verpakt in een oranjegroene halsdoek. Soeltan pakt ze op en kijkt bewonderend naar de prenten, die nu terug zijn bij hun rechtmatige eigenaar en weer in de kast gelegd zullen worden. Maar eerst heeft hij ze nodig als bewijs. Rasoel rijdt Soeltan naar huis. De timmerman blijft beschaamd achter, aan het begin van het pad dat naar zijn huis voert.

Het zijn vierhonderdtachtig kaarten. Zittend op hun mat hebben Ekbal en Aimal ze nageteld. Soeltan schat hoeveel de timmerman gestolen kan hebben. De kaarten hebben diverse afbeeldingen. In het magazijn liggen ze per afbeelding in pakken van honderden stuks. 'Als een heel pak weg is, valt dat moeilijk te controleren, maar als er een tiental kaarten ontbreekt in een pak, kan het zijn dat hij maar een paar pakken geopend heeft en overal wat kaarten uitgehaald heeft', redeneert Soeltan. 'We zullen het morgen natellen.'

De volgende ochtend, terwijl ze aan het tellen zijn, staat de timmerman plotseling in de deuropening. Hij blijft op de drempel staan en lijkt nog krommer dan eerst. Plotseling stormt hij op Soeltan af en kust zijn voeten. Soeltan trekt hem omhoog en sist:

'Doe normaal, man! Ik wil jouw smeekbeden niet!'

'Vergeef me, vergeef me, ik zal het je terugbetalen, ik zal het je terugbetalen, maar ik heb hongerige kinderen thuis', smeekt de timmerman.

'Ik zeg je hetzelfde als gisteren: ik heb jouw geld niet nodig, maar ik wil weten aan wie je ze verkocht hebt. Hoeveel heb je er gestolen?'

De oude vader van Jalaloeddin, Faiz, is meegekomen. Hij wil Soeltans voeten kussen, maar Soeltan trekt hem omhoog voordat hij op de grond gaat liggen. Het is niet gepast dat iemand zijn schoenen kust, en al helemaal niet als het een oude buurman is.

'Je moet weten dat ik hem de hele nacht slaag gegeven heb. Ik schaam me zo. Ik heb hem altijd voorgehouden dat hij een eerlijk man moest zijn, en nu – nu heb ik een dief als zoon', zegt Faiz, terwijl hij met een scheef oog naar zijn zoon kijkt, die in een hoekje staat te beven. De voorovergebogen timmerman ziet eruit als een jongetje dat gestolen en gelogen heeft en nu een pak slaag afwacht.

Soeltan vertelt rustig aan de vader wat er is gebeurd, dat Jalaloeddin ansichtkaarten mee naar huis genomen heeft en dat ze nu moeten weten hoeveel kaarten hij heeft verkocht en aan wie.

'Geef me een dag, dan zorg ik ervoor dat hij alles bekent, als er meer te bekennen valt', smeekt Faiz. De spijkers in zijn schoenen zitten op verschillende plaatsen los. Hij heeft geen sokken aan en zijn broek wordt opgehouden met een stuk touw. Zijn jas heeft gladde slijtplekken op de mouwen. Hij heeft hetzelfde gezicht als zijn zoon, alleen wat donkerder, kleiner en rimpeliger. Ze zijn allebei tenger en mager. De vader staat lijdzaam tegenover Soeltan, die ook niet weet wat hij moet doen. Hij is verlegen met de aanwezigheid van de oude man, die zijn eigen vader had kunnen zijn.

Eindelijk beweegt Faiz zich. Met een paar stevige stappen loopt hij bliksemsnel naar de boekenkast waar zijn zoon staat.

Daar schiet zijn arm uit. En daar, midden in de winkel, geeft hij zijn zoon een pak slaag. 'Lummel, stuk ongeluk, je bent een schande voor de familie, was je maar nooit geboren, je bent een mislukkeling, een schurk!' roept hij, terwijl hij schopt en slaat. Hij stoot zijn zoon met zijn knie in de maag, schopt tegen zijn dijbeen en slaat hem op de rug. Jalaloeddin laat het over zich heen gaan, hij staat krom gebogen en beschermt zijn borst met zijn armen, terwijl zijn vader erop los slaat. Ten slotte rukt hij zich los en rent de winkel uit. Met grote stappen holt hij over de winkelvloer en de trap af naar buiten, de straat op.

Op de grond ligt Faiz' muts van schapenvacht, die van zijn hoofd gevallen is. Hij plukt hem van de vloer, slaat er even op en zet hem op zijn hoofd. Hij richt zich op, groet Soeltan en loopt naar buiten. Door het raam ziet Soeltan hoe hij zich op zijn oude fiets hijst, naar rechts en naar links kijkt en stijf en waardig naar het dorp terug fietst.

Als het stof weer is gaan liggen na het pijnlijke incident, gaat Soeltan onaangedaan door met rekenen. 'Hij heeft hier veertig dagen gewerkt. Laten we zeggen dat hij elke dag tweehonderd kaarten heeft meegenomen, dat zijn achtduizend kaarten. Ik ben er zeker van dat hij minstens achtduizend kaarten heeft gestolen', zegt hij tegen Mansoer, die enkel zijn schouders ophaalt. Hij vond het een beproeving om te zien hoe de arme timmerman slaag kreeg van zijn vader. Mansoer heeft schijt aan de ansichtkaarten. Hij vind dat ze de hele toestand moeten vergeten, nu ze ze teruggekregen hebben. 'Hij is te dom om ze door te verkopen. Vergeet het toch', dringt hij aan.

'Hij kan het op bestelling gedaan hebben. Al die kioskeigenaren die altijd kaarten bij ons kochten, zijn hier al een tijdje niet geweest. Ik dacht dat ze er genoeg hadden, maar snap je, ze hebben ze goedkoop van de timmerman gekocht. En die is stom genoeg om ze supergoedkoop te verkopen. Wat denk je?'

Mansoer haalt opnieuw zijn schouders op. Hij kent zijn vader en weet dat die deze zaak tot op de bodem uitgezocht wil hebben. En hij weet ook dat híj dat zal moeten doen, want zijn vader moet naar Iran en blijft meer dan een maand weg.

'Wat zou je ervan zeggen als jij en Mirdzjan op onderzoek uitgaan terwijl ik weg ben? Dan zal de waarheid wel boven water komen. Niemand steelt ongestraft van Soeltan', zegt hij met een strakke blik. 'Hij had mijn hele zaak kunnen ruïneren. Stel je eens voor: hij steelt duizenden ansichten, die hij aan kiosken en boekhandelaars in heel Kaboel verkoopt. Die verkopen ze veel goedkoper dan ik, en de mensen gaan op den duur naar hen in plaats van naar mij. Ik verlies alle soldaten die kaarten kopen en iedereen die boeken koopt, ik krijg de naam duurder te zijn dan anderen. Uiteindelijk had ik failliet kunnen gaan.'

Mansoer luistert maar met een half oor naar zijn vaders ondergangstheorieën. Hij is kwaad en geïrriteerd dat hij nog meer moet doen in zijn vaders afwezigheid. Niet alleen moet hij alle boeken registreren, steeds meer boekendozen ophalen die door de drukkerijen in Pakistan worden opgestuurd, de papierwinkel rond de boekhandel in Kaboel bijhouden, chauffeur spelen voor zijn broers, en op zijn eigen boekwinkel passen, maar nu moet hij ook nog politieonderzoek doen.

'Ik zal het doen', zegt hij kortaf. Iets anders kan hij niet uitbrengen.

'Wees niet te slap, wees niet te slap', is het laatste wat Soeltan tegen hem zegt voordat hij in het vliegtuig naar Teheran stapt.

Als zijn vader goed en wel vertrokken is, vergeet Mansoer de hele toestand. Zijn vrome periode na de pelgrimstocht is allang weer voorbij. Die duurde een week. Dat hij vijf keer per dag zijn gebed opzei, leverde hem niets op. Zijn baard begon te kriebelen, en iedereen zei dat hij er onverzorgd uitzag. Hij voelde zich niet prettig in zijn lange wijde hemd. Als ik er niet in slaag om alleen toegestane gedachten te koesteren, kan ik het net zo goed laten, zei hij tegen zichzelf, en hij gaf zijn godsvrucht even snel op als hij hem had aangenomen. De pelgrimstocht naar Mazar was niet meer dan een vakantiereisje geworden.

De eerste avond dat zijn vader weg was, organiseerde hij een feest met twee vrienden. Ze hadden op de zwarte beurs voor enorme bedragen aan Oezbeekse wodka, Armeense cognac en rode wijn gekocht. 'Dit is het beste wat er is, alles is veertig procent, de wijn is zelfs tweeënveertig procent', zei de verkoper. Ze betaalden veertig dollar per fles. Ze wisten niet dat de verkoper zelf twee dunne streepjes op het etiket van de Franse rode wijn had gezet, waardoor het percentage van twaalf naar tweeënveertig procent was gestegen. Het ging om het percentage. De meeste klanten waren jongens die zich achter de rug van hun ouders om wilden bedrinken.

Mansoer had nooit alcohol gedronken. Het verbod op alcohol is een van de strengste verboden in de islam. Vroeg op de avond begonnen Mansoers twee vrienden te drinken. Ze mengden cognac en wodka in een glas, en na een paar van dat soort drankjes waggelden ze door de lugubere hotelkamer die ze hadden gehuurd om zich aan de blik van hun ouders te onttrekken. Mansoer was er nog niet, omdat hij zijn jongere broers naar huis moest rijden, maar toen hij aankwam, stonden zijn twee vrienden te schreeuwen op het balkon. Ze wilden naar beneden springen. Maar plotseling renden ze naar de wc en begonnen ze over te geven.

Alcoholisme komt weinig voor in Afghanistan. Slechts weinig mensen nemen het risico om alcohol het land in te smokkelen, en de dure flessen worden in het diepste geheim in achteraflokalen verkocht. Maar zo is het niet altijd geweest. In de liberale periode toen Zahir Sjah het land bestuurde, kon je in restaurants en bars een drankje bestellen, en tijdens de bezetting door de sovjets stroomde de wodka het land in, waar de soldaten het voor een habbekrats verkochten. Toen kwamen de burgeroorlog en het bewind van de moedjahedien. De moslimbestuurders voerden strenge straffen in voor het verkopen, kopen of gebruiken van alcohol. En de Taliban legden nog zwaardere straffen op.

Mansoer veranderde van mening. Alcohol was toch niet zo aanlokkelijk. Als je zo ziek werd van drinken, dan kon je het maar beter laten.

Zijn twee wat oudere vrienden zaten te lallen en verzonnen smerige plannen. Er was een Japans meisje dat ze heel leuk vonden, een knappe jonge journaliste. Ze overwogen om haar op hun kamer uit te nodigen. Ze logeerde in hetzelfde hotel. Ze bedachten dat het nu geen geschikt moment was. Maar een van hen had een duister plan. Een jaar lang had hij gewerkt in de apotheek van zijn vader, en toen hij daarmee ophield, had hij een heleboel medicijnen meegenomen. Hij rommelde wat en haalde een verdovingsmiddel tevoorschijn. 'We kunnen haar een keer uitnodigen als we nuchter zijn, dan stoppen we dit in haar drankje, en als ze in slaap valt, kunnen we het met haar doen zonder dat ze het merkt! Dat moeten we beslist een keer doen', zei hij. De anderen vonden het een goed idee.

Bij Jalaloeddin thuis kan niemand slapen. De kinderen liggen stilletjes te huilen op de vloer. Het laatste etmaal was het ergste dat ze ooit hebben meegemaakt: te zien hoe hun lieve vader door hun grootvader werd geslagen en hoe hij een dief genoemd werd. Het was of de hele wereld op zijn kop gezet werd. Op de binnenplaats loopt Jalaloeddins vader rond. 'Dat ik zo'n zoon gekregen heb, die schande over de hele familie brengt. Wat heb ik verkeerd gedaan?'

De oudste zoon, de dief, zit op een mat in een van de kamers. Hij kan niet liggen, want zijn rug zit vol rode striemen nadat zijn vader hem met een dikke tak geslagen heeft. Ze waren beiden naar huis gegaan na de afstraffing in de boekwinkel. Eerst de vader op zijn fiets, daarna de zoon, die het hele eind naar het dorp had gelopen. De vader was doorgegaan met wat hij in de winkel had onderbroken en de zoon had geen weerstand geboden. Terwijl de slagen zijn rug striemden en de scheldwoorden op hem neer hagelden, had de familie verlamd van schrik toegekeken. De vrouwen probeerden de kinderen erbij weg te halen, maar ze konden nergens heen.

Het huis was rondom een binnenplaats gebouwd. Eén van de zijkanten was de muur langs het pad aan de buitenkant. Langs twee muren liep een strook plaveisel. Achter die muren lagen de kamers met hun grote ramen, die voorzien waren van plastic in plaats van glas. Eén kamer was voor de timmerman, zijn vrouw en hun zeven kinderen, een voor de moeder en vader en grootmoeder, een voor de zus en haar man en hun vijf kinderen, en dan waren er nog een eetkamer en een keuken met een aardoven, een primus en een paar planken.

De matten waarop de kinderen van de timmerman bijeen waren gekropen, bestonden uit een samenraapsel van snippers en lompen. Hier lag karton, daar plastic, hier en daar bedekt met jute. De twee meisjes met polio hadden beiden een spalk aan een van hun benen en een kruk naast zich. Twee anderen hadden ontstoken eczeem over hun hele lichaam, met korsten die ze tot bloedens toe hadden opengekrabd.

Pas tegen de tijd dat Mansoers beide vrienden nog een paar keer hadden overgegeven, vielen de kinderen van de timmermansfamilie in het dorp aan de andere kant van de stad in slaap.

Toen Mansoer ontwaakte, werd hij overvallen door een verrukkelijk vrijheidsgevoel. Hij was vrij! Soeltan was er niet. De timmerman was vergeten. Mansoer zette zijn zonnebril uit Mazar op en reed met een vaart van honderd kilometer door de straten van Kaboel, langs zwaar bepakte ezels, smerige geiten, bedelaars en goedgetrainde soldaten uit Duitsland. Hij stak zijn vinger op naar de Duitsers, terwijl de auto over de ontelbare gaten in de weg hobbelde en de bodem tegen het asfalt schraapte. Hij vloekte en schold, en de voetgangers stoven verschrikt opzij. Hij liet het ene na het andere huizenblok in Kaboels verwarde mozaïek van doorzeefde ruïnes en bouwvallige woningen achter zich.

'Hij moet verantwoordelijkheid krijgen, dat is goed voor zijn karakter', had Soeltan gezegd. Grijnzend zit Mansoer in de auto. Vanaf nu is het Rasoels taak om de dozen op te halen en boodschappen af te geven. Mansoer zal pret maken tot zijn vader weer thuiskomt. Hij zal zijn broers elke morgen naar de winkels brengen, zodat ze niet kunnen kletsen, maar verder gaat hij heerlijk nietsdoen. Zijn vader is de enige voor wie Mansoer bang is. Tegen Soeltan durft hij nooit te protesteren, Soeltan is de enige die hij respecteert, althans in zijn gezicht.

Mansoers doel is meisjes te leren kennen. Dat is niet zo gemakkelijk in Kaboel, waar de meeste families hun dochters als goudschatten beschermen. Maar hij heeft een lumineus idee en begint aan een cursus Engels voor beginners. Mansoer is goed in Engels na zijn schooljaren in Pakistan, maar hij denkt dat hij in de beginnersgroepen de jongste en mooiste meisjes vindt. En daar heeft hij gelijk in. Na de eerste les heeft hij zijn favoriet gevonden. Voorzichtig knoopt hij een praatje met haar aan. Een keer mag hij haar zelfs naar huis rijden. Hij vraagt haar om mee te gaan naar de winkel, maar ze komt nooit, hij ziet haar alleen op de cursus. Hij koopt een mobiele telefoon zodat hij haar kan bellen, en hij leert haar de trilfunctie aan te zetten, zodat niemand in haar familie merkt dat ze het ding heeft. Hij belooft haar een huwelijk en mooie geschenken. Op een keer vertelt hij haar dat hij haar niet kan ontmoeten omdat hij als chauffeur moet optreden voor een van zijn vaders buitenlandse vrienden. Dat buitenlandse verzint hij erbij om belangrijk te doen. Dezelfde middag ziet zij hem een ander meisje rondrijden in de stad. Ze kent geen genade, noemt hem een schurk en een smeerlap en zegt dat ze hem nooit weer wil zien. Het meisje komt nooit meer naar de cursus. Mansoer krijgt haar niet te pakken omdat hij niet weet waar ze woont. De telefoon neemt ze niet meer op. Hij mist haar, maar hij vindt het vooral jammer voor haar dat ze opgehouden is met de cursus, terwijl ze zo graag Engels wilde leren.

De studie Engels is gauw vergeten, want deze lente is niets in Mansoers leven eeuwig en echt. Op een keer wordt hij uitgenodigd voor een feest aan de rand van de stad. Een paar bekenden hebben een huis gehuurd. De eigenaar houdt de wacht in de tuin.

'We hebben gedroogde schorpioen gerookt', vertelt hij de volgende dag enthousiast aan een vriend. 'We hebben het beest vermalen zodat er niets dan poeder van overbleef, en dat hebben we met tabak vermengd. We werden er helemaal high van, en ook een beetje opgefokt. Ik was de laatste die insliep. Heel cool', schept hij op.

De schoonmaker, Abdoer, heeft gemerkt dat Mansoer op meisjesjacht is en biedt hem aan om hem kennis te laten maken met een van zijn familieleden. De volgende dag zit er een Hazara-meisje met scheve ogen op de bank in de winkel. Maar voordat Mansoer echt kennis met haar kan maken, stuurt zijn vader een bericht dat hij de volgende dag thuiskomt. In één klap ontwaakt Mansoer uit zijn roes. Hij heeft niets gedaan van wat zijn vader hem gevraagd heeft. Geen boeken geregistreerd, het magazijn niet opgeruimd, geen nieuwe bestellijsten gemaakt, geen boekenpakketten gehaald die zich opstapelen in het transportmagazijn. Hij heeft geen gedachte meer gewijd aan de kwestie met de timmerman en het onderzoek dat hij daarnaar zou instellen.

Sjarifa drentelt om hem heen. 'Wat is er, mijn jongen? Ben je ziek?'

'Er is niets!' sist hij.

Ze blijft zeuren. 'Hou je snavel! Donder op naar Pakistan!' roept Mansoer. 'Sinds jij hier bent, is er alleen maar gedonder!'

Sjarifa begint te huilen. 'Hoe kom ik aan zulke jongens? Wat heb ik verkeerd gedaan, ze willen hun moeder niet eens in hun buurt hebben!'

Ze gilt en ze scheldt op al haar kinderen. Latifa begint te huilen. Bibi Goel zit heen en weer te wiegen. Boelboela staart wezenloos voor zich uit. Sonja probeert Latifa te troosten, Leila doet de afwas. Mansoer smijt de deur van de kamer die hij met Joenoes deelt achter zich dicht. Joenoes ligt al te snurken. Hij heeft hepatitis B en ligt de hele dag in bed en slikt medicijnen. Zijn ogen zijn geel en zijn blik is nog matter en triester dan anders.

Als Soeltan de volgende dag terugkomt, is Mansoer zo zenuwachtig dat hij zijn vaders blik ontwijkt. Maar hij had niet zo nerveus hoeven te zijn, want Soeltan is voornamelijk geïnteresseerd in Sonja. Pas de volgende dag, in de winkel, vraagt hij zijn zoon of die alles gedaan heeft wat hij hem had opgedragen. Voordat Mansoer antwoord kan geven, is zijn vader al bezig hem nieuwe taken op te dragen. Soeltans reis naar Iran was een groot succes, hij heeft zijn oude zakenrelaties teruggevonden, en binnenkort komen er stapels dozen met Perzische boeken. Maar één ding is hij niet vergeten. De timmerman.

'Heb je niets uitgezocht?' Soeltan kijkt zijn zoon stomverbaasd aan. 'Wil je mijn zaak soms naar de verdommenis helpen? Morgen ga je naar de politie om hem aan te geven. Zijn vader zou mij na één dag de bekentenis bezorgen, en dat is nu een maand geleden! Wanneer hij niet achter slot en grendel zit als ik uit Pakistan terugkom, ben jij mijn zoon niet meer', dreigt hij. 'Wie van mijn spullen steelt, wordt nooit gelukkig', voegt hij er met nadruk aan toe.

Soeltan zou al de volgende ochtend doorreizen naar Pakistan. Mansoer haalde opgelucht adem. Hij was bang geweest dat een van zijn vriendinnetjes langs zou komen terwijl zijn vader in de winkel was. Stel je voor dat ze naar hem toegelopen waren en iets tegen hem gezegd hadden terwijl zijn vader het hoorde. Hij nam zich voor om ze te beschrijven hoe zijn vader eruitzag. Dan konden ze gewoon wat rondkijken in de kasten en rustig naar buiten gaan als hij er was. Zijn vader sprak toch nooit met klanten in boerka.

De volgende dag ging Mansoer naar het ministerie van Binnenlandse Zaken om de timmerman aan te geven, en met hulp van Mirdzjan kreeg hij binnen een paar uur de benodigde stempels. Hij nam de papieren mee naar het plaatselijke politiebureau in Deh Khoedaidad, een lemen hutje waar een stel gewapende politieagenten buiten rondhing. Een agent in burger ging met Mansoer mee, die hem het huis van de timmerman wees. Ze zouden hem dezelfde avond arresteren.

De volgende ochtend, als het nog donker is, staan er twee vrouwen op de deur van de familie Khan te bonken. Leila doet slaapdronken open. De vrouwen huilen en maken een hoop herrie, en het duurt even voordat Leila doorheeft dat het de grootmoeder en de tante van de timmerman zijn, met een paar van zijn kinderen.

'Alsjeblieft, vergeef hem, vergeef hem', roepen ze. 'Alsjeblieft, in de naam van Allah!' De oude grootmoeder is bijna negentig jaar, klein en uitgedroogd, met een muizengezicht. Ze heeft een spitse kin met een boel haren erop. Ze is de moeder van de vader van de timmerman, die de laatste weken heeft geprobeerd de waarheid uit hem te slaan.

'We hebben niets te eten, we verhongeren, kijk toch eens naar de kinderen. Maar we zullen de ansichtkaarten terugbetalen.'

Leila moet het stel wel binnenlaten. De muizige grootmoeder werpt zich aan de voeten van de vrouwen in huis, die wakker zijn geworden van het geschreeuw en geklaag en die de kamer binnenkomen. Ze lijken allemaal verlegen met de diepe ellende die de kamer komt binnenstromen. De vrouwen hebben een jongetje van twee bij zich, en een van de twee poliopatiëntjes, die met veel moeite op de grond gaat zitten. Haar stijve been ligt rechtuit. Ze luistert aandachtig naar wat er wordt gezegd.

Jalaloeddin was niet thuis toen de politie kwam, dus in plaats van hem hebben ze zijn vader en zijn oom meegenomen. Ze zeiden dat ze hem de volgende ochtend zouden komen halen. Vroeg in de ochtend, voordat de politie zou komen, zijn de twee oude vrouwen naar Soeltan gekomen om hem om genade en vergeving voor hun familielid te vragen.

'Als hij iets gestolen heeft, dan was dat om zijn familie te redden, kijk nu toch, kijk eens naar zijn kinderen. Ze zijn zo mager als een lat. Ze hebben geen fatsoenlijke kleren en niets te eten.'

De stemming in Mikrorayon wordt milder, maar meer dan medelijden levert het bezoek niet op. De vrouwen in de familie kunnen niets doen als Soeltan zich iets in zijn hoofd gezet heeft. En zeker niet als het met de winkel te maken heeft.

'We zouden graag willen helpen, maar we kunnen niets doen', zeggen ze. 'Hier beslist Soeltan over, en die is er niet.'

De vrouwen blijven huilen en gillen. Ze weten dat de anderen gelijk hebben, maar ze willen de hoop niet opgeven. Leila komt binnen met gebakken eieren en vers brood. Voor de twee kinderen heeft ze gekookte melk. Als Mansoer de kamer binnenkomt, rennen de twee vrouwen op hem af en kussen hem op zijn voeten. Hij trapt ze van zich af. Ze weten dat hij als oudste zoon de macht in huis heeft als zijn vader afwezig is. Maar Mansoer heeft besloten te doen wat zijn vader hem heeft gevraagd.

'Sinds Soeltan zijn timmermansgereedschap in beslag heeft laten nemen, heeft hij niet meer kunnen werken. Het is weken geleden dat we voor het laatst goed gegeten hebben. We weten niet meer hoe suiker smaakt', huilt de grootmoeder. 'De rijst die we kopen is bijna helemaal verrot. Zijn kinderen worden steeds magerder. Kijk toch eens, ze zijn vel over been. Elke dag krijgt Jalaloeddin slaag van zijn vader. Ik had nooit gedacht dat ik een dief zou grootbrengen.'

De vrouwen in Mikrorayon beloven hun best te zullen doen om Soeltan te overreden, ook al weten ze dat dat geen zin heeft.

Als de grootmoeder en de tante met de twee kinderen het dorp weer komen binnenstrompelen, is de politie al geweest om Jalaloeddin op te halen.

'sMiddags moet Mansoer komen getuigen. Hij zit op een stoel bij de politiecommissaris aan tafel, met zijn benen over elkaar. Zeven mannen luisteren naar het verhoor door de commissaris. Er zijn te weinig stoelen, zodat ze met zijn tweeën een stoel moeten delen. De timmerman zit op zijn hurken op de vloer. Het is een bonte verzameling politiemensen. Sommigen hebben warme grijze politie-uniformen, anderen dragen traditionele kleren, en weer anderen groene militaire uniformen. Er gebeurt niet veel op dit bureau, dus de diefstal van de ansichtkaarten is een grote zaak. Een van de agenten blijft in de deuropening staan zonder duidelijk te besluiten of hij het verhoor zal volgen of niet.

'Je moet vertellen aan wie je de kaarten verkocht hebt, anders beland je in de centrale gevangenis', zegt de commissaris. De term centrale gevangenis doet een huivering door het gezelschap gaan. Dat is de plaats waar de echte criminelen terechtkomen. De timmerman krimpt nog verder ineen en ziet er hulpeloos uit. Hij knijpt zijn timmermanshanden samen. Die zitten vol kleine en grote sneden, de littekens lopen zigzag over zijn handpalmen.

In het sterke zonlicht dat door het raam boven hem valt, zie je hoe messen, zagen en priemen zijn huid doorboord hebben. Het is of zijn persoonlijkheid in zijn handen zit, en niet in zijn gezicht, dat uitdrukkingsloos naar de zeven mannen in de kamer staart, alsof de zaak hem niet aangaat. Na een tijd sturen ze hem weer weg – terug naar de cel van één vierkante meter. Een ruimte waar hij niet uitgestrekt in kan liggen. Zelfs gebogen kan hij er nauwelijks staan, zitten of liggen.

Het is aan de familie van Mansoer om te beslissen wat er met Jalaloeddin moet gebeuren. Ze kunnen de aangifte intrekken of handhaven. Als ze besluiten om de aangifte te handhaven, wordt de procedure voortgezet en is het te laat om hem vrij te laten. Dan ligt de beslissing bij de politie. 'We kunnen hem hier tweeënzeventig uur vasthouden, dan moeten jullie beslissen', zegt de commissaris. Hij vindt dat Jalaloeddin straf verdient. Voor hem is armoede geen reden om te stelen.

'Heel veel mensen zijn arm. Als die niet gestraft worden voor diefstal, krijgen we een compleet amorele samenleving. Het is belangrijk dat we een voorbeeld stellen als de regels worden overtreden.' De luid sprekende commissaris discussieert met Mansoer, die aan de hele zaak is gaan twijfelen. Als hij merkt dat Jalaloeddin zes jaar gevangenisstraf kan krijgen voor de kaartendiefstal, denkt hij aan diens kinderen, hun hongerige blik, hun armoedige kleren. Hij denkt aan zijn eigen gemakkelijke leventje, hoe hij er in een paar dagen evenveel geld doorheen kan jagen als de timmermansfamilie in een hele maand.

Een enorm boeket plastic bloemen neemt bijna de halve schrijftafel in beslag. De bloemen zitten onder een dikke laag stof, maar ze fleuren de ruimte toch op. De agenten op het politiebureau van Deh Khoedaidad houden duidelijk van kleuren: de muren zijn muntgroen, de lamp is rood, felrood. Aan de muur hangt een groot portret van de oorlogsheld Massoed, net als op alle officiële kantoren in Kaboel.

'Vergeet niet dat onder de Taliban zijn hand eraf gehakt was', benadrukt de commissaris. 'Dat gebeurde al met mensen die kleinere misdaden hadden begaan dan deze.' Hij vertelt over een vrouw uit het dorp, die alleenstaande moeder werd toen haar man stierf. 'Ze was doodarm. Haar jongste zoontje had geen schoenen en had ijskoude voeten. Het was winter en hij kon niet naar buiten. De oudste zoon van nauwelijks tien jaar stal een paar schoenen voor zijn broertje. Hij werd op heterdaad betrapt en zijn rechterhand werd afgehakt.' Dat was te streng, vindt de commissaris. 'Maar deze timmerman heeft zijn schurkenmentaliteit getoond door meerdere keren te stelen. Als je steelt om je kinderen eten te geven, dan steel je maar één keer', stelt hij vast.

De commissaris toont Mansoer alle geconfisqueerde bewijzen in de kast achter zich. Het is een hele verzameling stiletto's, keukenmessen, zakmessen, hakmessen, pistolen, zaklantaarns, ja zelfs een aanwijsstok, van illegale gokkers. Spelen om geld levert zes maanden gevangenisstraf op. 'Die aanwijsstok werd in beslag genomen omdat de verliezende speler de winnaar ermee neersloeg en hem daarna met dit mes hier stak. Ze hadden gedronken, dus hij werd gestraft wegens gebruik van een steekwapen, drinken van alcohol en kaartspel', lacht de commissaris. 'De andere kaartspeler kreeg geen straf, want hij was invalide geworden, en dat was wel genoeg straf!'

'Wat voor straf staat er op drinken?' vraagt Mansoer een beetje nerveus. Hij weet dat het drinken van alcohol volgens de sjaria een grove zonde is, die streng gestraft wordt. De Koran schrijft een straf van achttien zweepslagen voor.

'Om eerlijk te zijn knijp ik een oogje toe voor dat soort overtredingen. Als er een bruiloft wordt gevierd, zeg ik dat het een vrije dag is, maar dat alles met mate moet gebeuren en dat het binnen de familie moet blijven', zegt de commissaris.

'En als iemand overspel pleegt?'

'Als het om gehuwden gaat, worden ze gedood door steniging. Als ze ongetrouwd zijn, is de straf honderd zweepslagen. Bovendien moeten ze met elkaar trouwen. Als de man getrouwd is en de vrouw ongetrouwd, moet hij haar als zijn tweede vrouw nemen. Als zij getrouwd is en hij ongetrouwd, wordt de vrouw gedood en krijgt de man zweepslagen en wordt hij gevangengezet. Maar ook wat dat betreft, zie ik wel wat door de vingers. Het kan gaan om weduwen die geld nodig hebben. Dan probeer ik ze te helpen en ze weer op het rechte pad te brengen.'

'Dat zijn dus prostituees, maar hoe zit het nu met gewone mensen?'

'Op een keer hebben we een stel in een auto betrapt. Wij, of liever gezegd de ouders, hebben ze toen gedwongen om met elkaar te trouwen', vertelt de commissaris. 'Dat was toch een goede oplossing, vind je niet?'

'Hm', mompelt Mansoer.

'Wij zijn tenslotte ook geen Taliban', zegt de commissaris. 'We moeten proberen om stenigingen te voorkomen. Afghanistan heeft al genoeg geleden.'

De commissaris geeft Mansoer een termijn van drie dagen. Ze kunnen de zondaar nog steeds genade schenken, maar als ze de zaak overdragen aan de politie is het te laat.

Mansoer loopt peinzend het politiebureau uit. Hij is niet in de stemming om terug te gaan naar de winkel, maar gaat naar huis om te lunchen, iets wat hij bijna nooit meer doet. Vermoeid laat hij zich op een mat vallen. Het is een geluk voor de huisvrede dat het eten klaar is.

'Doe je schoenen uit, Mansoer', zegt zijn moeder.

'Zanik niet, oud wijf', antwoordt Mansoer.

'Mansoer, je moet je moeder gehoorzamen', houdt Sjarifa vol. Mansoer antwoordt niet en gaat languit liggen, met één voet in de lucht, kruiselings over de andere voet. Hij houdt zijn schoenen aan. Zijn moeder verbijt zich.

'Vóór morgen moeten we beslissen wat we met de timmerman doen', zegt Mansoer. Hij steekt een sigaret op, iets wat zijn moeder tot tranen brengt. Mansoer zou nooit roken waar zijn vader bij was, nooit. Maar zodra zijn vader het huis uit is, steekt hij er eentje op, en hij geniet ervan om zijn moeder te ergeren door voor, tijdens en na de maaltijden te roken. De kleine kamer is vergeven van de rook. Bibi Goel klaagt er al heel lang over hoe onbeleefd hij is tegenover zijn moeder, dat hij naar haar moet luisteren en niet moet roken. Maar vandaag krijgt haar trek in een sigaret de overhand, en ze strekt haar hand uit, terwijl ze bijna fluistert: 'Mag ik er ook eentje?'

Het wordt muisstil. Gaat grootmoeder roken?

'Mamma!' roept Leila en ze rukt de sigaret uit haar vingers. Mansoer geeft haar een nieuwe en Leila verlaat uit protest de kamer. Bibi Goel zit verzaligd te paffen, terwijl ze stilletjes lacht. Ze stopt zelfs met heen en weer wiegen terwijl ze daar zit met haar sigaret hoog in de lucht, en ze inhaleert de rook met diepe teugen. 'Zo eet ik minder', verklaart ze.

'Laat hem vrij', zegt ze nadat ze haar sigaret opgerookt heeft. 'Hij heeft zijn straf gehad, de slaag van zijn vader, de schande, en bovendien heeft hij de kaarten immers teruggegeven.'

'Heb je zijn kinderen gezien, hoe moeten die zich redden zonder het inkomen van hun vader?' valt Sjarifa haar bij.

'Straks is het onze schuld dat zijn kinderen doodgaan', zegt Leila, die teruggekomen is nadat haar moeder de sigarettenpeuk heeft gedoofd. 'Stel je voor dat ze ziek worden en ze geen geld hebben voor de dokter, dan gaan ze dood door ons of doordat ze niet genoeg eten krijgen. Bovendien kan de timmerman zelf doodgaan in de gevangenis. Zes jaar, dat overleven heel veel gevangenen niet, er heersen daar een heleboel besmettelijke ziektes zoals tuberculose.'

'Toon je medelijden', zegt Bibi Goel.

Mansoer belt Soeltan in Pakistan met zijn pasgekochte mobiele telefoon. Hij vraagt om toestemming om de timmerman vrij te laten. Het is doodstil in de kamer, iedereen volgt het gesprek. Ze horen Soeltan vanuit Pakistan roepen: 'Hij wilde mijn zaken te gronde richten, hij wilde de prijzen ondermijnen! Hij kreeg een goed loon van me. Hij hoefde niet te stelen. Het is een schurk. Hij is schuldig en de waarheid moet uit hem geslagen worden. Niemand zal mijn zaak kapotmaken!'

'Hij kan zes jaar gevangenisstraf krijgen! Zijn kinderen kunnen wel dood zijn als hij er weer uitkomt!' roept Mansoer terug.

'Al krijgt hij zestig jaar! Dat kan me niets schelen! Hij moet net zo lang geslagen worden tot hij vertelt aan wie hij de kaarten heeft verkocht.'

'Dat zeg jij omdat je een volle maag hebt!' roept Mansoer. 'Ik kan wel huilen als ik aan die broodmagere kinderen van hem denk. Zijn familie is volkomen uitgemergeld.'

'Hoe durf je je vader tegen te spreken!' Soeltan schreeuwt door de telefoon. Iedereen in de kamer herkent zijn stem. Ze weten dat hij nu rood is aangelopen en dat zijn hele lichaam trilt. 'Wat ben jij voor een zoon? Jij moet alles doen wat ik zeg, alles! Wat is er met jou? Waarom gedraag je je zo onbeschoft tegen je vader?'

Aan Mansoers gezicht is af te lezen welke innerlijke strijd hij voert. Hij heeft nooit iets anders gedaan dan wat zijn vader hem beval. Dat wil zeggen, voorzover zijn vader weet. Hij heeft nooit openlijk de strijd met hem aangebonden, en hij durft niet het risico te lopen dat zijn vaders toorn zich tegen hem richt.

'Goed, vader', zegt Mansoer ten slotte en hij beëindigt het gesprek. De hele familie zwijgt.

'Hij heeft een hart van steen', zucht Sjarifa. Sonja zwijgt.

Elke morgen en elke avond komt de familie van de timmerman langs. Soms de grootmoeder, andere keren de tante of de vrouw. Ze hebben altijd een paar kinderen bij zich. Iedere keer krijgen ze hetzelfde antwoord. Het besluit is aan Soeltan. Als hij thuiskomt, zal het wel in orde komen. Maar ze weten dat dat niet waar is, want Soeltan heeft zijn vonnis al geveld.

Ten slotte kunnen ze het niet meer opbrengen om open te

doen als de arme familie langskomt. Ze blijven stil zitten en doen alsof er niemand thuis is. Mansoer gaat naar het politiebureau en vraagt om uitstel. Hij wil wachten tot zijn vader thuis is, dan moet die de zaak zelf maar afhandelen. Maar de commissaris kan niet langer wachten. In de cel van één vierkante meter mogen gearresteerden maar een paar dagen blijven. Ze vragen de timmerman nogmaals om toe te geven dat hij meer kaarten heeft gestolen en te vertellen aan wie hij ze heeft verkocht, maar hij weigert, net als de vorige keren. Jalaloeddin krijgt handboeien om en wordt uit het lemen gebouwtje weggevoerd.

Omdat het plaatselijke politiebureau geen auto heeft, moet Mansoer hem naar het hoofdbureau in de binnenstad van Kaboel brengen.

Buiten staan de vader, de zoon en de grootmoeder van de timmerman. Als Mansoer eraan komt, schuifelen ze naar hem toe. Mansoer voelt zich verschrikkelijk opgelaten. Nu Soeltan afwezig is, heeft hij de rol van harteloze boeman tegenover de timmermansfamilie gekregen.

'Ik doe enkel wat mijn vader me opdraagt', verontschuldigt hij zich. Hij zet zijn zonnebril op en gaat in de auto zitten. De grootmoeder en het zoontje lopen naar huis. De vader beklimt zijn rammelende fiets en rijdt achter Mansoers auto aan. Hij geeft niet op en wil zijn zoon zo ver mogelijk volgen. Ze zien zijn rechte silhouet achter hen verdwijnen.

Mansoer rijdt rustiger dan hij normaal doet. Dit is misschien wel de laatste keer in vele jaren dat de timmerman deze straten ziet.

Ten slotte komen ze bij het hoofdbureau aan. Dit was tijdens het Taliban-regime een van de meest gehate gebouwen. Hier was de religieuze politie gevestigd, en het ministerie van Zedelijkheid. Hierheen brachten ze de mannen met een te korte baard of een te korte broek, vrouwen die met andere mannen dan familieleden over straat hadden gelopen, vrouwen die alleen liepen en vrouwen met make-up onder hun boerka. Ze zaten er soms weken in de kelder voordat ze naar een gevangenis werden overgeplaatst of werden vrijgesproken. Toen de Taliban waren vertrokken en de gedetineerden werden vrijgelaten, vond men kabels en stokken die als martelwerktuigen waren gebruikt. De mannen werden geheel uitgekleed, de vrouwen mochten een laken om zich houden terwijl ze gemarteld werden. Vóór de Taliban hadden de genadeloze inlichtingendienst van het sovjetregime en daarna de chaotische politie-eenheden van de moedjahedien in het gebouw gezeten.

De timmerman loopt de brede trap naar de vijfde etage op. Hij probeert gelijke tred met Mansoer te houden en kijkt hem bevend aan. Het is alsof zijn ogen tijdens de paar dagen gevangenschap nog groter zijn geworden. De smekende ogen rollen bijna uit hun kassen. 'Vergeef me! Ik zal de rest van mijn leven gratis voor jullie werken! Vergeef me!'

Mansoer kijkt strak voor zich uit, hij moet nu niet week worden. Soeltan heeft zijn keuze gemaakt en hij kan Soeltan niet tegenspreken. Hij kan onterfd worden, uit huis worden gegooid. Hij voelt al dat zijn broer tegenwoordig Soeltans favoriet is. Ekbal mag op computercursus, Ekbal heeft van Soeltan een fiets toegezegd gekregen. Als hij nu tegen Soeltan ingaat, verbreekt die misschien wel alle banden met hem. Dat wil hij niet riskeren omwille van de timmerman, hoeveel medelijden hij ook met hem heeft.

Ze zitten te wachten op het verhoor en de registratie van de aangifte. Het systeem komt erop neer dat degene tegen wie aangifte is gedaan, vastzit totdat zijn schuld al dan niet bewezen is. Ieder willekeurig persoon kan aangifte doen tegen een ander en hem laten opsluiten.

Mansoer legt de zaak voor. De timmerman zit weer op zijn hurken op de vloer. Hij heeft lange, kromme tenen. Zijn nagels hebben dikke zwarte randen. Zijn vest en trui hangen in rafels over zijn rug. Zijn te wijde broek bungelt om zijn heupen.

De verhoorder achter de tafel schrijft de twee verklaringen nauwgezet neer. Hij schrijft met een sierlijk handschrift op een vel papier met carbonpapier eronder.

'Waarom ben je zo geïnteresseerd in ansichtkaarten van Afghanistan?' De politieagent lacht en vindt de hele zaak een beetje curieus. Maar voordat de timmerman kan antwoorden, gaat hij verder: 'Vertel me nu maar aan wie je ze hebt verkocht, we snappen immers allemaal dat je ze niet hebt gestolen om ze naar je familie te sturen.'

'Ik heb er maar tweehonderd meegenomen, en Rasoel heeft me er een stel gegeven', probeert de timmerman.

'Rasoel heeft je geen kaarten gegeven, dat is je reinste leugen', zegt Mansoer.

'Je zult je deze kamer later herinneren als de kamer waar je de kans kreeg om de waarheid te spreken', zegt de politieman. Jalaloeddin zit te slikken, hij knakt zijn vingers en haalt opgelucht adem als de agent verder gaat met Mansoer te verhoren en hem vraagt waar en hoe het allemaal gebeurd is. Achter de verhoorder ziet hij een van de heuvels van Kaboel. Die is bedekt met huisjes die zich aan de bergwand vastklampen. De bergpaden lopen zigzaggend omlaag. Door het raam ziet de timmerman mensen als mieren omhoog en omlaag gaan. De huizen zijn gebouwd van het materiaal dat in het door oorlogen geteisterde Kaboel te krijgen is. Een paar golfplaten, jute, een stuk plastic, wat bakstenen, brokken van ruïnes in de buurt.

Plotseling komt de verhoorder naast hem zitten, op zijn hurken, net als hij. 'Ik weet dat je hongerige kinderen hebt en dat je geen crimineel bent. Ik geef je nu een laatste kans. Die kans moet je niet laten lopen. Als je vertelt aan wie je de kaarten hebt verkocht, zal ik je vrijlaten. Als je het niet doet, krijg je minstens een paar jaar gevangenisstraf.'

Mansoer luistert ongeïnteresseerd toe, ze hebben de timmerman al honderden keren gevraagd om te vertellen aan wie hij de boel verkocht heeft. Misschien spreekt hij de waarheid, misschien heeft hij ze echt aan niemand verkocht. Mansoer kijkt op de klok en gaapt.

Plotseling komt er een naam over Jalaloeddins lippen. Zo zwak dat het nauwelijks te verstaan is.

Mansoer springt op.

De man wiens naam Jalaloeddin noemde, heeft een kiosk op de markt, waar hij kalenders, pennen en kaarten verkoopt. Kaarten voor de religieuze feestdagen, voor bruiloften, verlovingen en verjaardagen – en ansichtkaarten met Afghaanse motieven. Die kaarten kocht hij altijd in Soeltans boekhandel, maar hij is de laatste tijd niet meer geweest. Mansoer kan hem zich goed herinneren, want hij klaagde altijd luid over de prijzen.

Het is alsof er een prop is losgeschoten, maar Jalaloeddin beeft nog steeds onder het praten.

'Hij kwam op een middag langs toen ik net weg zou gaan van mijn werk. We praatten wat, en toen vroeg hij of ik geld nodig had. Nou, dat was inderdaad zo. Toen vroeg hij of ik wat ansichtkaarten voor hem kon halen. Eerst weigerde ik, maar toen noemde hij de prijs die ik ervoor zou krijgen. Ik dacht aan mijn kinderen thuis. Ik kan mijn familie niet onderhouden met mijn timmermansloon. Ik dacht aan mijn vrouw, die haar tanden begint te verliezen, ze is pas dertig jaar. Ik dacht aan alle verwijtende blikken die ik thuis kreeg omdat ik niet genoeg verdien. Ik dacht aan de kleren en schoenen die mijn kinderen nooit krijgen, aan de dokter voor de zieken, waarvoor we geen geld hebben, en aan het slechte eten dat ze krijgen. Toen dacht ik, als ik er maar een paar neem, zolang ik in de boekhandel werk, kan ik een paar van mijn problemen oplossen. Soeltan zou het niet merken. Hij heeft zoveel kaarten, en hij heeft zoveel geld. En toen heb ik een paar kaarten gepakt en doorverkocht.'

'We moeten erheen om bewijs te verzamelen', zegt de politieagent. Hij staat op en beveelt de timmerman, Mansoer en een collega om mee te gaan. Ze rijden naar de markt en naar de kiosk. Er staat een jongeman achter het kleine loket.

'Waar is Mahmoed?' vraagt de politieagent, die in burger is. Mahmoed is aan het lunchen. De agent toont de jongen zijn politiepenning en zegt dat hij zijn ansichtkaarten wil zien. De jongen laat ze via de zijdeur van de kiosk naar binnen, in de piepkleine ruimte tussen de wanden, de stapel goederen en de toonbank. Mansoer en de agent graaien de ansichten van de planken. Alle kaarten die Soeltan heeft laten drukken, worden in een zak gestopt. Ten slotte hebben ze duizenden kaarten. Maar welke Mahmoed legaal heeft gekocht en welke van Jalaloeddin, is moeilijk uit te maken. Ze nemen de jongen en de ansichten mee naar het politiebureau.

Een agent blijft achter om op Mahmoed te wachten. De kiosk is afgesloten. Niemand kan vandaag nog een bedankkaartje of foto's van heldhaftige strijders bij Mahmoed kopen.

Als Mahmoed eindelijk op het bureau wordt afgeleverd, met de lucht van kebab nog aan zijn handen, beginnen er nieuwe verhoren. Mahmoed ontkent eerst de timmerman ooit te hebben gezien. Hij zegt dat hij alles eerlijk heeft gekocht van Soeltan, Joenoes, Ekbal en Mansoer. Daarna verandert hij zijn verklaring en zegt dat de timmerman inderdaad een keertje langsgekomen is, maar dat hij niets van hem gekocht heeft.

Ook de kioskeigenaar moet de nacht in voorlopige hechtenis doorbrengen. Mansoer mag eindelijk vertrekken. Op de gang staan de vader, een oom, een neef en een zoon van de timmerman. Ze lopen op hem af, proberen hem vast te grijpen, en kijken verschrikt toe hoe hij ze voorbijstevent. Hij kan ze niet meer zien. Jalaloeddin heeft bekend, Soeltan zal tevreden zijn, de zaak is opgelost. Nu de diefstal en de doorverkoop bewezen zijn, kan de strafzaak beginnen.

Hij denkt aan de woorden van de commissaris. 'Dit is je laatste kans. Als je bekent, laten we je vrij en kun je terugkeren naar je familie.'

Mansoer voelt zich beroerd. Hij haast zich naar buiten, terwijl hij denkt aan het laatste wat Soeltan tegen hem zei voor hij vertrok. 'Ik hcb mijn leven geriskeerd om mijn boekenzaak op te zetten, ik heb in de gevangenis gezeten, ik ben in elkaar geslagen, ik werk me uit de naad om iets op te bouwen voor Afghanistan, en dan komt er zo'n verdomde timmerman mijn levenswerk vernielen. Zo iemand moet gestraft worden. Wees niet de zoveelste slapjanus, Mansoer, wees geen slappeling.'

In een sjofel lemen huis in Deh Khoedaidad zit een vrouw voor zich uit te staren. Haar jongste kinderen huilen, ze hebben niets te eten gehad en wachten tot hun grootvader thuiskomt uit de stad. Misschien heeft hij iets te eten gekocht. Ze rennen naar hem toe als hij eindelijk de poort in komt fietsen. Hij heeft niets in zijn handen. Niets op de bagagedrager. Ze staan stil als ze zijn sombere gezicht zien. Het is eventjes stil, dan beginnen ze te huilen terwijl ze zich aan hem vastklampen: 'Waar is pappa? Wanneer komt pappa?'

Mijn moeder, Osama

Tadjmir houdt de Koran tegen zijn voorhoofd, kust hem en leest een willekeurig vers. Hij kust hem opnieuw, stopt hem in zijn zak en kijkt door het autoraam naar buiten. De auto rijdt Kaboel uit. Hij is op weg naar het oosten, naar de onrustige grensgebieden tussen Afghanistan en Pakistan, waar de Taliban en Al-Qaida nog steeds veel steun genieten en waar zich volgens de Amerikanen terroristen in het ontoegankelijke berglandschap verbergen. De Amerikanen kammen het gebied uit, ze verhoren de plaatselijke bevolking, ze blazen bergwanden op, zoeken naar wapenarsenalen en schuilplaatsen, bombarderen en doden een enkele burger in hun jacht op terroristen en op de grote trofee waarvan ze dromen – Osama bin Laden.

Dit is het gebied waar dit voorjaar 'Operation Anaconda' plaatsvond, het grote offensief tegen Al-Qaida. Internationale speciale strijdkrachten onder Amerikaans commando leverden zware gevechten tegen de discipelen van Osama die nog in Afghanistan waren overgebleven. Naar het schijnt zijn er nog steeds ettelijke Al-Qaida-soldaten in deze grensgebieden, gebieden waar de leiders nooit een centrale regering hebben erkend, maar volgens de wet van de stam regeren. In de Pasjtoengordel aan beide zijden van de grens is het moeilijk infiltreren voor de Amerikanen en de centrale overheid. Als Osama bin Laden en de Taliban-leider moellah Omar nog in leven zijn en zich nog in Afghanistan bevinden, moet dat volgens inlichtingenexperts hier zijn.

En Tadjmir moet proberen ze te vinden. Of in elk geval proberen iemand te vinden die gehoord heeft over iemand die ze gezien heeft of die denkt dat hij iemand gezien heeft die op ze lijkt. In tegenstelling tot zijn reisgenoten hoopt Tadjmir dat ze helemaal niemand vinden. Tadjmir houdt niet van gevaar. Hij houdt niet van reizen in stamgebieden waar elk moment gevechten kunnen uitbreken. Op de achterbank liggen kogelvrije vesten en helmen klaar.

'Wat las je daar, Tadjmir?'

'De heilige Koran.'

'Dat zag ik, maar las je een bepaalde tekst? Ik bedoel een *traveller section* of zoiets?'

'Nee, ik zoek nooit iets speciaals, ik blader gewoon. Nu ben ik bij het vers waarin staat dat wie Allah en zijn profeet gehoorzaamt, naar de tuinen van het paradijs zal worden gevoerd, waar beken ruisen, terwijl degene die hem de rug toekeert door een zware straf zal worden getroffen. Ik lees altijd een stuk uit de Koran als ik ergens bang voor ben of als ik me bedroefd voel.'

'Oh yeah', zegt Bob terwijl hij met zijn hoofd tegen het raam leunt. Met half dichtgeknepen ogen ziet hij de smerige straten van Kaboel verdwijnen.

Ze rijden de ochtendzon tegemoet, die zo fel brandt dat Bob zijn ogen moet sluiten.

Tadjmir peinst over zijn opdracht. Hij heeft een baantje als tolk gekregen voor een groot Amerikaans tijdschrift. Vroeger, onder de Taliban, werkte hij voor een hulporganisatie. Hij was verantwoordelijk voor de distributie van meel en rijst onder de armen. Toen de buitenlanders in de organisatie na de elfde september vertrokken, droeg hij in zijn eentje de hele verantwoordelijkheid. De Taliban blokkeerden al zijn activiteiten. De distributie werd gestopt, en op een dag viel er een bom op de plek waar de uitdeling gewoonlijk plaatsvond. Tadjmir dankte Allah dat hij een eind gemaakt had aan de distributie. Stel je voor dat er een rij hongerende vrouwen en kinderen had gestaan.

Maar het lijkt nu lang geleden dat hij in de noodhulp werkte. Toen de journalisten met drommen tegelijk naar Kaboel kwamen, pikten de mensen van het Amerikaanse tijdschrift hem eruit. Ze boden hem hetzelfde loon per dag als wat hij normaal in twee weken verdiende. Hij dacht aan zijn eigen familie, die geld nodig had, zei zijn baan in de hulpverlening op, en begon te tolken, in een fantasievol en vindingrijk Engels.

Tadjmir is kostwinnaar voor zijn familie, die naar Afghaanse maatstaven klein is. Hij woont samen met zijn moeder, zijn vader, zijn stiefzuster, zijn vrouw en de eenjarige Bahar in een flatje in Mikrorayon, niet ver van Soeltan en zijn familie. Zijn moeder is Soeltans oudste zus, de zus die werd uitgehuwelijkt om geld te verschaffen voor zijn schoolopleiding.

Feroza werd een zeer strenge moeder. Als klein kind mocht Tadjmir niet buiten spelen met de andere kinderen. Hij moest heel rustig in de kamer spelen, onder toezicht van Feroza, en toen hij groter werd, moest hij zijn huiswerk maken. Na school moest hij altijd meteen naar huis komen, en hij mocht nooit met iemand mee of zelf iemand meebrengen. Tadjmir protesteerde nooit; het was onmogelijk om tegen Feroza te protesteren. Want Feroza sloeg, en ze sloeg hard.

'Ze is erger dan Osama bin Laden', verklaart Tadjmir aan Bob, als hij moet uitleggen waarom hij te laat is gekomen of waarom hij plotseling moet ophouden met zijn werk. Aan zijn nieuwe Amerikaanse vrienden vertelt hij angstaanjagende verhalen over 'Osama'. Ze stellen zich een furie onder een boerka voor. Maar als ze haar ontmoeten, op bezoek bij Tadjmir, zien ze alleen maar een zachtaardige kleine vrouw, met onderzoekende, half dichtgeknepen ogen. Op haar borst draagt ze een groot gouden medaillon met de islamitische geloofsbelijdenis. Die is ze meteen gaan kopen toen Tadjmir met zijn eerste Amerikaanse loon thuiskwam. Feroza weet exact wat hij verdient, en Tadjmir moet alles aan zijn moeder afgeven. Daarna krijgt hij zakgeld van haar als dat nodig is. Tadjmir toont zijn vrienden alle plekken op de muur waar ze schoenen of andere voorwerpen tegenaan ge gooid heeft. Nu moet hij erom lachen. De tiran Feroza is een komisch verhaal geworden.

Het was Feroza's vurige wens dat Tadjmir het ver zou schoppen, en iedere keer als ze wat extra geld in handen kreeg, gaf ze hem op voor een cursus: Engels, extra lessen wiskunde, een computercursus. De analfabete die was uitgehuwelijkt om de familie aan geld te helpen, moest een gerespecteerde moeder worden. Dat wilde ze bereiken via een geslaagde zoon.

Zijn vader zag Tadjmir een stuk minder. Het was een aardige en wat bedeesde man, die ernstig ziek was. In zijn goede dagen reisde hij als handelaar naar India en Pakistan. Soms kwam hij thuis met geld, soms niet.

Terwijl Feroza Tadjmir soms alle hoeken van de kamer liet zien, had ze haar man nooit hard aangepakt, al leed het geen twijfel wie de sterkste van hen was. Feroza was in de loop der jaren een flinke dame geworden, kogelrond, met een dikke bril die op haar neus balanceerde of aan een touwtje om haar nek hing. Haar man daarentegen was grauw geworden, sterk vermagerd, zwak, en breekbaar als een droge tak. Terwijl haar man wegkwijnde, nam Feroza langzaamaan de rol van familiehoofd over.

Tadjmir bleef Feroza's enige zoon, maar ze kon haar verlangen naar meer kinderen niet opgeven en ging naar een van de kindertehuizen van Kaboel. Hier vond ze Khesjmesj, die iemand voor de ingang van het tehuis had neergelegd, in een vuile kussensloop. Ze nam haar op en voedde haar op als Tadjmirs zus. Terwijl Tadjmir als twee druppels water op zijn moeder lijkt – dezelfde bolle toet, dikke buik en waggelende gang – ligt het anders met Khesjmesj.

Khesjmesj is een gestrest en ongeremd kind, mager als een lat, en met een veel donkerder huid dan de anderen in de familie. Ze heeft iets wilds in haar blik, alsof het leven binnen in haar hoofd spannender is dan alles wat er in de echte wereld gebeurt.

Khesjmesj rent op familiefeesten als een dartel veulen rond, tot grote wanhoop van Feroza. Terwijl Tadjmir als kind gehoorzaam voldeed aan zijn moeders wensen, ziet Khesjmesj er altijd smerig, slordig en sjofel uit. Maar niemand is zo aanhankelijk als Khesjmesj wanneer ze in een rustige bui is, niemand geeft haar moeder nattere kussen of omhelst haar zo innig. Waar Feroza ook heen gaat, Khesjmesj gaat mee, als een dunne schaduw van haar stevige moeder.

Net als andere kinderen leerde Khesjmesj al vroeg de Taliban kennen. Op een dag kregen zij en een vriendje in het trappenhuis slaag van een Taliban. Ze hadden met zijn zoon gespeeld, die gevallen was en zich lelijk bezeerd had. De vader had hen allebei met een stok geslagen. Het resultaat was dat ze nooit meer wilden spelen met het jongetje met de Taliban-vader. Het waren ook de Taliban die haar verboden om samen met de buurjongens naar school te gaan. Het waren de Taliban die mensen verboden te zingen of in hun handen te klappen, te dansen. Het waren de Taliban die haar verboden om haar poppen mee naar buiten te nemen. Poppen en knuffels waren taboe omdat het afbeeldingen van levende wezens waren. Als de religieuze politie een razzia hield bij mensen thuis, sloegen ze niet alleen de tv en de cassettespeler stuk, maar namen ze meestal ook het speelgoed van de kinderen mee als ze dat vonden. Ze rukten de armen en het hoofd van de poppen af en trapten ze voor de ogen van de van angst verlamde kinderen kapot.

Het eerste wat Khesjmesj deed toen Feroza zei dat de Taliban waren gevlucht, was haar lievelingspop pakken en haar de wereld laten zien. Tadjmir schoor zijn baard af. Feroza toverde een stoffige cassettespeler tevoorschijn en wiegde door de flat, terwijl ze zong: 'Nu willen wij feesten na vijf verloren jaren!'

Meer kinderen kreeg Feroza niet te verzorgen. Vlak nadat ze Khesjmesj had opgenomen, begon de burgeroorlog en vluchtte ze met Soeltans familie naar Pakistan. Toen ze terugkwam van haar vluchtelingenbestaan, was het hoog tijd voor haar om een vrouw voor Tadjmir te zoeken, en ze had geen tijd om in het ziekenhuis naar te vondeling gelegde meisjesbaby's te zoeken.

Net zoals alle andere dingen in Tadjmirs leven werd ook het zoeken van een vrouw door zijn moeder geregeld. Tadjmir zelf was smoorverliefd op een meisje van de cursus Engels in Pakistan. Ze vormden een soort paar, ook al hielden ze elkaars hand nooit vast, laat staan dat ze elkaar kusten. Ze waren bijna nooit alleen, maar desondanks waren ze toch een stel, dat elkaar briefjes of lange liefdesepistels schreef. Tadjmir durfde Feroza niets over het meisje te vertellen, al was het zijn droom om met haar te trouwen. Ze was familie van de oorlogsheld Massoed, en Tadjmir wist dat zijn moeder bang zou zijn voor alle ophef die dat voor hen mee zou kunnen brengen. Maar wie zijn geliefde ook geweest was, Tadjmir zou zijn moeder nooit over zijn verliefdheid hebben durven vertellen. Het was hem van jongs af aan ingeprent dat je nergens om moest vragen, en hij had Feroza nooit verteld wat hij voelde. Hij beschouwde zijn onderdanigheid als respect.

'Ik heb het meisje gevonden met wie je gaat trouwen', zei Feroza op een dag.

'Juist, ja', zei Tadjmir. Hij voelde een prop in zijn keel, maar er kwam geen woord van protest uit. Hij wist dat hij zijn droomprinses een brief zou moeten schrijven dat het voorbij was.

'Wie is het?' vroeg hij.

'Je achternicht Khadija. Je hebt haar niet meer gezien sinds je klein was. Ze is handig en vlijtig en van goede komaf.'

Tadjmir knikte alleen maar. Twee maanden later ontmoette hij Khadija voor het eerst. Dat was op hun verlovingsfeest. Ze zaten het hele feest naast elkaar zonder een woord te wisselen. Van haar kan ik wel houden, dacht hij.

Khadija ziet eruit als een Parijse jazz-zangeres uit de jaren twintig. Haar zwarte, golvende haar, met de scheiding opzij, is recht boven haar schouders afgeknipt. Ze heeft een witte, gepoederde huid en ze is altijd opgemaakt met zwarte mascara en rode lippenstift. Ze heeft een smal gezicht met brede lippen en ze ziet eruit alsof ze haar hele leven heeft geposeerd met een lange sigaret in haar hand. Maar volgens Afghaanse normen wordt ze niet als mooi beschouwd – ze is te dun, te smal. In Afghanistan zijn de ideale vrouwen rond: ronde wangen, ronde heupen, ronde buiken.

'Nu hou ik van haar', vertelt Tadjmir. Ze komen in de buurt van de stad Gardez, en Tadjmir heeft Bob, de Amerikaanse journalist, zijn hele levensgeschiedenis verteld.

'Wow', zegt die. 'What a story. So you really love your wife now? What about the other girl?'

Tadjmir heeft geen idee hoe het met het andere meisje is. Hij denkt ook niet meer aan haar. Nu leeft hij voor zijn kleine gezin. Want een jaar geleden hebben hij en Khadija een dochter gekregen.

'Khadija was zo bang om een dochter te krijgen', vertelt hij Bob. 'Ze is altijd ergens bang voor, en dit keer was ze bang dat ze een dochter zou krijgen. Ik vertelde haar en alle anderen dat ik het liefst van al een dochter wilde hebben, zodat niemand medelijden zou hebben als we een dochter kregen, want dat was immers mijn liefste wens. En als we een jongen kregen, zou niemand wat zeggen, want dan zou iedereen sowieso blij zijn.'

'Hm', zegt Bob, die zijn logica probeert de volgen.

'Nu is Khadija bang dat ze niet meer zwanger kan raken, omdat wij het wel proberen, maar geen succes hebben. Daarom zeg ik tegen haar dat één kind eigenlijk genoeg is, dat het prima is zo. In het Westen hebben heel veel mensen maar één kind. Dus als we er geen kinderen meer bij krijgen, zal iedereen zeggen dat we immers geen kinderen meer wilden, en als we er wel kinderen bij krijgen, is iedereen natuurlijk ook blij.'

'Hm.'

Ze stoppen in Gardez om drank en sigaretten te kopen. Als Tadjmir op zijn werk is, rookt hij aan één stuk door. Eén tot twee pakjes per dag. Maar hij moet goed oppassen dat zijn moeder het niet merkt, hij zou nooit mogen roken waar zij bij was. Ze kopen een pakje *hi-lite*-sigaretten voor 13 dollarcent, komkommers, twintig gekookte eieren en brood. Ze zitten net de komkommers te schillen en een eitje te pellen, als Bob stop roept.

Langs de kant van de weg zit een dertigtal mannen in een kring. Ze zitten met hun kalasjnikov voor zich en met hun patroongordels schuin over hun borst.

'Dat zijn de mannen van Padsja Khan!' roept Bob. 'Stop!'

Bob sleurt Tadjmir mee naar de mannen. In hun midden zit Padsja Khan zelf, de grootste krijgsheer van de oostelijke provincies, en een van de openlijkste tegenstanders van Hamid Karzai.

Toen de Taliban vluchtten, werd Padsja Khan benoemd tot gouverneur van de provincie Paktia, die bekendstaat als een van de onrustigste streken van Afghanistan. Als gouverneur in het gebied waar het Al-Qaida-netwerk nog steeds veel steun krijgt, werd hij een belangrijk man voor de Amerikaanse inlichtingendiensten. Die waren voor hun werk afhankelijk van lokale partners, en de ene krijgsheer was wat dat betreft niet beter of slechter dan de andere. Padsja Khan kreeg de opdracht om uit te zoeken waar de Taliban en de Al-Qaida-strijders zich bevonden en de Amerikanen naar hun schuilplaatsen te leiden. Daarvoor had hij de beschikking gekregen over een satelliettelefoon, waar hij ijverig gebruik van maakte. Hij belde de Amerikanen voortdurend om ze te vertellen over de verplaatsingen van Al-Qaida in het gebied. En de Amerikanen schoten. Op een dorp hier en een dorp daar. Op stamhoofden die op weg waren naar de inwijdingsceremonie van Karzai in Kaboel. Op een paar bruiloftsfeesten. Op een groep mannen in een huis – hun eigen geallieerden. Niemand had iets met Al-Qaida te maken, maar wat ze gemeen hadden was dat ze vijanden van Padsja Khan waren.

De protesten van de plaatselijke bevolking tegen de eigenmachtige gouverneur, die plotseling in het bezit was van B52-bommenwerpers en F16's voor zijn lokale stammenstrijd, werden zo hevig dat Karzai geen andere oplossing zag dan hem af te zetten.

Toen begon Padsja Khan gewoon zijn eigen kleine oorlog. Hij schoot raketten af op de dorpen waar zijn vijanden zich bevonden. Er ontstond een openlijke strijd tussen de verschillende groepen. Ettelijke onschuldigen werden gedood toen hij zijn verloren macht probeerde terug te winnen. Ten slotte moest hij opgeven, in elk geval tijdelijk. Bob zoekt hem al heel lang, en nu zit hij daar, in het zand, omringd door een groep baardige mannen.

Padsja staat op als hij hen ziet. Hij knikt naar Bob, maar omhelst Tadjmir en drukt hem zachtjes naast zich neer. 'Hoe gaat het, beste vriend? Alles goed?'

Ze hebben elkaar vaak ontmoet tijdens Operation Anaconda, het grote offensief van de Amerikanen tegen Al-Qaida. Tadjmir had getolkt, meer niet. Een vriend van Padsja Khan is hij nooit geweest.

Padsja Khan is gewend om de regio als zijn persoonlijk eigendom te besturen, samen met zijn drie broers. Het is nog maar een week geleden dat hij het raketten liet regenen op de stad Gardes, en nu is Khost aan de beurt. Daar is al een nieuwe gouverneur gekomen, een socioloog die de laatste tien jaar in Australië heeft gewoond. Hij heeft dekking gezocht, uit angst voor de manschappen van Padsja Khan.

'Mijn mannen zijn klaar', zegt Padsja Khan tegen Tadjmir, die zijn woorden voor de koortsachtig schrijvende Bob vertaalt. 'We zitten net te overleggen wat we zullen doen', gaat hij verder, terwijl hij zijn blik over de groep laat gaan. 'Zullen we hem nu grijpen, of zullen we wachten?'

'Gaan jullie naar Khost? Zeg dan tegen mijn broer dat hij die nieuwe gouverneur als de bliksem uit de weg moet ruimen.

Zeg dat hij de botten van die vent bijeen moet rapen en als een pakketje naar Karzai terug moet sturen.'

Padsja doet met zijn handen het inpakken na. Alle mannen kijken naar hun leider, daarna naar Tadjmir en dan naar Bob, die alles ijverig noteert.

'Luister', zegt Padsja Khan. Er is geen twijfel aan wie volgens hem de rechtmatige heerser is over de drie provincies die de Amerikanen nauwlettend in de gaten houden. De krijgsheer gebruikt Tadjmirs dijbeen om zijn uitspraken te verduidelijken, hij tekent er kaarten, wegen en fronten op, en elke uitspraak waar hij tevreden over is, bekrachtigt hij met een ferme tik. Tadjmir vertaalt mechanisch. Over zijn voeten kruipen de grootste mieren die hij ooit heeft gezien.

'Karzai dreigt zijn leger de volgende week te zullen inzetten. Wat doet u daaraan?' vraagt Bob.

'Wat voor leger? Karzai heeft helemaal geen leger! Hij heeft een paar honderd lijfwachten, die door de Britten getraind worden. Niemand kan mij op eigen terrein verslaan', zegt Padsja Khan, terwijl hij over zijn mannen uitkijkt. Die zitten daar met hun versleten sandalen en oude kleren – het enige wat schoon is en blinkt, zijn de wapens. Om sommige geweerkolven zijn kleurrijke parelkettingen gewikkeld, andere zijn voorzien van liefdevol gemaakte borduursels. Een paar jongere strijders hebben hun kalasjnikov versierd met stickertjes. Op een roze sticker staat met rode letters 'kiss' geschreven.

Veel van deze mannen vochten nog geen jaar geleden aan de kant van de Taliban. 'Wij zijn niet te koop, alleen maar te huur', zeggen de Afghanen zelf over hun regelmatige verandering van partij. Nu zijn ze de mannen van Padsja Khan, af en toe worden ze aan de Amerikanen uitgeleend. Maar steeds is het belangrijkste voor hen de strijd tegen degene die Padsja Khan op dat moment als zijn vijand beschouwt. Dan komt de Amerikaanse jacht op Al-Qaida op de tweede plaats.

'Hij is gek', zegt Tadjmir, als ze weer in de auto zitten. 'Door dat soort mannen als hij komt er nooit vrede in Afghanistan. Voor hem is macht belangrijker dan vrede. Hij is gek genoeg om duizenden mensenlevens op het spel te zetten, enkel en alleen om aan de macht te blijven. Onbegrijpelijk dat de Amerikanen met zo'n man samenwerken.'

'Als ze alleen maar samenwerken met mensen die geen bloed aan hun handen hebben, zullen ze niet veel mensen vinden in deze provincies', zegt Bob. 'Ze hebben geen keus.'

'Maar die lui zijn er helemaal niet in geïnteresseerd om Taliban voor de Amerikanen te zoeken, ze houden hun wapens alleen maar op elkaar gericht', werpt Tadjmir tegen.

'Hm', mompelt Bob. 'I wonder if there will be any serious fighting', zegt hij, meer tegen zichzelf dan tegen Tadjmir.

Tadjmir en Bob hebben heel verschillende ideeën over wat een fijn ritje is. Bob wil actie, hoe meer, hoe beter. Tadjmir wil zo snel mogelijk naar huis. Over een paar dagen vieren hij en Khadija hun tweejarig huwelijksfeest en hij hoopt dat hij dan terug is. Dan wil hij Khadija met een mooi cadeau verrassen. Bob wil een reportage maken over schokkende zaken. Zoals een paar weken geleden, toen hij en Tadjmir bijna gedood werden door een granaat. Die trof ze net niet, maar wel de auto achter hen. Of toen ze op weg naar Gardez razendsnel dekking moesten zoeken in het donker, omdat ze voor de vijand werden aangezien en de kogels ze om de oren vlogen. Bob krijgt een kick van dingen als overnachten in een loopgraaf, terwijl Tadjmir het vervloekt dat hij van baan veranderd is. Het enige prettige aan deze tochten is de oorlogstoeslag. Daar weet Feroza niets van, dus dat geld kan hij zelf houden.

Voor Tadjmir en de meeste anderen uit Kaboel is dit deel van Afghanistan het gebied waar ze zich het minst mee identificeren. Het wordt beschouwd als een woeste en gewelddadige streek. Hier wonen mensen die zich niet onder een nationaal bestuur schikken. Hier kunnen Padsja Khan en zijn broers een hele regio besturen. Zo is het altijd geweest. Hier geldt het recht van de sterkste.

Ze rijden door het onvruchtbare woestijnlandschap. Hier en daar zien ze nomaden en kamelen, die rustig en trots over de zandduinen schrijden. Op sommige plekken hebben de nomaden hun grote zandkleurige tenten opgeslagen. Vrouwen in wapperende, kleurrijke gewaden lopen tussen de tenten. De vrouwen van het Koetji-volk staan bekend als de meest vrije vrouwen van Afghanistan. Zelfs de Taliban probeerden niet om ze tot het dragen van de boerka te dwingen, zolang ze zich buiten de steden hielden. Ook dit nomadenvolk heeft de laatste jaren enorm geleden. Vanwege de oorlog en de mijnen hebben ze hun eeuwenoude routes moeten verleggen, en ze bewegen zich over een veel kleiner terrein dan vroeger. De droogte van de laatste jaren heeft ertoe geleid dat een groot deel van hun geiten en kamelen van de honger gestorven is.

Het landschap wordt steeds schraler. In de laagte ligt de woestijn, daarachter de hoge bergen. Het landschap vertoont allerlei tinten bruin. Zigzag over de bergwanden lopen zwarte patronen. Als je beter kijkt, zie je dat het schapen zijn, die in een dichte rij lopen, terwijl ze wat begroeiing proberen te vinden.

Ze naderen Khost. Tadjmir haat die stad. Hier vond de Taliban-leider moellah Omar zijn meest getrouwe aanhangers. Khost en omgeving merkten het nauwelijks toen het land door de Taliban werd overgenomen. Het maakte weinig verschil voor ze. Hier werkten de vrouwen toch al nooit buitenshuis, en de meisjes gingen er ook niet naar school. De boerka droegen ze al zolang ze zich konden herinneren, niet op last van de staat maar op bevel van de familie.

Khost is een stad zonder vrouwen, in elk geval oppervlakkig gezien. Terwijl de vrouwen in Kaboel in de loop van de eerste lente na de val van de Taliban hun boerka begonnen af te leggen, en je af en toe zelfs vrouwen in restaurants zag, is er in Khost nauwelijks een vrouw te zien, zelfs niet onder een boerka. Ze leiden een besloten leven op de binnenplaats van hun huis, ze mogen niet uitgaan, geen inkopen doen, zelden iemand bezoeken. Hier wordt de *poerdah*, de totale segregatie van vrouwen en mannen, streng nageleefd.

Tadjmir en Bob gaan rechtstreeks naar de jongere broer van Padsja Khan, Kamal Khan. Hij heeft de gouverneurswoning in beslag genomen, terwijl de pasbenoemde gouverneur in een soort huisarrest op het politiebureau zit. In de bloementuin van de gouverneur krioelt het van mannen van de Khan-clan – soldaten van alle leeftijden, van magere jochies tot grijzende ouderen, zittend, liggend of rondlopend. De sfeer is geladen en enigszins hectisch.

'Khamal Khan?' vraagt Tadjmir.

Twee soldaten begeleiden ze naar de commandant, die omringd wordt door mannen. Hij geeft toestemming voor een interview en ze gaan zitten. Een jongetje komt thee brengen.

'We zijn klaar voor de strijd. Voordat die nepgouverneur Khost verlaat en mijn broer opnieuw wordt aangesteld, komt er geen vrede', zegt de jongeman. De mannen knikken. Eentje knikt heel heftig. Dat is Kamal Khans onderbevelhebber. Hij zit in kleermakerszit op de grond, drinkt thee en luistert. De hele tijd zit hij te flikflooien met een andere soldaat. Ze houden elkaar stevig vast. Hun samengevouwen handen liggen op de schoot van de onderbevelhebber. Veel soldaten kijken met smachtende blikken naar Tadjmir en Bob.

In delen van Afghanistan, speciaal in het zuidoosten, is homoseksualiteit een wijdverbreid verschijnsel dat stilzwijgend wordt geaccepteerd. Veel commandanten hebben meerdere jonge minnaars, en je ziet regelmatig oudere mannen met een groepje jongens rondlopen. Die smukken zich vaak op met bloemen in hun haar, achter hun oor of in hun knoopsgat. De homoseksualiteit wordt vaak gezien als een gevolg van de strenge naleving van de *poerdah* in deze streken. Dikwijls zie je een heel stel tippelende en heupwiegende jongens op een rij. Ze hebben dikke strepen kajal rond hun ogen, en hun bewegingen doen denken aan die van westerse travestieten. Ze staren, flirten en wiegen met hun heupen en schouders.

Deze commandanten leven niet alleen hun homoseksualiteit uit, de meesten hebben een vrouw en een grote kinderschaar. Maar ze zijn zelden thuis, en hun leven speelt zich te midden van mannen af. Er ontstaan vaak grote jaloeziedrama's rond deze minnaars, er zijn uit jaloezie heel wat bloedwraakacties gepleegd op een jonge minnaar die het met twee anderen tegelijk had aangelegd. Er was een geval waarbij twee commandanten twee tanks de bazaar inreden om strijd te leveren rond een minnaar. De slag eindigde met tientallen doden.

Kamal Khan, een knap uitziende man van in de twintig, poneert zelfverzekerd dat het recht om de provincie te besturen nog steeds bij de familie Khan ligt.

'Het volk staat aan onze kant. We zullen tot de laatste man doorvechten. Het gaat ons niet om de macht', zegt Kamal Khan glimlachend. 'Het is het volk dat ons wil hebben, de mensen. En die verdienen ons ook. Wij doen gewoon wat zij willen.'

Twee langpotige spinnen kruipen langs de muur achter hem omhoog. Kamal Khan pakt een smoezelig puntzakje uit zijn vest. Hij haalt er een paar tabletten uit, die hij in zijn mond stopt. 'Ik ben een beetje ziek', zegt hij met ogen die om medelijden smeken.

Dit zijn de mannen die zich hardnekkig tegen Hamid Karzai verzetten – en die weigeren zich door Kaboel de wet te laten voorschrijven. Of er burgerlevens verloren gaan, kan ze niet schelen. Het gaat ze om de macht, en macht betekent twee dingen: de eer – het feit dat de stam van Khan in deze provincie de touwtjes in handen houdt; en het geld – de controle over het bloeiende smokkelaarsverkeer en de douane-inkomsten over de wettig ingevoerde goederen.

De reden dat het Amerikaanse blad zo geïnteresseerd is in het plaatselijke conflict in Khost, is niet in de eerste plaats dat Karzai het leger tegen de krijgsheren dreigt in te zetten. Dat zal waarschijnlijk ook niet gebeuren, want zoals Padsja Khan zei: 'Als hij het leger inzet, worden er mensen vermoord en krijgt Karzai de schuld.'

Nee, het zit hem in de aanwezigheid van Amerikaanse strijdkrachten in dit gebied. De geheime speciale commando's, waar je eigenlijk onmogelijk mee in contact kunt komen. De geheime agenten, die in de bergen rondkruipen, op jacht naar Al-Qaida, daar wil het blad een stuk over hebben, een exclusieve reportage: *De jacht op Al-Qaida*. Het allerliefst wil Bob Osama bin Laden vinden. Of in elk geval moellah Omar. De Amerikanen dekken zich aan alle kanten in en werken samen met beide partijen in het conflict, dat wil zeggen zowel met de gebroeders Khan als met hun vijanden. Beide partijen trekken met ze mee, beide partijen krijgen geld, wapens en communicatie- en spionageapparatuur van ze. Want beide zijden hebben goede contacten, aan beide zijden vind je de voormalige steunpilaren van de Taliban.

De aartsvijand van de gebroeders Khan heet Moestafa. Hij is commissaris van politie in Khost. Moestafa werkt samen met Karzai en met de Amerikanen. Toen de mannen van Moestafa onlangs vier man van de Khan-clan in een vuurgevecht hadden gedood, moest hij zich dagenlang in het politiebureau verschansen. De vier eersten die het bureau verlieten, zouden worden vermoord, hadden de Khans gewaarschuwd. Toen het eten en het water op waren, werden ze het erover eens dat ze zouden onderhandelen. Het resultaat daarvan was uitstel. Dat wil zeggen dat vier van Moestafa's mannen nu een doodvonnis boven het hoofd hangt, dat elk moment kan worden voltrokken. Bloed moet met bloed gewroken worden, en de dreiging vóór de eigenlijke voltrekking van het vonnis kan al genoeg marteling zijn.

Kamal Khan en zijn jongere broer Wasir Khan schilderen Moestafa af als een crimineel, die vrouwen en kinderen doodt, en die uit de weg geruimd moet worden. Tadjmir en Bob bedanken hen voor de ontvangst en worden naar de poort begeleid door twee jonge jongens die eruitzien als meisjes van een tropisch eiland. Ze hebben grote gele bloemen in hun golvende haar en strakke brede ceintuurs om hun taille, en ze kijken Tadjmir en Bob smachtend aan. Ze weten niet goed op wie ze hun blik gevestigd zullen houden, op de tengere, blonde Bob of op de krachtig gebouwde Tadjmir met zijn bijna té mooie gezicht.

'Pas op voor de mannen van Moestafa', zeggen ze. 'Die zijn niet te vertrouwen, ze verraden je waar je bij staat. En ga niet uit in het donker! Dan beroven ze je!'

De twee reizigers rijden rechtstreeks naar de vijand. Het politiebureau ligt een paar blokken van de bezette gouverneurswoning verwijderd en fungeert ook als gevangenis. Het gebouw is een vesting met metersdikke muren. De mannen van Moestafa doen de zware ijzeren poortdeuren voor ze open, en ze komen op een binnenplaats. Ook hier komen de heerlijkste bloesemgeuren ze tegemoet. Maar bij Moestafa hebben de soldaten zich niet met bloemen opgesmukt; de bloemen bloeien gewoon aan struiken en bomen. De soldaten van Moestafa zijn gemakkelijk te onderscheiden van die van de gebroeders Khan: ze hebben donkerbruine uniformen, kleine rechthoekige petten met een klep, en zware laarzen. Velen van hen dragen een sjaal over hun neus en mond, en een donkere zonnebril. Dat je hun gezichten niet kunt zien, maakt ze nog angstaanjagender.

Tadjmir en Bob worden langs een smalle trap naar boven gebracht. In een kamer in het binnenste van de vesting zit Moestafa. Net als zijn vijand Kamal Khan is ook hij door gewapende mannen omgeven. De wapens zijn hetzelfde, de baarden zijn hetzelfde, de blikken zijn hetzelfde. Ook hangt dezelfde foto van Mekka aan de muur. Het enige verschil is dat de politiecommissaris op een stoel achter een bureau zit, en niet op de grond. Bovendien zijn hier geen jongens met bloemen in hun haar. De enige bloemen zijn een boeket narcissen, in cellofaan verpakt, op het bureau van de commissaris, narcissen in fluorescerende kleuren, geel, rood en groen. Naast de vaas ligt de Koran, die in een groen kleedje is gerold, en op een kleine sokkel staat een Afghaanse vlag in miniatuur.

'Karzai staat aan onze kant, en wij zullen vechten', zegt Moestafa. 'De clans hebben deze regio lang genoeg geplunderd. Nu moet het afgelopen zijn met die barbaarse toestanden.' De mannen om hem heen knikken.

Tadjmir tolkt maar door, dezelfde dreigementen, dezelfde woorden. Waarom Moestafa beter is dan Padsja Khan, hoe Moestafa vrede zal sluiten. Eigenlijk zit hij hier de verklaring te vertalen waarom er in Afghanistan nooit echte vrede zal heersen.

Moestafa heeft een heleboel verkenningstochten met de Amerikanen gemaakt. Hij vertelt hoe ze huizen hebben geobserveerd waarvan ze zeker waren dat Osama bin Laden en moellah Omar er verbleven. Maar ze vonden nooit iets. De verkenningen van de Amerikanen gaan door, maar ze gaan met veel geheimzinnigheid gepaard en Bob en Tadjmir komen niets naders te weten. Bob vraagt of ze een nacht mee mogen. Moestafa lacht alleen maar. 'Nee, dat is top secret, zo willen de Amerikanen dat. Het heeft geen zin om aan te dringen, jongeman', zegt hij.

Als ze willen gaan, waarschuwt hij ze: 'Ga niet uit na zonsondergang. Dan overvallen de mannen van Khan je.'

Met de waarschuwing van beide partijen in hun oren gaan ze naar het kebabhuis van de stad – een grote ruimte waar kussens op lage banken zijn gelegd. Tadjmir bestelt pilav en kebab. Bob vraagt om gekookte eieren en brood. Hij is bang voor parasieten en bacteriën. Ze eten snel en haasten zich terug naar het hotel, want het begint al te schemeren. In deze stad kan van alles gebeuren en je doet er goed aan de nodige voorzorgsmaatregelen te nemen.

Het zware hek voor de poort van het enige hotel in Khost wordt geopend en achter hen weer gesloten. Ze kijken nog even achterom, naar de stad met zijn gesloten winkels, gemaskerde politieagenten en Al-Qaida-sympathisanten. Een schuinse blik van een voorbijganger is genoeg om Tadjmir een misselijk gevoel te bezorgen. In dit gebied staat er een prijs op het hoofd van elke Amerikaan. Er is vijftigduizend dollar uitgeloofd voor degene die een Amerikaan doodt.

Ze gaan naar het dak om Bobs satelliettelefoon op te zetten. Boven hen vliegt een helikopter. Bob probeert te raden waarheen hij op weg is. Een stuk of tien soldaten die het hotel bewaken zijn om hen heen gaan staan en kijken met grote ogen naar de draadloze telefoon waar Bob in spreekt.

'Praat hij met Amerika?' vraagt degene die eruitziet als het hoofd, een broodmagere man met een tulband, een lang hemd en sandalen. Tadjmir knikt. De soldaten volgen Bob met hun ogen. Ze zijn helemaal in de ban van de telefoon en de werking ervan. Ze hebben überhaupt bijna nog nooit een telefoon gezien. Een van hen zegt opeens droevig: 'Weet je wat ons probleem is? Wij weten alles van het gebruik van wapens, maar we kunnen niet eens met een telefoon omgaan.'

Na het gesprek met Amerika gaan ze naar beneden. De soldaten volgen hen.

'Zijn dit nou die soldaten die ons verraden waar we bij staan?' fluistert Bob.

Elke soldaat loopt met zijn eigen kalasjnikov rond. Sommigen hebben er lange bajonetten aan bevestigd. Tadjmir en Bob gaan op een bank in de lounge zitten. Boven hen hangt een merkwaardige afbeelding. Het is een grote, ingelijste poster van New York, waar de beide torens van het World Trade Centre nog op staan. Maar het is niet de echte skyline van New York, want achter de gebouwen verheffen zich enorme bergen. Op de voorgrond is een groot groen park met rode bloemen gemonteerd. New York ziet eruit als een blokkendoos onder een reusachtige berg.

Zo te zien hangt de poster daar al lang, het papier is vergeeld en bobbelt een beetje. Hij moet daar al hebben gehangen voordat dit motief op een groteske manier in verband zou worden gebracht met Afghanistan en de stoffige stad Khost – een verband waardoor dit land nog meer zou krijgen van het laatste waar het behoefte aan had – bommen.

'Weten jullie welke stad dat is?' vraagt Bob.

De soldaten schudden hun hoofd. Wie nauwelijks iets anders gezien heeft dan een lemen huis van twee verdiepingen, kan zich moeilijk voorstellen dat er een echte stad op de foto staat.

'Dat is New York', verklaart Bob. 'Amerika. Dit hier zijn de twee gebouwen waar Osama bin Laden twee vliegtuigen in heeft laten vliegen.'

De soldaten springen op. Over die twee gebouwen hebben ze gehoord. Daar zijn ze! Ze wijzen met hun vinger. Zo zagen ze eruit! Wat een mop: ze zijn elke dag langs deze foto gekomen zonder dat te weten!

Bob heeft een nummer van zijn tijdschrift bij zich en toont ze de foto van een man die bij elke Amerikaan bekend is.

'Weten jullie wie dat is?' vraagt hij. Ze schudden hun hoofd.

'Dat is Osama bin Laden.'

De soldaten sperren hun ogen open en rukken het blad naar zich toe. Ze dringen eromheen. Iedereen wil het zien.

'Ziet hij er zo uit?'

Ze zijn gefascineerd, zowel door de man als door het tijdschrift.

'Terrorist!' zeggen ze schaterlachend. In Khost zijn er geen kranten en tijdschriften, en ze hebben nog nooit een foto gezien van Osama bin Laden, de man vanwege wie de Amerikanen en Tadjmir en Bob überhaupt in hun stad zijn.

De soldaten gaan weer zitten, halen een grote klomp hasj tevoorschijn en bieden Bob en Tadjmir een stuk aan. Tadjmir ruikt eraan en bedankt. 'Te sterk', zegt hij glimlachend.

De twee reizigers gaan slapen. De hele nacht klinkt het geratel van machinegeweren De volgende dag overleggen ze wat ze precies zullen doen en hoe ze op belangrijke plaatsen kunnen komen.

Ze blijven in Khost rondgluren. Niemand neemt ze mee naar interessante operaties of op holenjacht naar Al-Qaida. Elke dag gaan ze even langs bij de aartsvijanden Moestafa en Kamal Khan om te horen of er nog nieuws is.

'Jullie moeten wachten tot Kamal Khan weer beter is', luidt het antwoord dat ze bij de bezette gouverneurswoning te horen krijgen.

'Geen nieuws vandaag', klinkt de echo uit het politiebureau.

Padsja Khan is ondergronds gegaan. Moestafa zit als een standbeeld achter zijn fluorescerende bloemen. De speciale strijdkrachten uit Amerika krijgen ze niet te zien. Er gebeurt niets. Ze horen alleen elke nacht schieten en zien helikopters boven zich cirkelen. Ze bevinden zich in een van de meest wetteloze gebieden ter wereld en toch vervelen ze zich. Ten slotte besluit Bob om naar Kaboel terug te keren. Tadjmir juicht inwendig: weg uit Khost, terug naar Mikrorayon. Hij zal een grote taart voor zijn trouwdag kopen.

Dolgelukkig reist hij terug naar zijn eigen Osama, de kleine dikke met haar bijziende ogen. Zijn moeder, die hij boven alles liefheeft.

Gebroken hart

Al een paar dagen achtereen krijgt Leila brieven. Brieven die haar doen verstijven van schrik, haar hart sneller doen slaan en haar al het andere doen vergeten. Nadat ze ze gelezen heeft, versnippert ze ze en gooit ze in de kachel.

De brieven maken haar ook aan het dromen. Over een ander leven. De krabbels geven haar gedachten een hoge vlucht, en ze siddert bijna van spanning. Deze emoties zijn nieuw voor Leila. Plotseling is er een wereld haar hoofd binnengedrongen waarvan ze het bestaan niet vermoedde.

'Ik wil vliegen! Ik wil weg!' schreeuwt ze op een dag terwijl ze de vloer veegt. 'Weg!' roept ze en ze zwaait de bezem rond in de kamer.

'Wat zei je?' vraagt Sonja. Ze kijkt op van de vloer, waar ze met afwezige blik haar vinger over het patroon van het tapijt laat gaan.

'Niets', antwoordt Leila. Maar inwendig beseft ze dat ze niet langer meer kan. Dat het huis een gevangenis is. 'Waarom is alles zo moeilijk?' klaagt ze. Zij, die er normaal niet van houdt om het huis uit te gaan, voelt dat ze naar buiten móét. Ze gaat naar de markt en komt een kwartier later terug met een bos uien.

Argwaan is haar deel. 'Ga je de deur enkel uit om uien te kopen? Vind je het zó leuk om jezelf te laten zien dat je naar de bazaar gaat terwijl we eigenlijk helemaal niks nodig hebben?' Sjarifa is bitter. 'De volgende keer vraag je een van de buurjochies maar.'

Inkopen doen is eigenlijk het werk van de mannen of van oude vrouwen. Het is verkeerd voor jonge vrouwen om stil te staan en met mannelijke winkeliers of marktkooplieden te onderhandelen. Alle eigenaars van een winkel of kraam zijn mannen, en onder het Taliban-bewind verboden de autoriteiten de vrouwen om alleen naar de markt te gaan. Nu legt Sjarifa haar vanuit een duister ongenoegen een verbod op.

Leila antwoordt niet. Alsof een gesprek met een uienverkoper haar ook maar iets kon schelen... Ze gebruikt alle uien in het eten, enkel om Sjarifa te laten zien dat ze de bos echt nodig had.

Ze staat in de keuken als de jongens thuiskomen. Achter zich hoort ze Aimal kloeken als een hen en ze krimpt ineen. Haar hart klopt sneller. Ze heeft hem gevraagd om geen brieven meer mee te nemen. Maar Aimal stopt haar opnieuw een brief toe – en een hard pakje. Ze verbergt ze beide onder haar jurk, haast zich naar haar kist en verstopt de gaven achter slot en grendel. Terwijl de anderen eten, sluipt ze de kamer uit en gaat ze naar het vertrek waar ze haar schatten bewaart. Met bevende handen opent ze de kist en ze vouwt het papier open.

'Lieve L. Je moet mij nu antwoorden. Mijn hart brandt voor je. Je bent zo mooi, wil je mijn triestheid wegnemen, of moet ik voor eeuwig in de duisternis leven? Mijn leven is in jouw handen. Alsjeblieft, stuur me een teken. Ik wil je ontmoeten, geef me antwoord. Ik wil mijn leven met je delen. Groeten van K.'

In het pakje zit een horloge. Met een blauw glas en een zilverkleurig bandje. Ze doet het aan, maar legt het snel weer weg. Ze kan het immers nooit dragen. Wat zou ze moeten antwoorden als de anderen vroegen van wie ze het had gekregen? Ze bloosde. Stel je voor dat haar broers het te weten zouden komen, of haar moeder. Grote genade, wat zou dat een schande zijn. Zowel Soeltan als Joenoes zou haar verdoemen. Door brieven te ontvangen pleegt ze een volstrekt immorele daad.

'Voel je hetzelfde als ik?' had hij geschreven. Ze voelde eigenlijk niets. Ze was doodsbang. Het was alsof er een nieuwe werkelijkheid over haar heen was gedaald. Voor de eerste keer in haar leven vroeg iemand haar om antwoord. Hij wil weten wat ze voelt, wat ze vindt. Maar ze vindt niets, ze is niet gewend iets te vinden. En ze zegt tegen zichzelf dat ze niets voelt omdat ze weet dat ze niets behoort te voelen. Gevoelens zijn een schande, heeft Leila geleerd.

Karim heeft gevoelens. Karim heeft haar één keer gezien. Dat was die ene keer toen zij met Sonja naar het hotel kwam om Soeltan en zijn zoons de lunch te brengen. Karim had maar een glimp van haar opgevangen, maar ze had iets waardoor hij wist dat zij de ware was. Haar ronde, bleke gezicht, haar mooie huid, haar ogen.

Karim woont alleen op een kamer en werkt voor een Japanse tv-maatschappij. Het is een eenzame jongen. Zijn moeder werd gedood door een granaatscherf die tijdens de burgeroorlog op hun binnenplaats landde. Zijn vader hertrouwde kort daarna. Karim mocht de nieuwe vrouw niet, en zij hem ook niet. Ze hield niet van de kinderen van de eerste vrouw en sloeg ze als hun vader het niet zag. Karim klaagde nooit. Zijn vader had haar uitgekozen en hem niet. Toen hij klaar was met school, werkte hij een paar jaar in de apotheek van zijn vader in Jalalabad, maar na een tijdje hield hij het niet meer uit in het nieuwe gezin. Zijn jongste zus werd uitgehuwelijkt aan een man in Kaboel, en Karim verhuisde ze achterna en ging bij hen in huis wonen. Hij volgde een aantal studies aan de universiteit en toen de Taliban vluchtten en horden journalisten de hotels en pensions van Kaboel vulden, ging Karim naar ze toe en bood ze zijn diensten als kenner van het Engels aan. Hij had het geluk een baantje te vinden bij een bedrijf dat een kantoor in Kaboel wilde vestigen. Ze gaven Karim een langetermijncontract met een goed salaris. Ze betaalden een kamer voor hem in een hotel. Daar maakte Karim kennis met Mansoer en de rest van de familie Khan. Hij vond het een aardige familie en hield van hun boekhandel, hun vakmanschap, hun nuchterheid. Een goede familie, dacht hij.

Toen Karim een glimp van Leila opving, was het raak. Maar Leila kwam nooit meer terug naar het hotel. Eigenlijk had ze het die ene keer helemaal niet prettig gevonden.

Karim kon met niemand over zijn verliefdheid praten. Mansoer zou alleen maar lachen en in het ergste geval zou hij alles verpesten. Voor Mansoer was niets heilig, en hij was niet bijster op zijn tante gesteld. Alleen Aimal wist ervan en Aimal hield het voor zich. Aimal was Karims boodschapper.

Als hij betere vrienden met Mansoer werd, bedacht Karim, kon hij via hem een ingang bij de familie vinden. En hij had geluk: op een dag nodigde Mansoer hem uit voor het avondeten. Het is de gewoonte dat vrienden aan de familie worden voorgesteld, en Karim was een van de meest respectabele vrienden van Mansoer. Karim deed zijn uiterste best om in de smaak te vallen, hij was charmant en vol aandacht en hij overstelpte ze met complimenten voor het eten. Het was vooral belangrijk dat de grootmoeder hem mocht, want die had het laatste woord als het om Leila ging. Maar degene voor wie hij eigenlijk kwam, Leila, vertoonde zich helemaal niet. Zij stond in de keuken het eten te bereiden. Sjarifa en Boelboela brachten het naar binnen. Een jongeman van buiten de familie krijgt zelden de ongetrouwde dochters te zien. Toen het eten verorberd en de thee gedronken was en ze zouden gaan slapen, ving hij opnieuw een glimp van haar op. Vanwege de avondklok bleven de maaltijdgasten vaak slapen, en Leila had opdracht gekregen om de eetkamer in een slaapkamer te veranderen. Ze legde de matten neer, haalde dekens en kussens tevoorschijn en maakte een extra slaapplaats voor Karim. Ze kon aan niets anders denken dan dat de briefschrijver in de flat was.

Hij dacht dat ze klaar was en wilde naar binnen gaan om te bidden voordat de anderen gingen slapen. Maar daar stond ze nog steeds, over de mat gebogen, met haar lange haar in een vlecht op haar rug, bedekt met een kleine sjaal. Hij draaide zich om in de deuropening, verwonderd en opgewonden. Leila merkte niet eens dat hij daar gestaan had. Het beeld van haar in gebogen houding boven de mat bleef hem de hele nacht voor ogen zweven. De volgende ochtend kreeg hij niets van haar te zien, al was zij degene die het waswater voor hem had klaargezet, eieren voor hem had gebakken en thee voor hem had gezet. Ze had zelfs zijn schoenen gepoetst terwijl hij sliep.

De volgende dag stuurde hij zijn zus naar de vrouwen van de familie Khan. Zij mocht Leila ontmoeten. Als iemand nieuwe vrienden krijgt, worden niet alleen de vrienden aan de familie voorgesteld, maar meestal ook diens familieleden, en Karims zus was zijn nauwste verwant. Ze wist van Karims fascinatie voor Leila, nu moest ze haar bekijken en de familie nader leren kennen. Toen ze thuiskwam, vertelde ze Karim allemaal dingen die hij al wist.

'Ze is handig en ijverig. Ze is mooi en gezond. De familie is rustig en fatsoenlijk. Zij is een goede partij.'

'Maar wat zei ze? Hoe was ze? Hoe zag ze eruit?' Karim kon de antwoorden niet vaak genoeg horen, zelfs de naar zijn mening al te tamme beschrijvingen die zijn zus van Leila gaf.

'Het is een fatsoenlijk meisje, dat zeg ik toch?' zei ze tot slot.

Omdat Karim geen moeder meer had, was het aan zijn jongere zus om namens hem een aanzoek te doen. Maar daarvoor was het nog te vroeg, ze moest de familie eerst beter leren kennen, omdat er geen familieband tussen hen bestond. Als ze het niet voorzichtig aanpakte, zouden ze zeker meteen nee zeggen.

Nadat zijn zus op bezoek geweest was, begon iedereen in de familie grappen te maken over Leila en Karim. Leila hield zich van den domme als ze haar plaagden. Ze deed alsof hij haar niets deed, al brandde ze vanbinnen. Als ze dat van de brieven maar niet te weten kwamen. Ze was boos omdat Karim haar in gevaar gebracht had. Ze verbrijzelde het horloge met een steen en gooide het weg.

Ze was vooral doodsbenauwd dat Joenoes erachter zou komen. Niemand in de familie was zo streng in de leer als Joenoes, ook al hield hij zelf niet aan die leer vast. Bovendien was hij het familielid op wie ze het meest gesteld was. Ze was bang dat hij haar van allerlei slechte dingen zou verdenken als hij te weten kwam dat ze brieven had ontvangen. Toen ze een keer een deeltijdbaan aangeboden kreeg vanwege haar kennis van het Engels, wilde Joenoes niet hebben dat ze die aannam. Hij kon niet accepteren dat ze zou werken op een plek waar ook mannen waren.

Leila herinnerde zich het gesprek dat ze over Jamila hadden gevoerd. Sjarifa had haar verteld hoe Jamila door verstikking gedood was.

'Wat zeg je?' barstte Joenoes uit. 'Je bedoelt dat meisje dat omgekomen is door kortsluiting in een elektrische ventilator?'

Joenoes wist niet dat het verhaal van de elektrische ventilator gelogen was, dat Jamila vermoord was omdat ze 's nachts bezoek gehad had van een minnaar. Leila ontvouwde de zaak voor hem.

'Verschrikkelijk, verschrikkelijk.'

Leila knikte.

'Hoe kon ze zoiets doen?' voegde hij eraan toe.

'Zíj?' riep Leila. Ze had de uitdrukking op zijn gezicht verkeerd begrepen en dacht dat hij gechoqueerd, kwaad en verdrietig was over het feit dat Jamila door haar eigen broers vermoord was. Maar hij was gechoqueerd en kwaad dat ze een minnaar had genomen.

'Haar man was rijk en knap', zegt hij, nog natrillend van opwinding over de onthulde toedracht. 'Wat een schande. En dan nog wel met een Pakistaan. Nu weet ik nog zekerder dat ik een heel jonge vrouw moet hebben. Jong en ongerept. En dat ik haar heel strak moet houden', voegt hij er verbeten aan toe.

'En die moord dan?' vroeg Leila.

'Het is met háár misdaad begonnen.'

Leila wilde ook jong en ongerept zijn. Ze was doodsbang dat haar geheim onthuld werd. Ze zag geen nuanceverschil tussen

ontrouw zijn aan je echtgenoot en brieven van een jongen ontvangen. Beide daden waren onwettig, beide waren slecht, beide
waren een schande als ze ontdekt werden. Nu ze Karim als haar
redding was gaan zien, als middel om aan haar familie te ontkomen, was ze bang dat Joenoes haar niet wilde steunen wanneer
Karim om haar hand kwam vragen.

Van verliefdheid was bij haar geen sprake. Ze had hem immers
nauwelijks gezien, alleen maar van achter een gordijn naar hem
gegluurd en door het raam naar hem gekeken toen hij met
Mansoer meekwam. En het weinige dat ze gezien had, vond ze
maar matig.

'Hij ziet eruit als een kleine jongen', zei ze later tegen Sonja.
'Hij is klein en mager, en hij heeft een kindersnoet.'

Maar hij had een opleiding, hij maakte een aardige indruk en
hij had geen familie. Daarom was hij haar redding, omdat hij
haar misschien kon bevrijden uit het leven waartoe ze anders
veroordeeld was. Het beste van alles was dat hij geen grote familie had, zodat ze geen gevaar liep om als dienstmeisje te eindigen.
Hij zou haar laten studeren of werken. Ze zouden maar met zijn
tweeën zijn, misschien konden ze reizen maken, misschien wel
naar het buitenland.

Het punt was niet dat Leila geen vrijers had, ze had er al drie.
Maar dat waren allemaal familieleden, die ze niet wilde hebben.
Eentje was de zoon van haar tante, analfabeet en werkloos, een
luie nietsnut.

De tweede was de zoon van Wakil, een lange slungel. Hij had
geen baan; af en toe hielp hij Wakil op zijn rondreizen.

'Wat ben jij een bofkont, je krijgt een man met twee vingers',
plaagde Mansoer haar altijd. Wakils zoon, die drie vingers had
verloren toen hij ondeskundig aan een motor zat te prutsen, viel
ook af voor Leila. Haar oudere zus Sjakila probeerde haar tot
een huwelijk met hem te pressen. Ze wilde Leila graag bij zich
in de buurt hebben. Maar Leila wist dat ze dan nog steeds een

huissloof zou zijn. Ze zou altijd onder het commando van haar zus blijven staan, en Wakils zoon zou altijd moeten accepteren wat zijn vader hem opdroeg.

Dan moet ik niet voor dertien mensen de was doen, zoals nu, maar voor twintig, dacht ze. Sjakila zou de geachte vrouw des huizes zijn, en zij het dienstmeisje. Opnieuw. Bovendien zou ze op die manier nog steeds niet aan haar familie ontsnappen, ze zou net als Sjakila altijd achtervolgd worden door kippen en hanen, en kinderen aan haar rokken hebben hangen.

De derde vrijer was Khaled. Khaled was haar neef – een knappe, rustige, jonge man. Ze was samen met hem opgegroeid en mocht hem eigenlijk graag. Hij was aardig en had mooie, warme ogen. Maar helaas had hij een verschrikkelijke familie. Een grote familie, van rond de dertig personen. Zijn vader, een strenge oude man, was zojuist vrijgelaten uit de gevangenis, waar hij was opgesloten op beschuldiging van samenwerking met de Taliban. Hun huis was tijdens de burgeroorlog geplunderd, net als de meeste andere huizen in Kaboel, en toen de Taliban orde op zaken kwamen stellen, klaagde Khaleds vader een paar moedjahedien uit zijn dorp aan. Die werden gearresteerd en voor lange tijd gevangengezet. Maar toen de Taliban gevlucht waren, kregen ze de macht terug en uit wraak gooiden ze Khaleds vader in het gevang. 'Net goed', zeiden ze. 'Had hij ons maar niet moeten aanklagen.'

Khaleds vader stond bekend om zijn woede-uitbarstingen. Bovendien had hij twee vrouwen die onophoudelijk ruziemaakten en die nauwelijks met elkaar in één ruimte konden vertoeven. Nu overwoog hij een derde vrouw te nemen. 'De andere zijn een beetje te oud geworden, ik moet er eentje hebben die me jong houdt', had de zeventigjarige gezegd. Leila moest er niet aan denken dat ze in die chaotische familie terechtkwam. Bovendien had Khaled geen geld, dus ze zouden nooit op zichzelf kunnen gaan wonen.

Maar nu is het lot zo genereus geweest om haar Karim te schenken. Haar nieuwe gevaarlijke leven prikkelt haar en geeft haar hoop. Ze weigert op te geven en zoekt verder naar een mogelijkheid om naar het ministerie van Onderwijs te gaan en zich daar als lerares te laten registreren. Als duidelijk blijkt dat niemand anders in de familie haar wil helpen, ontfermt Sjarifa zich over haar. Ze belooft om mee te gaan naar het ministerie. Maar de tijd gaat voorbij en er gebeurt niets. Ze kunnen niets afspreken. Leila verliest de moed weer, maar dan is er opeens een opmerkelijk lichtpuntje.

Karims zus heeft Karim verteld over Leila's problemen om zich als lerares te laten registreren. Karim kent de rechterhand van de minister en na vele weken lukt het hem een ontmoeting te regelen tussen Leila en de nieuwe minister van Onderwijs, Rasoel Amin. Leila krijgt toestemming van haar moeder om erheen te gaan, omdat ze nu eindelijk de leraarsbaan kan krijgen die ze zo graag wil. Soeltan is gelukkig in het buitenland en zelfs Joenoes steekt er geen stokje voor. Alles lijkt haar opeens mee te zitten. De hele nacht dankt ze Allah en ze bidt dat alles goed mag gaan, zowel de ontmoeting met Karim als die met de minister.

Karim zal haar om negen uur ophalen. Leila probeert al haar kleren uit en is nergens tevreden mee. Dan probeert ze de kleren van Sonja en Sjarifa, en opnieuw die van haarzelf. Nadat de mannen in huis vertrokken zijn, installeren de vrouwen zich op de vloer, terwijl Leila met nieuw kleren binnenkomt.

'Te strak!'

'Te veel patronen!'

'Te veel glitter!'

'Doorzichtig!'

'Nee, die is vuil!'

Overal is wat mis mee. In het brede spectrum van Leila's kleren – van oude, versleten en pluizige truien tot glitterbloezen met nepgoud – is niets normaals te vinden. Als ze een dooden-kele keer kleren koopt, is het voor een bruiloft of een verlovings-feest, en dan kiest ze altijd het glitterendste dat ze kan vinden. Ten slotte kiest ze een van Sonja's witte bloezen en een ruime zwarte rok. Daar is niet veel van te zien, ze hult zich toch in een lange sjaal die haar hoofd en bovenlijf tot ver over haar heu-pen bedekt. Maar ze laat haar gezicht vrij. Leila is namelijk opge-houden met een boerka te dragen. Ze had met zichzelf afgespro-ken dat ze hem uit zou doen als de koning terug zou komen. Dan was Afghanistan immers een modern land geworden. Op de ochtend in april dat Zahir Sjah voet op Afghaanse grond zet-te, na dertig jaar ballingschap, hing ze haar boerka voorgoed aan de spijker en zei tegen zichzelf dat ze het stinkende ding nooit meer zou dragen. Sonja en Sjarifa volgden haar. Voor Sjari-fa was het eenvoudig, haar gezicht was het grootste deel van haar leven onbedekt geweest. Voor Sonja was het moeilijker, ze had van jongs af aan een boerka gedragen en ze vond het eng om on-bedekt rond te lopen. Ten slotte was het Soeltan die haar het dra-gen verbood. 'Ik wil geen voorhistorische vrouw, je bent de vrouw van een liberale man en niet van een fundamentalist.'

In veel opzichten was Soeltan inderdaad liberaal. Toen hij in Iran was, had hij westerse kleren voor zichzelf en Sonja gekocht. Hij noemde de boerka vaak een kooi en hij was blij dat er vrou-wen in de nieuwe regering kwamen. In zijn hart hoopte hij dat Afghanistan een modern land zou worden en dat hij een warm pleidooi voor vrouwenemancipatie kon houden. Maar binnen zijn familie bleef hij de autoritaire patriarch.

Als Karim eindelijk komt, staat Leila in haar sjaal gehuld voor de spiegel, met een glans in haar ogen zoals ze nog nooit gehad heeft. Sjarifa loopt voor haar uit naar buiten. Leila is nerveus en loopt met gebogen hoofd. Sjarifa gaat voorin zitten, Leila achterin. Ze groet kort. Alles is goed gegaan, ze is nog steeds ge-spannen, maar er is iets van haar nervositeit verdwenen. Hij maakt een volstrekt ongevaarlijke indruk en ziet er aardig en een beetje apart uit.

Karim praat met Sjarifa over koetjes en kalfjes – haar zoons, zijn baan, het weer. Ze vraagt hem naar zijn familie en zijn werk. Ook Sjarifa wil haar baan als lerares weer opnemen. In tegenstelling tot Leila heeft ze haar papieren in orde en hoeft ze zich alleen maar opnieuw te laten registreren. Leila heeft een bonte verzameling documenten – een paar van de school in Pakistan, een paar van de cursus Engels die ze gevolgd heeft. Ze heeft geen lerarenopleiding, ze heeft zelfs de middelbare school niet afgemaakt, maar de school waar ze nu solliciteert, krijgt nooit een andere leraar Engels als zij er niet heen gaat.

Op het ministerie aangekomen moeten ze urenlang wachten voor de korte ontmoeting met de minister. Rondom hen zitten een heleboel vrouwen. Ze zitten in hoeken, langs de muren, met of zonder boerka. Ze staan in een rij voor een van de vele loketten. Ze krijgen formulieren toegeworpen en gooien die ingevuld weer terug. Sommige ambtenaren slaan degenen die niet snel genoeg opschuiven. De wachtenden in de rij schelden op de loketbeambten en de loketbeambten schelden op de mensen in de rij. Een paar mannen die duidelijk in dienst zijn van het ministerie, rennen rond met stapels papieren, maar het ziet eruit alsof ze in een kringetje lopen. Iedereen schreeuwt. Een stokoud vrouwtje met een uitgedroogd gezicht sjokt rond, ze is duidelijk verdwaald, maar niemand helpt haar, dus ze gaat uitgeput in een hoekje zitten en valt in slaap. Een ander oud vrouwtje zit te huilen.

Karim maakt goed gebruik van de wachttijd. Op een gegeven moment kan hij Leila zelfs onder vier ogen spreken, als Sjarifa iets gaat vragen bij een loket en in een lange rij komt te staan.

'Wat is je antwoord?' vraagt hij.

'Je weet dat ik je niet kan antwoorden', zegt ze.

'Maar wat wil je?'

'Je weet dat ik geen wil mag hebben.'

'Maar vind je me aardig?'

'Je weet dat ik niets mag vinden.'

'Zul je ja zeggen als ik om je hand vraag?'

'Je weet dat ik dat niet beslis.'

'Wil je me nog eens ontmoeten?'

'Dat kan ik niet.'

'Waarom doe je zo onaardig? Vind je me niet aardig?'

'Mijn familie beslist of ik jou aardig vind of niet.'

Het ergert Leila dat hij haar dit soort dingen durft te vragen. Wat ze ook antwoordt, de beslissing is aan haar moeder en aan Soeltan. Maar het is duidelijk dat ze hem aardig vindt. Ze vindt hem aardig omdat hij haar redding is. Maar ze heeft geen gevoelens voor hem. Hoe kan ze zijn vragen nou beantwoorden?

Ze moeten uren wachten. Eindelijk mogen ze binnenkomen. Achter een gordijn zit de minister. Hij groet ze kort. Dan pakt hij de papieren die Leila hem aanreikt en zet zijn handtekening eronder zonder ze verder te bekijken. Hij ondertekent zeven documenten. Daarna worden ze weer naar buiten gebonjourd.

Zo functioneert de Afghaanse samenleving, je moet iemand kennen om iets te bereiken. Het is een verlammend systeem. Er gebeurt niets zonder de juiste handtekeningen en goedkeuringen. Leila wist tot de minister zelf door te dringen; een ander moet genoegen nemen met de handtekening van een minder prominent persoon. Maar omdat de ministers een groot deel van de dag gebruiken met het ondertekenen van papieren van personen die smeergeld hebben betaald om ze te ontmoeten, worden hun handtekeningen steeds minder waard.

Leila denkt dat, nu ze de handtekening van de minister heeft, de weg naar de onderwijswereld voor haar open ligt. Maar ze moet deze dag nog een hele massa nieuwe kantoren, loketten en hokjes langs. Meestal doet Sjarifa het woord, terwijl Leila naar de grond zit te staren. Hoe is het mogelijk dat het zo'n toer is om als leraar geregistreerd te worden, terwijl Afghanistan om leraren schreeuwt? Op heel veel plaatsen in het land zijn er wel lokalen en boeken beschikbaar, maar is er niemand om te onderwijzen, had de minister gezegd. Als Leila bij het kantoor komt waar examens voor nieuwe leraren worden afgenomen, zijn haar papieren helemaal verkreukeld door alle handen waar ze doorheen zijn gegaan.

Ze moet een mondeling examen doen om te laten zien of ze geschikt is als lerares. In een kamer zitten twee mannen en een vrouw. Nadat haar naam, leeftijd en opleiding zijn genoteerd, komen de vragen.

'Ken je de islamitische geloofsbelijdenis?'

'Er is geen god dan Allah en Mohammed is zijn profeet', dreunt Leila op.

'Hoeveel keer per dag moet een moslim bidden?'

'Vijf keer.'

'Het zijn toch eigenlijk zes keer?' vraagt de vrouw achter de tafel. Maar Leila laat zich niet voor de gek houden.

'Misschien voor jullie, maar voor mij is het vijf keer.'

'En hoeveel keer per dag bid jij?'

'Vijf keer', liegt Leila.

Dan komt er een wiskundige vraag. Daar kan ze antwoord op geven. Daarna leggen ze haar een natuurkundige formule voor waar ze nog nooit van heeft gehoord.

'Moeten jullie mijn Engels niet toetsen?'

Ze schudden hun hoofd. 'Je kunt tóch zeggen wat je wilt', lachen ze schamper. Geen van de drie kent namelijk Engels. Leila heeft het gevoel dat ze haar noch een van de andere kandidaten een baan als leraar gunnen. Na afloop van het examen en na lange onderlinge discussies komen ze tot de conclusie dat ze een bepaald document mist. 'Kom maar terug als je dat papier hebt', zeggen ze.

Na acht uur op het ministerie rijden ze mismoedig naar huis.

Tegenover deze bureaucraten heeft zelfs de handtekening van de minister niet geholpen.

'Ik geef het op, misschien wil ik wel helemaal geen lerares worden', zegt Leila.

'Ik zal je helpen', zegt Karim glimlachend. 'Nu ik hier eenmaal aan begonnen ben, zal ik het ook afmaken', belooft hij. Het wordt Leila een beetje warm om het hart.

De volgende dag reist Karim naar Jalalabad om met zijn familie te praten. Hij vertelt ze over Leila, over de familie waar ze uit komt en zegt dat hij haar graag ten huwelijk wil vragen. Ze stemmen toe, en het enige wat ze nu moeten doen is zijn zus erheen sturen. Dat duurt even. Karim is bang om afgewezen te worden, en hij heeft veel geld nodig, voor de bruiloft, de uitzet en het huis. Bovendien begint zijn vriendschap met Mansoer te bekoelen. Mansoer heeft hem de laatste dagen genegeerd en gooit zijn hoofd in de nek als ze elkaar tegenkomen. Karim vraagt op een dag of er iets aan de hand is.

'Ik moet je iets over Leila vertellen', antwoordt Mansoer.

'Wat dan?' vraagt Karim.

'Ach nee, ik kan het niet zeggen', zegt Mansoer. 'Het spijt me.'

'Wat is er?' Karim staart hem met open mond aan. 'Is ze ziek? Heeft ze een ander, is er iets met haar aan de hand?'

'Ik kan je niet zeggen wat het is, maar als je het wist, zou je nooit met haar trouwen', zegt Mansoer. 'Nu moet ik gaan.'

Elke dag dringt Karim er bij Mansoer op aan om hem te vertellen wat er mis is met Leila. Mansoer ontwijkt hem steeds. Karim bidt en smeekt hem, hij wordt kwaad en stuurs, maar Mansoer wil nooit antwoorden.

Mansoer heeft via Aimal van Karims brieven gehoord. In beginsel zou hij er niets tegen gehad hebben dat Karim Leila kreeg, integendeel, maar Wakil heeft ook lucht gekregen van Karims toenaderingen. Hij heeft Mansoer gevraagd om Karim uit de buurt van Leila te houden. Mansoer moet doen wat de man van zijn tante hem opdraagt. Wakil is familie, Karim niet.

Wakil bedreigt Karim ook rechtstreeks. 'Ik heb haar voor mijn zoon uitgekozen', zegt hij. 'Leila hoort tot onze familie. Mijn vrouw wil graag dat ze met mijn zoon trouwt, en ik ook, en Soeltan en zijn vrouw zullen dat ook beslist een goed idee vinden, dus het is het beste als je je erbuiten houdt.'

Karim kan niet veel zeggen tegen de oudere Wakil. Zijn enige kans is dat Leila voor hem vecht. Maar is er iets mis met Leila? Is het waar wat Mansoer zegt?

Karim begint aan de hele hofmakerij te twijfelen.

Ondertussen komen Wakil en Sjakila op bezoek in Mikrorayon. Leila verdwijnt naar de keuken om eten te maken. Nadat ze vertrokken zijn, zegt Bibi Goel tegen haar: 'Ze hebben om je hand gevraagd voor Said.'

Leila blijft als versteend staan.

'Ik zei dat het wat mij betreft in orde was, maar dat ik zou gaan horen wat jij ervan vond', zegt Bibi Goel.

Leila heeft altijd gedaan wat haar moeder haar aanraadde. Nu zegt ze geen woord. De zoon van Wakil – met hem krijgt ze precies zo'n leven als ze nu leidt, alleen met nog meer werk en nog meer mensen die haar werk opdragen. Bovendien krijgt ze een man met twee vingers, eentje die nog nooit een boek opengeslagen heeft.

Bibi Goel doopt een stuk brood in de olie op haar bord en steekt het in haar mond. Ze pakt een bot van Sjakila's bord en zuigt de merg naar binnen, terwijl ze haar dochter aankijkt.

Leila voelt het leven, haar jeugd, haar hoop uit zich wegglijden – zonder dat ze zichzelf kan redden. Ze voelt dat haar hart een zware en eenzame steen is, die gedoemd is voor eens en voor altijd verbrijzeld te worden.

Leila draait zich om, neemt de drie stappen tot de deur, sluit die zachtjes achter zich en gaat. Haar verbrijzelde hart blijft achter haar liggen. Weldra vermengt het gruis zich met het stof dat door het raam naar binnen stuift, het stof dat in de kleden woont. Nog diezelfde avond zal ze het zelf opvegen en op de binnenplaats gooien.

Nawoord

Alle gelukkige families lijken op elkaar.
Elke ongelukkige familie is op haar eigen manier ongelukkig.

Leo Tolstoj, *Anna Karenina*

Een paar weken nadat ik uit Kaboel vertrokken was, viel de familie uiteen. Een ruzie eindigde in een vechtpartij, en de woordenstrijd tussen Soeltan en zijn twee vrouwen aan de ene kant en Leila en Bibi Goel aan de andere kant was zo onverzoenlijk dat het moeilijk zou zijn geweest om bijeen te blijven. Toen Joenoes na dit conflict thuiskwam, nam Soeltan hem terzijde en zei dat hij, zijn zussen en zijn moeder hem naar behoren moesten respecteren, omdat hij de oudste was en omdat ze zijn brood aten.

De volgende dag vertrokken Bibi Goel, Joenoes, Leila en Boelboela voor dag en dauw uit de flat, zonder iets anders mee te nemen dan de kleren waarin ze rondliepen. Niemand van hen is sindsdien nog terug geweest. Ze zijn ingetrokken bij Farid, Soeltans andere verstoten broer, zijn hoogzwangere vrouw en drie kinderen. Nu zoeken ze naar een eigen plek om te wonen.

'Afghaanse broers zijn niet aardig voor elkaar', concludeert Soeltan in een telefoongesprek vanuit Kaboel. 'Het wordt tijd dat wij een zelfstandig leven leiden.'

Leila heeft niets meer van Karim gehoord. Toen de vriendschap met Mansoer bekoelde, werd het moeilijk voor Karim om contact met de familie op te nemen. Bovendien werd hij onzeker over wat hij zelf wilde. Hij kreeg een Egyptische beurs om islamstudies te gaan volgen aan de Al-Azhar-universiteit in Caïro.

'Hij wordt moellah!' schatert Mansoer over een krakende telefoonlijn vanuit Kaboel.

De timmerman heeft drie jaar gevangenisstraf gekregen. Soeltan kende geen genade. 'Schurken mogen niet vrij rondlopen in de maatschappij. Ik ben er zeker van dat hij minstens twintigduizend ansichtkaarten gestolen heeft. Al die verhalen over zijn arme familie zijn pure leugens. Ik heb uitgerekend dat hij een heleboel verdiend heeft, maar hij heeft het geld verstopt.'

Mariam, die zo doodsbenauwd was om een dochter te krijgen, had Allah aan haar zijde en heeft een zoon gekregen.

Het enorme schoolboekencontract van Soeltan is in het water gevallen. De Oxford University Press trok aan het langste eind. Soeltan was blij toe. 'Het zou al mijn krachten gevergd hebben, de order was gewoon te groot.'

Verder loopt de boekhandel uitstekend. Soeltan heeft gouden contracten in Iran weten te sluiten: hij verkoopt boeken aan de bibliotheken van de westerse ambassades. Hij probeert een van de ongebruikte bioscopen in Kaboel te kopen om er een centrum met een boekhandel, collegezalen en een bibliotheek van te maken, een plek waar wetenschappers toegang kunnen krijgen tot zijn grote boekenverzameling. Aan Mansoer heeft hij beloofd dat hij hem het volgend jaar op zakenreis naar India zal sturen. 'Hij moet leren wat verantwoordelijkheid is, dat is goed voor zijn karakter', zegt hij opnieuw. 'En misschien stuur ik de andere jongens wel naar school.'

Soeltan heeft erin toegestemd dat zijn drie zoons op vrijdag vrij hebben en dan mogen doen wat ze willen. Mansoer gaat voortdurend naar feesten en komt iedere keer met nieuwe verhalen thuis over de plaatsen waar hij geweest is. Zijn nieuwste vlam is een buurmeisje op de derde verdieping.

Maar Soeltan maakt zich zorgen over de politieke situatie.

'Heel gevaarlijk. De Noordelijke Alliantie heeft te veel macht gekregen van de Loya Jirga, er is geen evenwicht. Karzai is te zwak, het lukt hem niet om het land te besturen. Het zou het beste zijn als we een regering kregen met technocraten die door de Europeanen worden aangewezen. Als wij Afghanen onze eigen leiders moeten kiezen, gaat het mis. Niemand wil met een ander samenwerken, en het volk lijdt eronder. Bovendien hebben we nog steeds geen denkers. Waar de intellectuelen hadden moeten zitten, vind je een gapend gat.'

Verder heeft Mansoer zijn moeder verboden om als lerares te gaan werken. 'Ik wil het niet hebben', is alles wat hij erover wil zeggen. Soeltan vond het goed dat ze weer wilde gaan werken, maar zolang Mansoer, haar oudste zoon, het verbiedt, komt er niets van. Ook Leila's pogingen om zich als lerares te laten registreren zijn op niets uitgedraaid.

Boelboela heeft uiteindelijk haar Rasoel gekregen. Soeltan besloot op de trouwdag thuis te blijven en weigerde ook zijn vrouwen en zoons naar de bruiloft te laten gaan.

Sonja en Sjarifa zijn nu nog de enige vrouwen in Soeltans huis. Als Soeltan en zijn zoons aan het werk zijn, zijn ze alleen in de flat. Soms als moeder en dochter, soms als rivalen. Over een paar maanden moet Sonja bevallen. Ze bidt tot Allah dat het een zoon mag worden. Ze heeft mij gevraagd of ik ook voor haar wilde bidden. 'Stel je voor dat ik weer een dochter krijg!'

Een nieuwe miniramp voor de familie Khan.